JN062776

2025年度版

石川県の
小学校教諭

過 去 問

協同教育研究会 編

協同出版

本書には，石川県の教員採用試験の過去問題を
収録しています。各問題ごとに，以下のように5段
階表記で，難易度，頻出度を示しています。

難 易 度

非常に難しい　☆☆☆☆☆
やや難しい　☆☆☆☆
普通の難易度　☆☆☆
やや易しい　☆☆
非常に易しい　☆

頻 出 度

◎　　　ほとんど出題されない
◎◎　　あまり出題されない
◎◎◎　普通の頻出度
◎◎◎◎　よく出題される
◎◎◎◎◎　非常によく出題される

※本書の過去問題における資料，法令文等の取り扱いについて
　本書の過去問題で使用されている資料や法令文の表記や基準は，出題さ
れた当時の内容に準拠しているため，解答・解説も当時のものを使用して
います。ご了承ください。

はじめに〜「過去問」シリーズ利用に際して〜

　教育を取り巻く環境は変化しつつあり，日本の公教育そのものも，教員免許更新制の廃止やGIGAスクール構想の実現などの改革が進められています。また，現行の学習指導要領では「主体的・対話的で深い学び」を実現するため，指導方法や指導体制の工夫改善により，「個に応じた指導」の充実を図るとともに，コンピュータや情報通信ネットワーク等の情報手段を活用するために必要な環境を整えることが示されています。

　一方で，いじめや体罰，不登校，暴力行為など，教育現場の問題もあいかわらず取り沙汰されており，教員に求められるスキルは，今後さらに高いものになっていくことが予想されます。

　本書の基本構成としては，出題傾向と対策，過去5年間の出題傾向分析表，過去問題，解答および解説を掲載しています。各自治体や教科によって掲載年数をはじめ，「チェックテスト」や「問題演習」を掲載するなど，内容が異なります。

　また原則的には一般受験を対象としております。特別選考等については対応していない場合があります。なお，実際に配布された問題の順番や構成を，編集の都合上，変更している場合があります。あらかじめご了承ください。

　最後に，この「過去問」シリーズは，「参考書」シリーズとの併用を前提に編集されております。参考書で要点整理を行い，過去問で実力試しを行う，セットでの活用をおすすめいたします。

　みなさまが，この書籍を徹底的に活用し，教員採用試験の合格を勝ち取って，教壇に立っていただければ，それはわたくしたちにとって最上の喜びです。

協同教育研究会

C O N T E N T S

第1部 石川県の小学校教諭
　　　　出題傾向分析 ……………3

第2部 石川県の
　　　　教員採用試験実施問題 …………17

第 1 部

石川県の
小学校教諭
出題傾向分析

石川県の小学校教諭　傾向と対策

　2024年度は，国語，社会，算数，理科，音楽，図画工作，家庭，体育，外国語・外国語活動が出題された。

　問題数は，小問が計54問で，内訳は国語10問，社会12問，算数7問，理科7問，音楽4問，図画工作4問，家庭2問，体育2問，外国語・外国語活動6問である。4科目に重点が置かれている。

　選択問題がメインであるが，国語，社会，算数は具体的指導法を含む記述式の問題が出題されており，曖昧な知識ではなく，確実に理解し整理しておく必要がある。問題数は多いので，選択問題は素早く解答することが求められる。後半に記述問題が控えているので，時間配分には注意しなくてはならない。学習指導要領からの出題は，教科によって偏りがあるので，確認しておくことが必要である。

【国語】

　現代文読解は長文であり，頻出である。小問としては文法がやや頻出で，漢字の読み書き，筆順，熟語の構成，品詞等の問題が適宜出題される。2024年度は辞書の引き方が出題されたが，これまで，手紙の書き方，俳句を扱った文章や，書写に関する問題も出題されている。学習指導要領に関する出題は過去5年間ないが，具体的指導法の記述問題は頻出であるので，学習指導要領解説を中心に，内容のポイントを押さえておく必要がある。

【社会】

　地理分野では，世界地理の出題が増える傾向がある。2024年度は日本とアメリカの工業や日本の輸出について，2023年度はヨーロッパ(面積・人口，EU，食料自給率)について出題された。その他，過去には世界各国の特色や各県の特色の問題が出題されている。歴史分野では，日本史は頻出であり，世界史も出題されることが多いので，歴史年表をもとに正しく押さえておく必要がある。過去5年間を見ると，学習指導要領についての出

題はないが，2024年度は具体的指導法の記述問題が出題されている。

【算数】

　図形，確率に関する問題は頻出である。関数はやや頻出である。2021年度は，プログラミング教育に関連した正八角形の作図の操作問題といった新傾向の問題も出題された。学習指導要領に関する出題は過去5年間ないが，具体的指導法の記述問題は頻出であるので，学習指導要領解説を中心に，内容のポイントを押さえておく必要がある。

【理科】

　具体的指導法に関する記述問題はやや頻出である。難易度の高い分野の出題も多く，図やグラフ，表をもとに考える問題となっている。暗記だけの知識ではなく，実験方法等まできちんと把握しておく必要がある。学習指導要領に関する出題は，過去5年間ない。

【音楽】

　音楽の基礎，歌唱共通教材の問題は頻出である。各学年の歌唱共通教材を，作詞者・作曲者，楽譜や歌詞をもとに取りまとめておくことが必要である。2023年度は，学習指導要領の内容についての出題があった。年度により，鍵盤の使い方など具体的指導法が出題されることもあるので，学習指導要領解説も学習しておくとよい。

【図画工作】

　図画工作の基礎の問題は頻出である。学習指導要領についての問題はやや頻出で，内容からの出題が多くなっている。学習指導要領解説をもとに学習しておくとよい。

【家庭】

　出題される分野に偏りはないが，毎年1〜2分野から基本的な問題が出題されている。2024年度は衣食住の食生活(栄養素，調理法)，2023年度は衣食住の衣生活(洗濯)，2022年度は消費生活の「契約」について出題された。学習指導要領をもとにした出題もあるので，学習指導要領は確実に押さえておきたい。

【体育】

　各学年の具体的指導法は頻出である。学習指導要領に例示された「ゲームのゴール型ゲーム」,「陸上運動のハードル走」,「器械運動の鉄棒運動・跳び箱運動」,「表現運動のフォークダンス」等の基本的な事項も出題されている。学習指導要領解説を中心に学習しておく必要がある。「学校体育実技指導資料」などを参考にして確認しておくとよい。

【外国語・外国語活動】

　対話文もしくは長文の英文解釈に加えて, 2018年度からはリスニング問題が, 毎年出題されている。テレビやラジオ講座などによってリスニングに備え, 基礎的な表現法を理解し, 英語による質問等の問題に対応できるようにしておくとよい。

過去5年間の出題傾向分析

①国語

分　類	主な出題事項	2020年度	2021年度	2022年度	2023年度	2024年度
ことば	漢字の読み・書き	●			●	●
	同音異義語・同訓漢字の読み・書き					
	四字熟語の読み・書き・意味	●				
	格言・ことわざ・熟語の意味		●	●		
文法	熟語の構成, 対義語, 部首, 画数, 各種品詞		●	●	●	●
敬語	尊敬語, 謙譲語, 丁寧語			●		
現代文読解	空欄補充, 内容理解, 要旨, 作品に対する意見論述	●	●	●	●	●
詩	内容理解, 作品に対する感想					
短歌	表現技法, 作品に対する感想					
俳句	季語・季節, 切れ字, 内容理解					
古文読解	内容理解, 文法（枕詞, 係り結び）					
漢文	書き下し文, 意味, 押韻					
日本文学史	古典（作者名, 作品名, 成立年代, 冒頭部分）					
	近・現代（作者名, 作品名, 冒頭部分）					
その他	辞書の引き方, 文章・手紙の書き方など		●	●		●
学習指導要領・学習指導要領解説	目標					
	内容					
	内容の取扱い					
	指導計画の作成と各学年にわたる内容の取扱い					
指導法	具体的指導法	●	●	●	●	●

②社会

分 類	主な出題事項	2020年度	2021年度	2022年度	2023年度	2024年度
古代・中世史	四大文明, 古代ギリシア・ローマ, 古代中国					
ヨーロッパ中世・近世史	封建社会, 十字軍, ルネサンス, 宗教改革, 大航海時代					
ヨーロッパ近代史	清教徒革命, 名誉革命, フランス革命, 産業革命					
アメリカ史～19世紀	独立戦争, 南北戦争					
東洋史～19世紀	唐, 明, 清, イスラム諸国					
第一次世界大戦	辛亥革命, ロシア革命, ベルサイユ条約					
第二次世界大戦	世界恐慌, 大西洋憲章					
世界の現代史	冷戦, 中東問題, 軍縮問題, ヨーロッパ統合, イラク戦争					
日本原始・古代史	縄文, 弥生, 邪馬台国					
日本史：飛鳥時代	聖徳太子, 大化の改新, 大宝律令		●			●
日本史：奈良時代	平城京, 荘園, 聖武天皇		●	●		
日本史：平安時代	平安京, 摂関政治, 院政, 日宋貿易					●
日本史：鎌倉時代	御成敗式目, 元寇, 守護・地頭, 執権政治, 仏教	●	●	●		
日本史：室町時代	勘合貿易, 応仁の乱, 鉄砲伝来, キリスト教伝来			●		●
日本史：安土桃山	楽市楽座, 太閤検地				●	
日本史：江戸時代	鎖国, 武家諸法度, 三大改革, 元禄・化政文化, 開国	●	●	●	●	●
日本史：明治時代	明治維新, 日清・日露戦争, 条約改正	●				
日本史：大正時代	第一次世界大戦, 大正デモクラシー				●	
日本史：昭和時代	世界恐慌, サンフランシスコ平和条約, 高度経済成長		●		●	●
地図	地図記号, 等高線, 縮尺, 距離, 面積, 図法, 緯度経度			●	●	
気候	雨温図, 気候区分, 気候の特色			●		
世界の地域：その他	世界の河川・山, 首都・都市, 人口, 時差, 宗教	●	●	●	●	
日本の自然	国土, 地形, 平野, 山地, 気候, 海岸, 海流	●	●			

分類	主な出題事項	2020年度	2021年度	2022年度	2023年度	2024年度
日本のくらし	諸地域の産業・資源・都市・人口などの特徴		●			
日本の産業・資源：農業	農産物の生産，農業形態，輸出入品，自給率					
日本の産業・資源：林業	森林分布，森林資源，土地利用					
日本の産業・資源：水産業	漁業の形式，水産資源		●			
日本の産業・資源：鉱工業	鉱物資源，石油，エネルギー					●
日本の貿易	輸出入品と輸出入相手国，貿易のしくみ	●				●
アジア	自然・産業・資源などの特徴					
アフリカ	自然・産業・資源などの特徴					
ヨーロッパ	自然・産業・資源などの特徴				●	
南北アメリカ	自然・産業・資源などの特徴			●		●
オセアニア・南極	自然・産業・資源などの特徴					
環境問題	環境破壊（温暖化，公害），環境保護（京都議定書，ラムサール条約，リサイクル）	●				
世界遺産	世界遺産					
民主政治	選挙，三権分立					
日本国憲法	憲法の三原則，基本的人権，自由権，社会権		●			
国会	立法権，二院制，衆議院の優越，内閣不信任の決議					
内閣	行政権，衆議院の解散・総辞職，行政組織・改革					
裁判所	司法権，三審制，違憲立法審査権，裁判員制度					
地方自治	直接請求権，財源					
国際政治	国際連合（安全保障理事会，専門機関）					
政治用語	NGO，NPO，ODA，PKO，オンブズマンなど					
経済の仕組み	経済活動，為替相場，市場，企業，景気循環					
金融	日本銀行，通貨制度					
財政	予算，租税					

分　類	主な出題事項	2020年度	2021年度	2022年度	2023年度	2024年度
国際経済	アジア太平洋経済協力会議, WTO					
学習指導要領・学習指導要領解説	目標					
	内容					
	内容の取扱い					
	指導計画の作成と各学年にわたる内容の取扱い					
指導法	具体的指導法					●

③算数

分　類	主な出題事項	2020年度	2021年度	2022年度	2023年度	2024年度
数の計算	約数と倍数, 自然数, 整数, 無理数, 進法					
式の計算	因数分解, 式の値, 分数式					●
方程式と不等式	一次方程式, 二次方程式, 不等式	●				
関数とグラフ	一次関数		●	●	●	●
	二次関数					●
図形	平面図形（角の大きさ, 円・辺の長さ, 面積）	●	●	●	●	●
	空間図形（表面積, 体積, 切り口, 展開図）		●	●		
数列	等差数列				●	
確率	場合の数, 順列・組み合わせ	●	●		●	●
変化と関係, データの活用	表・グラフ, 割合, 単位量あたり, 平均, 比例	●	●	●		●
その他	証明, 作図, 命題, 問題作成など		●	●	●	
学習指導要領・学習指導要領解説	目標					
	内容					
	内容の取扱い					
	指導計画の作成と各学年にわたる内容の取扱い					

分　類	主な出題事項	2020 年度	2021 年度	2022 年度	2023 年度	2024 年度
指導法	具体的指導法	●	●	●	●	●

④理科

分　類	主な出題事項	2020 年度	2021 年度	2022 年度	2023 年度	2024 年度
生物体のエネルギー	光合成，呼吸			●	●	
遺伝と発生	遺伝，細胞分裂					
恒常性の維持と 調節	血液，ホルモン，神経系，消化，酵素					
生態系	食物連鎖，生態系					
生物の種類	動植物の種類・特徴	●				
地表の変化	地震（マグニチュード，初期微動，P波とS波）					
	火山（火山岩，火山活動）		●			
気象	気温，湿度，天気図，高・低気圧					●
太陽系と宇宙	太陽，月，星座，地球の自転・公転			●		
地層と化石	地層，地形，化石			●		●
力	つり合い，圧力，浮力，重力	●				
運動	運動方程式，慣性			●		
仕事とエネルギー	仕事，仕事率	●				●
波動	熱と温度，エネルギー保存の法則					
	波の性質，音，光					
電磁気	電流，抵抗，電力，磁界			●		
物質の構造	物質の種類・特徴，原子の構造，化学式				●	
物質の状態：三態	気化，昇華					
物質の状態：溶液	溶解，溶液の濃度		●			
物質の変化：反応	化学反応式				●	

分　類	主な出題事項	2020年度	2021年度	2022年度	2023年度	2024年度
物質の変化：酸塩基	中和反応					
物質の変化：酸化	酸化・還元，電気分解					
その他	顕微鏡・ガスバーナー・てんびん等の取扱い，薬品の種類と取扱い，実験の方法					
学習指導要領・学習指導要領解説	目標					
	内容					
	内容の取扱い					
	指導計画の作成と各学年にわたる内容の取扱い					
指導法	具体的指導法	●	●	●	●	

⑤生活

分　類	主な出題事項	2020年度	2021年度	2022年度	2023年度	2024年度
学科教養	地域の自然や産業					
学習指導要領・学習指導要領解説	目標					
	内容					
	指導計画の作成と各学年にわたる内容の取扱い					
指導法	具体的指導法など					

⑥音楽

分　類	主な出題事項	2020年度	2021年度	2022年度	2023年度	2024年度
音楽の基礎	音楽記号，楽譜の読み取り，楽器の名称・使い方，旋律の挿入	●	●	●	●	●
日本音楽：飛鳥〜奈良時代	雅楽					
日本音楽：鎌倉〜江戸時代	平曲，能楽，三味線，箏，尺八					
日本音楽：明治〜	滝廉太郎，山田耕作，宮城道雄					
	歌唱共通教材，文部省唱歌など	●	●	●	●	●
西洋音楽：〜18世紀	バロック，古典派					

分 類	主な出題事項	2020年度	2021年度	2022年度	2023年度	2024年度
西洋音楽：19世紀	前期ロマン派，後期ロマン派，国民楽派					
西洋音楽：20世紀	印象派，現代音楽					
その他	民謡，民族音楽					
学習指導要領・学習指導要領解説	目標					
	内容				●	
	指導計画の作成と各学年にわたる内容の取扱い					
指導法	具体的指導法					

⑦図画工作

分 類	主な出題事項	2020年度	2021年度	2022年度	2023年度	2024年度
図画工作の基礎	表現技法，版画，彫刻，色彩，用具の取扱い	●	●	●	●	●
日本の美術・芸術	江戸，明治，大正，昭和					
西洋の美術・芸術：15〜18世紀	ルネサンス，バロック，ロココ					
西洋の美術・芸術：19世紀	古典主義，ロマン主義，写実主義，印象派，後期印象派					
西洋の美術・芸術：20世紀	野獣派，立体派，超現実主義，表現派，抽象派					
その他	実技など					
学習指導要領・学習指導要領解説	目標					
	内容	●	●	●		●
	指導計画の作成と各学年にわたる内容の取扱い					
指導法	具体的指導法					

⑧家庭

分 類	主な出題事項	2020年度	2021年度	2022年度	2023年度	2024年度
食物	栄養・栄養素，ビタミンの役割					●
	食品，調理法，食品衛生，食中毒					●

13

分　類	主な出題事項	2020年度	2021年度	2022年度	2023年度	2024年度
被服	布・繊維の特徴，裁縫，洗濯	●	●		●	
その他	照明，住まい，掃除，消費生活，エコマーク，保育	●		●		
学習指導要領・学習指導要領解説	目標					
	内容	●				
	指導計画の作成と各学年にわたる内容の取扱い					
指導法	具体的指導法					

⑨体育

分　類	主な出題事項	2020年度	2021年度	2022年度	2023年度	2024年度
保健	応急措置，薬の処方					
	生活習慣病，感染症，喫煙，薬物乱用					
	その他（健康問題，死亡原因，病原菌）					
体育	体力，運動技能の上達		●	●		
	スポーツの種類・ルール，練習法				●	
学習指導要領・学習指導要領解説	総則等					
	目標					
	内容	●	●	●		●
	指導計画の作成と各学年にわたる内容の取扱い					
指導法	具体的指導法	●	●	●	●	●

⑩外国語・外国語活動

分　類	主な出題事項	2020年度	2021年度	2022年度	2023年度	2024年度
リスニング・単語	音声，聞き取り，解釈，発音，語句	●	●	●	●	●
英文法	英熟語，正誤文訂正，同意語					
対話文	空欄補充，内容理解		●			

分　類	主な出題事項	2020 年度	2021 年度	2022 年度	2023 年度	2024 年度
英文解釈	長文，短文	●	●	●	●	●
学習指導要領・ 学習指導要領解説	目標・内容・指導計画の作成と内容の取扱い					
指導法	具体的指導法					

第 2 部

石川県の
教員採用試験
実施問題

2024年度　　実施問題

【1】次の文章を読んで，以下の問いに答えなさい。(設問の都合で一部
省略してある)

　将棋や囲碁の世界では，「直観」という言葉がよく使われる。「直観」
と対比的な意味をもつ「読み」という言葉も，よく使われる。つぎに，
「直観」と「読み」の対比という観点から，直観が物事の理解にどう
役立つかを見ていこう。それによって，物事の理解における直観の役
割がさらによくわかるようになろう。

　将棋で良い手を指すためには，この手を指すと，相手はどう応じ，
その相手の応手にたいしてどう指すか，等々と先の先まで読まなけれ
ばならない。しかし，ひとつの局面で将棋の規則に反しない指し手は，
非常にたくさんある。それらの可能な指し手とその先をすべて読むと
すれば，読む量は膨大となり，とても読みきれない。そこで直観が活
躍することになる。直観によって良い手の@候補があらかじめ少数に
絞られるのだ。それゆえ，その少数の候補手についてだけ，それを指
すとどうなるかを読み，それによって一番良い手を決めればよい。こ
うすることで読む量を大幅に減らすことが可能になる。

　プロ棋士はこの直観がすごい。それは膨大な数の対局を積み重ねる
ことによって培われてきたものだ。読みもすごいが，とくに直観がす
ごいのだ。ひとつの局面を見ると，パッと良い手が浮かぶ。アマでは，
そうはいかない。良い手が直観的に思い浮かばないから，いろいろな
手をほとんどシラミ潰しに読んで，良い手を決めるしかない。もちろ
ん，読む力もたいしたことないので，そうやって決めても，たいてい
あまり良い手ではない。

　直観は，絞られた手をその先までさらに読んでいくためにも，活躍
する。良い手の候補を少数に絞っても，そのそれぞれについてさらに
先まで読んでいくためには，相手がどう応じ，その応手にどう対応す

るか，等々を読まなければならない。ⓑそれはほんの一〇手先，二〇手先でも，膨大な数の枝分かれとなる。したがって，その枝分かれをすべて読みきるのは，あまりにも量が多すぎて，実際上不可能である。そこで，やはり直観が活躍する。直観によって考慮すべき枝分かれがおのずと浮かび上がり，それらの絞りこまれた枝分かれだけを読んでいけばよい。

　直観は，私たちがしばしば行う論証や議論においても，やはり絞りこみの働きをすることで，非常に重要な役割を担う。それを説明するために，まず，論証と議論がそれぞれどのようなものかを簡単に見ておこう。

　論証は，何らかの証拠や理由を提示して，そこから推論を行い，最終的に良い結論にたどりつこうとするものである。証拠や理由の候補となるものはふつう数多くあり，結論に至る筋道の候補もたくさんある。したがって，論証を行うには，それらの多くの候補のなかから良い証拠と理由，および良い筋道を選ぶ必要がある。そのようにして論証を行えば，結論はより確かなものとなり，結論と他の事柄との関係も明らかになる。

　たとえば，「貧富の格差はますます拡大する」という結論だけだと，本当にそうなのかは確かではないし，格差の拡大がどのような要因によって起こるのかもわからない。[Ⅰ]，「人工知能の導入により，多くの人が仕事を奪われる。そしてその導入によって生じる利益は仕事を奪われた人たちには回らない。それゆえ，貧富の格差が拡大する」というような論証がなされれば，結論はそれだけ確かになる。[Ⅱ]，格差の拡大という結論と人工知能の導入や仕事の剥奪，利益配分の不平等とのつながりも明らかとなり，より深い理解が得られることになる。

　このように論証が伴っていれば，結論の確かさも増し，結論と他の事柄との関係も明らかになる。もちろん，「結論ありき」で，論証は後から取ってつけたものにすぎないのであれば，論証は結論をより確かにすることも，結論を他の事柄に正しく関係づけることもない。し

かし，そうでなければ，ⓒ論証はそのような重要な役割を果たすのである。

つぎに議論について見ていこう。議論は，ひとつの問題にたいして複数の異なる見解があり，それらの見解を戦わせて，より良い結論を導き出そうとするものである。たとえば，「地球は温暖化するか」という問題をめぐって，一方では，温暖化を示す多様な証拠にもとづいて温暖化をⓓシジする見解があり，他方では，温暖化しないことを示すさまざまな証拠にもとづいて温暖化を否定する見解がある。このとき，それぞれの証拠がどの程度の強さをもつかについて意見が戦わされ，さらに地球が温暖化すると，どんな悲惨な結果になるかについても論戦が行われる。

このような議論を行うことで，地球の温暖化について，より確かな結論を導き出すことが可能になる。また，地球の温暖化とさまざまな事柄との複雑な関係も明らかになり，温暖化のもつ多様な側面についての理解が深まる。

以上，論証と議論について，それらがどのようなものかを簡単に見てきた。直観はこのような論証や議論を行うときにも，絞りこみという重要な役割を果たす。まず，論証について言えば，結論にどんな事柄が関係するか，それらの事柄からどんな筋道で結論を導き出せばよいかは，直観によってその候補を絞る必要がある。関係しうる事柄も，可能な筋道も，ほとんど無数にあると言ってよいから，事柄と筋道の候補を少数に絞らなければ，具体的に考察することは不可能である。

直観はこの候補の絞りこみを可能にする。候補が絞られれば，その絞られた事柄と筋道についてのみ，結論へと至る論証を具体的に組み立て，それらのなかから最善のものを見いだせばよい。論証を具体的に組み立ててみることが，ここでの「読み」に当たる。

議論においても，直観はやはり絞りこみの役割を果たす。ひとつの問題について議論をするとき，その問題に関係する諸々の事柄とそれらのあいだの連関は，やはり直観によってその候補を絞る必要がある。問題に関係する可能性のある事柄と，それらのあいだのありうる連関

は，ほとんど無数にあると言ってよいから，候補を絞らなければ，具体的に議論することは実際上不可能である。

　直観に乏しい人が議論に参加すると，じっさいは無関係な話にほとんど終始して，議論がなかなか進まないことがある。議論を進めるには，直観による絞りこみが不可欠である。絞りこみがなされれば，その絞りこまれた事柄と連関について，それらが問題をどう解決するかをめぐって，具体的にあれこれ意見を戦わせることができる。議論においては，具体的に意見を戦わせてみることが「読み」に相当する。こうして直観と読みによって有効な議論が可能となるのである。

　以上をひと言でまとめると，直観は候補の絞りこみを行うことによって，私たちの物事の理解におおいに貢献するのである。

　(信原幸広「『覚える』と『わかる』知の仕組みとその可能性」より)

問1　次の①～④の漢字で／の指す部分が，それぞれ正しい筆順で何画目にあたるか，その答えが――線部ⓐ「候補」の「補」の／で指す部分と同じになるものを一つ選びなさい。

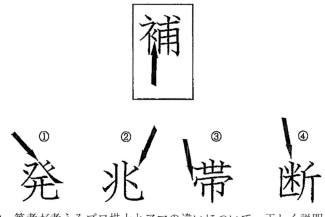

問2　筆者が考えるプロ棋士とアマの違いについて，正しく説明しているものとして最も適当なものを，次の①～④から一つ選びなさい。

①　プロ棋士は，読みに比べ直観がすごいので良い手が思い浮かぶが，アマはいろいろな手をシラミ潰しに読むうちに直観的に良い手が思い浮かぶ。

② プロ棋士は，読みも直観もすごいのですぐに良い手が思い浮かぶが，アマはそうはいかないので，いろいろな手を読んでいつも良い手を決めることができる。

③ プロ棋士は，とくに読みがすごいので良い手が思い浮かぶが，アマは良い手が思い浮かばず，読みもたいしたことがないため，そうはいかない。

④ プロ棋士は，とくに直観がすごいので良い手が思い浮かぶが，アマは直観も読みもたいしたことないので，たいていあまり良い手になることはない。

問3　──線部ⓑ「それはほんの一〇手先，二〇手先でも，膨大な数の枝分かれとなる。」は，いくつの文節からできているか，文節の数を次の①〜⑤から一つ選びなさい。

① 6　② 7　③ 8　④ 9　⑤ 10

問4　論証と議論について適当でないものを，次の①〜④から一つ選びなさい。

① 論証における「読み」とは，結論へと具体的に組み立ててみることである。

② 議論は，複数の異なる見解を戦わせてより良い結論を導き出そうとするものである。

③ 論証することで，様々な事柄との関係が明らかになり多様な側面についての理解が深まる。

④ 議論における「読み」とは，具体的にあれこれ意見を戦わせてみることである。

問5　[Ⅰ]と[Ⅱ]に入る接続語の組合せとして，最も適当なものを，次の①〜④から一つ選びなさい。

① Ⅰ しかし　　Ⅱ しかも

② Ⅰ しかし　　Ⅱ つまり

③ Ⅰ そのため　Ⅱ つまり

④ Ⅰ そのため　Ⅱ しかも

問6　──線部ⓒにあるような「重要な役割を果たす」論証には，ど

のようなことが必要であるか，最も適当なものを，次の①～④から一つ選びなさい。

① 数多くの候補のなかから，多くの，証拠と理由および筋道を選ぶこと。

② 数多くの候補のなかから，良い証拠と理由および良い筋道を選ぶこと。

③ ある結論に至るように，多くの，証拠と理由および筋道を選ぶこと。

④ ある結論に至るように，良い証拠と理由および良い筋道を選ぶこと。

問7 ——線部④の「シジ」を漢字で書くとき，同じ漢字を用いるものを，次の①～④から一つ選びなさい。

① 販売員の話がシジにわたる。

② 華道の先生にシジして学ぶ。

③ 職場の部下にシジを与える。

④ 選挙で市民からシジを得る。

問8 この文章の特徴について述べたものとして適当でないものを，次の①～④から一つ選びなさい。

① 対比を用いて説明することで，それぞれの相違点が明確になるようにしている。

② 筆者の主張を繰り返すだけでなく，複数の事例を挙げることで，説得力を高めている。

③ 初めと終わりで考えを繰り返し述べることで，筆者の主張を読み手に印象付けている。

④ 読み手に語りかける表現を用いることで，読み手の関心を引き付けようとしている。

(☆☆☆○○○)

【2】次の問いに答えなさい。

問1 次の(1)～(4)に答えなさい。

(1)　資料1，2は日本のA工業地域のことを表したものである。A工業地域に当てはまるものとして最も適当なものを，以下の①～④から一つ選びなさい。

資料1　A工業地域の工業出荷額の内訳

（工業統計調査より作成）

資料2　A工業地域の特色

> 　1960年代に塩田の跡地や遠浅の海岸を埋め立てた広大な工業用地が整備され，さまざまな工業が発展しました。製鉄所や石油化学コンビナートが建設され，ここで生産された工業原料は，船で全国の工業都市に運ばれ，日本の経済成長を支えてきました。
>
> 　近年，携帯電話などに使われるリチウムイオン電池といった新しい工業製品が製造されています。

①　瀬戸内工業地域　　②　東海工業地域　　③　京葉工業地域
④　北陸工業地域

(2)　次の文章は日本の工業の変化の様子を表したものである。（　a　）と（　b　）に当てはまる言葉の組合せとして適当なものを，以下の①～⑥から一つ選びなさい。

> 　日本の工業は原料や燃料を輸入し，高い技術力で優れた工業製品を作って輸出する加工貿易によって発展してきました。しかし，1980年代に外国製品との競争のなかで

24

> （　a　）が生じると，日本企業はアメリカ合衆国やヨーロッパなどに進出して，自動車や電気製品などを現地で生産するようになりました。
> 　また，日本の工業にも変化がみられるようになってきています。一部の工業では，国内の生産が衰退し雇用が減少していく，「産業の（　b　）」とよばれる現象がみられるようになりました。

- ①　a　金融危機　　b　自由化
- ②　a　金融危機　　b　空洞化
- ③　a　金融危機　　b　高度化
- ④　a　貿易摩擦　　b　自由化
- ⑤　a　貿易摩擦　　b　空洞化
- ⑥　a　貿易摩擦　　b　高度化

(3)　アメリカ合衆国の工業の説明として適当でないものを，次の①～④から一つ選びなさい。

- ①　北アメリカ大陸の北東部にある五大湖周辺は，石炭や鉄鉱石などの鉱産資源に恵まれ，重工業が発展した。
- ②　シリコンバレーには，先端技術産業の研究拠点となっている名門大学を中心として，多くの情報通信技術関連企業が集中している。
- ③　1970年代に入ると南部の工業化が進み，北緯37度以南に位置する地域はラストベルトと呼ばれるようになった。
- ④　北アメリカのアメリカ，カナダ，メキシコは，3か国の間の貿易を自由にするNAFTAとよばれる国際組織をつくった。

(4)　次の資料3は日本の主な輸出相手国を，資料4はある3か国への日本の輸出額と主な輸出品を示したものである。それぞれアメリカ合衆国について示したものはどれか。組合せとして最も適当なものを，以下の①～⑥から一つ選びなさい。

資料3　日本の主な輸出相手国

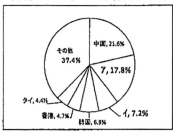

その他 37.4%

中国, 21.6%

ア, 17.8%

イ, 7.2%

韓国, 6.9%

香港, 4.7%

タイ, 4.4%

資料4　ある3か国への日本の輸出額と主な輸出品

	輸出額	1 位	2 位	3 位
(a)	8,623億円	自動車 [41.5%]	自動車部品 [11.6%]	建設用・鉱山用機械 [6.7%]
(b)	179,844億円	半導体等製造装置 [7.2%]	半導体等電子部品 [6.9%]	プラスチック [6.1%]
(c)	148,315億円	自動車 [24.2%]	自動車部品 [6.1%]	原動機 [5.6%]

資料3，資料4は財務省資料より作成（数値はいずれも2021年）
資料3は，日本の総輸出額をもとにした各国への輸出額の割合を示したもの

① ア－(a)　　② ア－(b)　　③ ア－(c)　　④ イ－(a)
⑤ イ－(b)　　⑥ イ－(c)

問2　次の年表や地図を見て，以下の(1)～(5)に答えなさい。

年	できごと
607	小野妹子を隋に派遣する・・・・・・・・・・・・・・A
1167	平清盛が太政大臣となる・・・・・・・・・・・・・B
1549	キリスト教が伝わる・・・・・・・・・・・・・・・C
1858	日米修好通商条約を結ぶ・・・・・・・・・・・・・D
1951	サンフランシスコ平和条約を結ぶ・・・・・・・・・E

26

(1) 年表のAのできごとに関係の深い人物が行った政治として適当でないものを，次の①～④から一つ選びなさい。

① 仏教や儒学の考え方を取り入れ，役人の心構えを示した十七条の憲法を定めた。

② 摂政となり，蘇我氏や物部氏と協力して天皇を国の中心とする国づくりをめざした。

③ 斑鳩(奈良県)に法隆寺，難波(大阪市)に四天王寺を建て，仏教をあつく信仰した。

④ 家柄にとらわれず，才能や功績のある人物を役人に取り立てる冠位十二階の制度を設けた。

(2) 年表のBのできごとについて，平清盛は大輪田泊を修築して日宋貿易を進め，みずからの重要な経済的基盤とした。大輪田泊の位置として最も適当なものを，上の地図上の①～④から一つ選びなさい。

(3) 資料1は年表のCのできごとに関係のある貿易について説明したものである。資料中の(　a　)(　b　)に入る語句の組合せとして最も適当なものを，次の①～④から一つ選びなさい。

資料1

> 　　16世紀の後半になると，ポルトガルやスペインの商船が，長崎や平戸などの九州の港に来航し，貿易が盛んに行われました。そのころ南蛮人とよばれたポルトガル人やスペイン人は，中国産の生糸や絹織物を中心に，(　a　)・ガラス製品などをもたらし，日本からは主に大量の(　b　)を持ち帰りました。これを南蛮貿易といいます。

① a　楽器　　b　金　　② a　楽器　　b　銀
③ a　火薬　　b　金　　④ a　火薬　　b　銀

(4)　年表のDのできごとに関する内容について最も適当なものを，次の①〜④から一つ選びなさい。

①　下田(静岡県)・函館(北海道)を開港する。

②　外国人の日本国内での自由な貿易や旅行，居住を認める。

③　貿易を行う際の税金を独自に決める権利が日本に認められていない。

④　オランダ・ロシア・イギリス・清とも，ほぼ同じ内容を持つ条約を結ぶ。

(5)　年表のEのできごとは，吉田茂内閣が48カ国と結んだ条約である。それと同時に吉田内閣によって結ばれた条約として最も適当なものを，次の①〜④から一つ選びなさい。

①　日米安全保障条約　　②　日韓基本条約
③　日ソ中立条約　　　　④　日中平和友好条約

(☆☆☆◎◎◎)

【3】次の空欄に入る数値を答えなさい。

(1)　次の図は，$y=\dfrac{1}{4}x^2$のグラフと直線ℓが2点A，Bで交わっていることを表しているものである。2点A，Bのx座標がそれぞれ−4，2であるとき，直線ℓの式は，$y=-\dfrac{[\ ア\ ]}{[\ イ\ ]}x+[\ ウ\ ]$である。

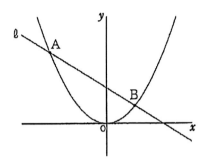

(2) 次の図において，AB//EF//DCである。このとき，線分EFの長さは$\dfrac{[\ \ エオ\ \ ]}{[\ \ カ\ \ ]}$cmである。

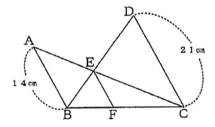

(3) $3\sqrt{7}$ の小数部分をaとするとき，$a^2+14a+49$の値は，[　キク　]である。

(4) 1，2，3，4，5，6，7の数を1つずつ記入した7枚のカードから，もとにもどさずに続けて2枚を取り出す。1枚目のカードを十の位の数，2枚目のカードを一の位の数として2けたの数をつくるとき，できた2けたの数が素数である確率は，$\dfrac{[\ \ ケコ\ \ ]}{[\ \ サシ\ \ ]}$である。

(5) 次の図のような，1辺が$a$cmの正六角形の面積は，$\dfrac{[\ \ ス\ \ ]\sqrt{[\ \ セ\ \ ]}}{[\ \ ソ\ \ ]}a^2$cm²である。

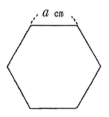

a cm

(☆☆☆◎◎◎)

【4】次の問いに答えなさい。

問1　気象のようすを調べるために，石川県のある地点Xで，1月3日の午前9時に気象観測を行った。表は，そのときに観測した気温，湿度，風向，風力，天気を表したものである。図は，この日の天気図の一部である。以下の(1)〜(4)に答えなさい。

気温	湿度	風向	風力	天気
３．０℃	７５％	東	2	くもり

(tenki.jpより作成)

(1)　表の風向，風力，天気を記号で表しているのはどれか，最も適当なものを，次の①〜④から一つ選びなさい。

(2)　地点Xで，この日気象観測を行ったときの1m³中の空気に含まれる水蒸気量を求め，その数値を答えなさい。ただし，気温

3.0℃のときの飽和水蒸気量は6.0g/m³とする。[　ア　].[　イ　]g

(3) 図のA−Bの線で切った断面のようすを考えるとき，前線付近の大気のようすを模式的に表しているものはどれか，最も適当なものを，次の①〜⑥から一つ選びなさい。

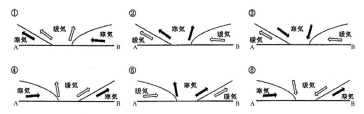

(4) 日本の冬にみられる特徴的な気圧配置等について述べたものはどれか，最も適当なものを，次の①〜④から一つ選びなさい。

① シベリア高気圧が発達し，その高気圧から北西の季節風がふく。

② 太平洋高気圧が発達し，小笠原気団が南から大きくはり出してくる。

③ 偏西風の影響を受け，日本付近を移動性高気圧と低気圧が交互に通過するようになる。

④ オホーツク海気団と小笠原気団がぶつかり合い，2つの気団の間に停滞前線が生じる。

問2 質量が4.5kgの物体Xを持ち上げるために，図1のようなてこを準備した。次の(1)〜(3)に答えなさい。ただし，棒や物体Xをつるしたひもの質量は考えないものとし，質量が100gの物体にはたらく重力の大きさを1Nとする。

図1

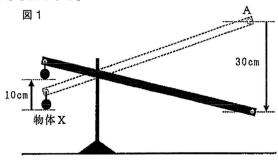

(1)　てこのAの部分に上から力を加え30cm押し下げたとき，物体X が10cm持ち上がった。このとき，Aに加えた力の大きさは何Nか 求め，その数値を答えなさい。[　アイ　]N

(2)　次のA〜Dは，てこのしくみを利用した道具である。力点と支 点の間に作用点がある道具はどれか，あてはまるものを以下の① 〜⓪から一つ選びなさい。ただし，A〜Dのてこのしくみを利用 した道具の○の箇所は，支点，力点，作用点のいずれかを表して いる。

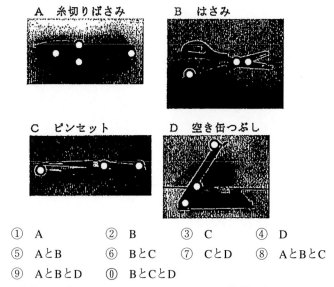

A　糸切りばさみ　　B　はさみ

C　ピンセット　　D　空き缶つぶし

①　A　　　　　②　B　　　　③　C　　　　④　D
⑤　AとB　　　⑥　BとC　　⑦　CとD　　⑧　AとBとC
⑨　AとBとD　　⓪　BとCとD

(3)　図2のように，Aさん，Bさん，Cさんが物体Yを地面から120cm の高さに持ち上げている。Aさん，Bさん，Cさんそれぞれの手が 物体を持ち上げるために加えた力の大きさをF_a，F_b，F_cとすると， それらの大小関係はどうなるか，最も適当なものを，以下の①〜 ⑥から一つ選びなさい。ただし，物体Yをつるしたひもや滑車の 質量は考えないものとする。

図2

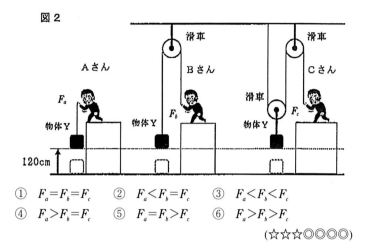

① $F_a = F_b = F_c$ ② $F_a < F_b = F_c$ ③ $F_a < F_b < F_c$

④ $F_a > F_b = F_c$ ⑤ $F_a = F_b > F_c$ ⑥ $F_a > F_b > F_c$

(☆☆☆◎◎◎◎)

【5】次の楽譜は，第6学年の歌唱共通教材「おぼろ月夜」である。以下
の問いに答えなさい。

問1　　A　　の部分の1番の歌詞として正しいものを，次の①〜④か
ら一つ選びなさい。

① さとわのほかげも　もりのいろも

② さながらかすめる　おぼろづきよ

③ たなかのこみちを　たどるひとも

33

④　みわたすやまのは　かすみふかし

問2　　B　　の部分を5度の和音(V)で伴奏する際，ハ長調の5度の和音(V)を表すものとして正しいものを，次の①～⑥から一つ選びなさい。

問3　この曲を演奏するのにふさわしい速度の表し方として最も適当なものを，次の①～④から一つ選びなさい。

①　♩=56～64　　②　♩=76～84　　③　♩=116～124

④　♩=136～144

問4　次に示す小学校における歌唱共通教材のうち，「おぼろ月夜」と同じ作詞者・作曲者である曲として正しいものを，①～⑤から一つ選びなさい。

①　うみ　　②　スキーの歌　　③　とんび　　④　春の小川

⑤　夕やけこやけ

(☆☆☆◎◎◎)

【6】第4学年において，「絵や立体，工作に表す活動」及び「鑑賞する活動」を位置付けた「ほって　すって　見つけて」という題材で学習することにした。次の問いに答えなさい。

問1　小学校学習指導要領(平成29年告示)では，表現及び鑑賞の活動の中で，共通に必要となる資質・能力として〔共通事項〕を指導事項として示している。第3学年及び第4学年において，〔共通事項〕の指導事項の内容として正しいものを，次の①～④から二つ選びなさい。

①　動き，奥行き，バランス，色の鮮やかさなどを捉えること。

②　形や色などの感じを基に，自分のイメージをもつこと。

③　いろいろな形や色，触った感じなどを捉えること。

④　自分の感覚や行為を通して，形や色などの感じが分かること。

問2　版に表す活動における用具の使い方について，次の(1)(2)に答え
なさい。

(1)　以下の①〜④は，彫刻刀の使い方について述べたものである。
適当でないものを，全て選びなさい。

① 　はん木は固定し，彫りたい方向に刃の向きを変えながら彫る。
② 　彫刻刀はねかせて，指先で刀を押し出すように彫る。
③ 　彫刻刀をしっかりと持ち，反対の手をそえて彫る。
④ 　平刀は，刃表を上にして，広い面を彫る。

(2)　次の図は，版を刷る時の用具の使い方を表したものである。ロ
ーラーやバレンの正しい使い方の組合せとして最も適当なもの
を，以下の①〜⑥から一つ選びなさい。

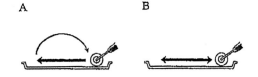

A　　　　　　　　　B

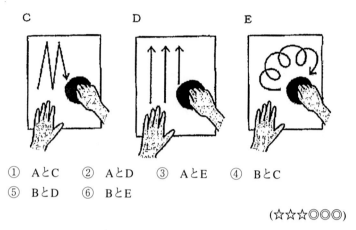

① ＡとＣ　② ＡとＤ　③ ＡとＥ　④ ＢとＣ
⑤ ＢとＤ　⑥ ＢとＥ

(☆☆☆◎◎◎)

【７】食生活について，次の問いに答えなさい。

　学校での調理実習を生かして，休日に家族のために「わが家のとっ
ておきのみそ汁」づくりに挑戦することとした。家族構成は，父・
母・私・妹・弟の5人，材料・分量は次に示す通りとする。

```
材料と分量(1人分のめやす)
　水　……………200g (蒸発分50g含む)
　煮干し　…………6g
　米みそ　…………9g
　油あげ　…………7g
　大根　……………40g
　ねぎ　………5〜15g
```

問1　次のみそ汁をつくる手順において，なべにみそを入れるタイミ
　　ングとして最も適当なものを，①〜④から一つ選びなさい。

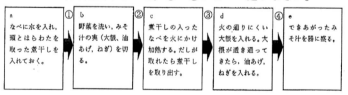

a
なべに水を入れ，頭とはらわたを取った煮干しを入れておく。

① b
野菜を洗い，みそ汁の実(大根，油あげ，ねぎ)を切る。

② c
煮干しの入ったなべを火にかけ加熱する。だしが取れたら煮干しを取り出す。

③ d
火の通りにくい大根を入れる。大根が透き通ってきたら，油あげ，ねぎを入れる。

④ e
できあがったみそ汁を器に盛る。

問2　次の写真は，問1のみそ汁に主食，主菜，副菜を加えて更に栄養
　　のバランスを良くした1食分の献立例である。それぞれの料理に使
　　われている食品①～⑩のうち，主に体をつくるもとになる栄養素で
　　あるたんぱく質を主な成分とする食品を全て選びなさい。

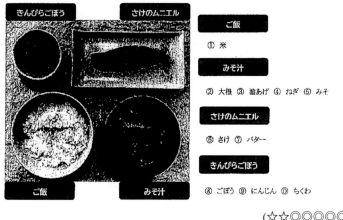

（☆☆○○○○○）

【8】次の問いに答えなさい。
　問1　小学校第5学年及び第6学年において，体つくり運動を指導する
　　　に当たり，その内容等について整理することにした。整理した内容
　　　の（　A　），（　B　）にそれぞれ当てはまる言葉の組合せとして最も
　　　適当なものを，次の①～⑥から一つ選びなさい。
　　　【第5学年及び第6学年の体つくり運動について】
　　　・「体ほぐしの運動」では，心と体との関係に気付いたり，仲間
　　　　と関わり合ったりすることが主なねらいであるため，「知識・技
　　　　能」の評価では，（　A　）こととしている。
　　　・「体の動きを高める運動」では，特に，児童の発達の段階を考
　　　　慮し，（　B　）及び巧みな動きを高めるための運動に重点を置い
　　　　て指導することとしている。
　　　①　A　知識に関する評価規準は設定しない
　　　　　B　体の柔らかさ

② A　知識に関する評価規準は設定しない

　　 B　力強い動き

③ A　知識に関する評価規準は設定しない

　　 B　動きを持続する能力

④ A　技能に関する評価規準は設定しない

　　 B　体の柔らかさ

⑤ A　技能に関する評価規準は設定しない

　　 B　力強い動き

⑥ A　技能に関する評価規準は設定しない

　　 B　動きを持続する能力

問2　小学校第3学年及び第4学年の「E　ゲーム」の「ア　ゴール型ゲーム」で，タグラグビーを基にした易しいゲームをしている際，ボールを前へ運ぶことがうまくできず，ゲームが停滞してしまう場面が見られた。ゲームの特性を踏まえて課題の解決の仕方に気付かせるための教師の言葉がけa〜cの正誤の組合せとして最も適当なものを，次の①〜⑧から一つ選びなさい。

【教師の言葉がけ】

a　「ボールを持ったら，体をゴールへ向けてまず走ろう。」

b　「ボールを持ったら，走るよりもまず，パスをしよう。」

c　「タグを取られたらパスをしよう。」

① a−正　b−正　c−正　　② a−正　b−正　c−誤

③ a−正　b−誤　c−正　　④ a−正　b−誤　c−誤

⑤ a−誤　b−正　c−正　　⑥ a−誤　b−正　c−誤

⑦ a−誤　b−誤　c−正　　⑧ a−誤　b−誤　c−誤

（☆☆☆◎◎◎）

【9】 次の問いに答えなさい。

問1〈放送問題〉

　　外国でホームステイをしている健さんは，休日にホストファミリ
ーと一緒にサファリパークに来ています。ツアーガイドが参加者に
説明している英文を聞いて，次の(1)～(3)の質問に対する答えとし
て最も適当なものを，それぞれ以下の①～④から一つずつ選びなさ
い。

(1)　What is the purpose of the announcement?

　　①　To tell the visitors opening hours.

　　②　To tell the visitors some rules.

　　③　To tell the visitors the bus schedule.

　　④　To tell the visitors how to get to Wildlife area.

(2)　What does the speaker ask the visitors to do in Wildlife area?

　　①　Don't take any pictures.

　　②　Buy some food for animals if they want.

　　③　Don't give any food to the animals.

　　④　Stay in the bus until they're told to get off.

(3)　If the visitors want to feed animals in the Petting Zoo area, what will
they do?

　　①　They will check the feeding times.

　　②　They will find the information center.

　　③　They will pick up some animals.

　　④　They will give their own food and drinks.

問2　次の英文は外国語科の授業の導入で，指導者が児童とやり取り
をしている内容の一部である。文中の空欄[　ア　]～[　ウ　]に入
る最も適当な語を，それぞれ以下の①～④から一つずつ選びなさい。

　　Last week, we talked about our dreams. I asked you, "What do you
want to be?" Do you remember? We had interviews with each other and
you could talk about your dreams in English. You [　ア　] a good job!
This is my dream poster. Look at my poster. I want to be a baker. So, I

want to study home economics very hard. I want to make a lot of delicious bread. I wrote about my dreams here with pictures of bread.

It's your turn! Let's make a poster to show it to your parents on the next Parent's Day. Do you have any questions?

Look at your worksheets and the textbooks. You already wrote about your dreams in English here. You wrote them [イ] the 4 lines carefully. Now, let's write about your dreams on the poster. If you want to change some words, you can use your picture dictionaries. You can choose the words you want to use and [ウ] them. Are you ready?

[ア] ① had ② did ③ said ④ got
[イ] ① into ② over ③ in ④ on
[ウ] ① copy ② get ③ call ④ show

(☆☆☆○○○)

【10】第3学年の国語科「伝えたいことを相手に伝わるように話す」授業において，児童に「話し方の工夫」について指導するとき，以下の問いに答えなさい。

＜渡辺さんの発表＞

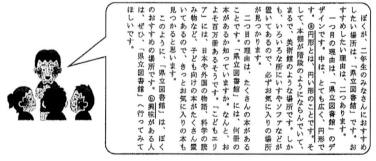

ぼくが，二年生のみなさんにおすすめしたい場所は，「県立図書館」です。おすすめしたい理由は，二つあります。

一つ目の理由は，「県立図書館」のデザインです。中は，とても広く，円形です。⑥円形とは，円い形のことです。そして，本棚が階段のようにならんでいて，まるで，美術館のような場所です。しかも，いろいろな場所にいすやソファなどが置いてあるので，必ずお気に入りの場所が見つかります。

二つ目の理由は，たくさんの本があることです。「県立図書館」には，何冊の本があるか知っていますか。なんと，およそ百万冊あるそうです。「こどもエリア」には，日本や外国の物語，科学の読み物など，子ども向けの本がたくさん置いてあるので，きっとお気に入りの本も見つかると思います。

このように，「県立図書館」は，ぼくのおすすめの場所です。興味がある人は，ぜひ，「県立図書館」へ行ってみてほしいです。

問1 渡辺さんは，発表原稿にはなかった――線部⑥「円形とは，円い形のことです。」という説明を付け加えました。教師が，渡辺さんの発表を取り上げ，「伝えたいことを相手に伝わるように話す話し方」の指導をするとき，次の □ に入る教師の説明を書きなさい。

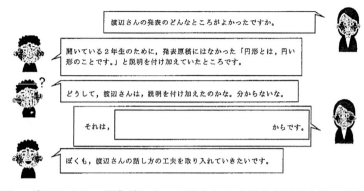

問2　渡辺さんは，聞き手にとって分かりにくそうな言葉を言い換えるために，――線部⑤の言葉を国語辞典で調べます。次の　　　の4つの言葉を，一般的な国語辞典に出てくる順番に並びかえなさい。

> 興味　　器用　　教科書　　行事

(☆☆☆◎◎◎)

【11】第3学年の社会科「火事からくらしを守る」の単元で，消防署の人たちのはたらきについて話し合う学習を行っている。

　A教師はタブレット端末を使い，まず資料1「X市の火事の発生時刻」，資料2「X市の火事の被害状況」，資料3「119番から消防自動車が到着するまで」の資料を提示した。

資料1　X市の火事の発生時刻（R3）

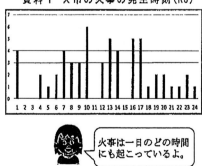

資料２　Ｘ市の火事の被害状況（R3）

被害状況	件数
全焼	6
半焼	2
部分焼	13
ぼや	50

資料３　119番から消防自動車が到着するまで（例）

9:34	119番で火事の連絡を受ける
9:35	消防署を出動
9:39	火事の現場に到着

119番からたった５分で到着している。だから火事の多くはぼやですんでいるんだ。

A教師と児童は，上の資料から読み取ったことをもとに2つのキーワードを作り，次のような学習問題を設定した。その後，児童から以下のような予想が出された。

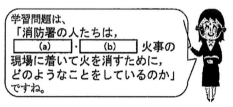

学習問題は、「消防署の人たちは，　(a)　・　(b)　火事の現場に着いて火を消すために，どのようなことをしているのか」ですね。

学習問題に対する児童の予想

日頃から訓練や点検をしているのではないかな。

夜中にも火事が起きているから，夜もずっと働いていると思うよ。

問1　学習問題にどのようなキーワードを入れたと考えられるか。A教師が提示した資料や，児童のこれまでの発言をもとに，　(a)　・　(b)　にそれぞれ書きなさい。ただし，上記の児童の吹き出しの言葉はそのまま使わないこと。

問2　A教師は児童の予想をふまえ，児童に新たな視点をあたえるために次の資料を提示した。授業後，参観していた同僚からそのねらい

について質問されたところ，A教師は以下のように答えた。A教師
のねらいを◻◻◻◻に書きなさい。

資料

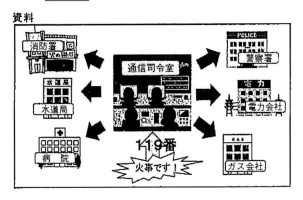

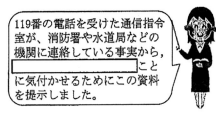

119番の電話を受けた通信指令
室が、消防署や水道局などの
機関に連絡している事実から，
◻◻◻◻こと
に気付かせるためにこの資料
を提示しました。

(☆☆☆◎◎◎)

【12】教師Aのクラスでは，第5学年の算数科「割合」の学習をした後，
児童Bが「クラスのみんなの好きな給食のメニューは何か」という疑
問を持ち，1人1台端末を用いてアンケート調査を行った。その結果を
割合が捉えやすい円グラフに表してクラスの掲示板にアップロードす
るために，それぞれの人数が全体の何％になるか百分率で表した数を
小数第一位で四捨五入しまとめると，次の表のようになった。

好きな給食のメニューの割合（クラス）

メニュー	人数（人）	百分率（%）
カレーライス	12	33
シチュー	7	19
スパゲッティ	5	14
ハンバーグ	4	11
まぜごはん	3	8
その他	5	14
合計	36	99

問1　教師Aと児童Bのやり取りを読み，[　　　　]にあてはまる教師Aの適切な助言を書きなさい。

それぞれのメニューの割合の合計が１００％にならないよ。

計算し直して確かめても合計は９９％だったよ。

児童B

小数第二位を四捨五入しても１００％にならないなぁ。

合計欄の意味をよく考えていますね。合計が１００％にならないときは，

教師A

　掲示板にアップロードされた結果をみた教師Aのクラスでは，「各学年ごとに好きな給食のメニューにちがいがあるのか」ということについて新たな疑問を持った。そこで学年ごとにアンケートをとり，

44

調査結果を次のような複数の帯グラフにまとめた。

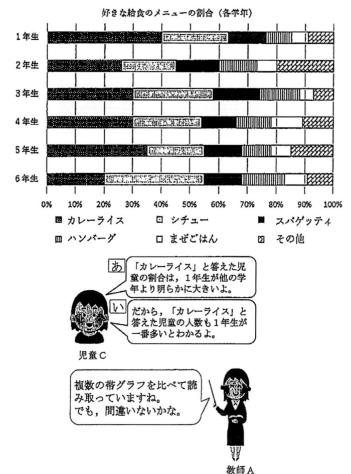

問2　児童Cの発言あのように，複数のデータについて項目の割合を比較するには，帯グラフが便利である。しかし，児童Cの発言いは正しいとは限らない。その理由を書きなさい。

(☆☆☆○○○)

解答・解説

【1】問1　②　　問2　④　　問3　③　　問4　③　　問5　①
問6　②　　問7　④　　問8　③

〈解説〉問1　五画目を指し示している漢字を選ぶ。①は四画目，③は六画目，④四画目である。　問2　筆者は，第3段落で「プロ棋士はこの直観がすごい」と強調している。アマについては，同じ段落で「アマでは，そうはいかない」と述べ，その後も，アマは良い手が直観的に思い浮かばないし，読む力もたいしたことがないことを述べている。問3　「それは／ほんの／一〇手先，／二〇手先でも，／膨大な／数の／枝分かれと／なる。」と区切れる。文節によって，自立語のみ，または自立語と付属語になる。　問4　①　第12段落の文意と一致しており，適切。　②　第9段落の文意と一致しており，適切。
③　第8段落で，「論証が伴っていれば，…結論と他の事柄との関係も明らかになる」と述べられているが，「多様な側面についての理解」については述べられていないため，不適切。　④　第14段落の文意と一致しており，適切。　問5　Ⅰ　空欄の前では「わからない」と述べ，空欄の後に「確かになる」と述べられていることから，逆接の接続詞が適切。　Ⅱ　空欄の前の事柄に対して，空欄後に話がさらに展開しているので，添加の接続詞が適切。　問6　第6段落に，「論証を行うには，それらの多くの候補のなかから良い証拠と理由，および良い筋道を選ぶ必要がある。」と述べている。　問7　下線部は「支持」。①は「私事」，②は「師事」，③は「指示」，④は「支持」である。本文の意味は「賛成」するという意味合いであり，意味から選択することもできる。　問8　最初は話題を示し，最後にまとめているので，③の内容は一致しない。

【2】問1　(1)　①　　(2)　⑤　　(3)　③　　(4)　③　　問2　(1)　②
(2)　③　　(3)　④　　(4)　③　　(5)　①

〈解説〉問1　(1)　資料1から，A工業地域は1960年も2017年も工業出荷額に占める化学の割合が高いことが読み取れる。化学の割合が高い工業地域は，瀬戸内工業地域と京葉工業地域だが，資料2に「塩田の跡地や遠浅の海岸を埋め立てた」とあることから，瀬戸内工業地域と判断できる。瀬戸内工業地域は，1950年代に石油化学コンビナートを建設してから，特に化学工業の出荷額が多くなった。　(2)　a　1980年代に外国製品との競争のなかで生じたのは，貿易摩擦である。日米間ではアメリカの輸入超過となり，貿易赤字解消のために輸入数量の制限や関税障壁を設けるなどの摩擦が生じた。　b　多くの企業が生産拠点を海外に移した結果，国内では下請けや関連企業の生産が縮小し雇用も減少する状況となった。この状況を産業の空洞化という。

(3)　③　北緯37度以南のカリフォルニア州からノースカロライナ州にいたる温暖な地域を「サンベルト」という。航空機，エレクトロニクスなどの産業が盛んに行われている。ラストベルトは，五大湖周辺の地域で，石炭，鉄鋼，自動車などの旧来の産業の衰退が進む地域を表す呼称である。なお，④のNAFTAは，2018年10月にアメリカ・メキシコ・カナダ協定(USMCA)に置き換えられ，NAFTAはその後効力が失われている。　(4)　日本の主な輸出相手国の1位は中国，2位はアメリカ合衆国である。さらに，輸出額が10兆円を超すのはこの2か国のみであり，資料4の(b)が中国，(c)がアメリカ合衆国である。3位以下には，台湾，韓国，香港，タイ，ドイツが続いている(2021年のデータ「データブック　オブ・ザ・ワールド2023」より)。　問2　(1)　7世紀初頭に聖徳太子が，中国の隋へ派遣した使節が遣隋使である。聖徳太子は摂政として，蘇我馬子とともに内政，外交に尽力した。物部氏については，聖徳太子が曽我氏の軍に加わり攻め滅ぼしたという関係であり，協力関係とする記述は誤りである。　(2)　大輪田泊は，現在の神戸港の一部に当たる。　(3)　南蛮貿易において，ポルトガル・スペインは鉄砲・火薬・中国産の生糸・絹織物を日本に輸出し，日本から銀を輸入した。　(4)　①　1854年の日米和親条約の内容である。②　外国人は開港地の居留地に居住した。自由な居住は禁止された。

④　日米修好通商条約の他，オランダ・ロシア・イギリス・フランスとも同様の条約を結んだ。清は誤りである。　(5)　①　サンフランシスコ平和条約は，1951年に日本と連合国48か国の間で結ばれた。この条約に署名したのは吉田茂である。　②　日韓基本条約は1965年に，佐藤栄作内閣の下で締結された。　③　日ソ中立条約が締結されたのは1941年のことで，調印したのは近衛文麿内閣の松岡洋右外務大臣である。　④　日中平和友好条約は1978年に，福田赳夫内閣の下で締結された。

【3】(1)　ア　1　　イ　2　　ウ　2　　(2)　エ　4　　オ　2　　カ　5
(3)　キ　6　　ク　3　　(4)　ケ　1　　コ　3　　サ　4　　シ　2
(5)　ス　3　　セ　3　　ソ　2

〈解説〉(1)　$y=-\dfrac{1}{4}x^2$に$x=-4$, 2をそれぞれ代入して，2点A，Bの座標を求めると，A(-4, 4)，B(2, 1)である。これより，直線ℓの傾きは$\dfrac{1-4}{2-(-4)}=-\dfrac{1}{2}$だから，直線$\ell$の式は$y-1=-\dfrac{1}{2}(x-2)$　整理して，$y=-\dfrac{1}{2}x+2$　(2)　AB//EF//DCより，平行線と線分の比についての定理を用いて，BF：FC＝AE：EC＝AB：DC＝14：21＝2：3　よって，EF＝AB×$\dfrac{\text{EC}}{\text{AC}}$＝$14×\dfrac{3}{2+3}=\dfrac{42}{5}$〔cm〕である。　(3)　$3\sqrt{7}=\sqrt{63}$より，$\sqrt{49}<\sqrt{63}<\sqrt{64}$　⇔　$7<\sqrt{63}<8$　だから，$3\sqrt{7}$の整数部分は7　よって，$a=3\sqrt{7}-7$　$a^2+14a+49=(a+7)^2=\{(3\sqrt{7}-7)+7\}^2=63$　(4)　つくられる全ての2けたの数は${}_7\text{P}_2=7×6=42$〔個〕。このうち，できた2けたの数が素数であるのは，13, 17, 23, 31, 37, 41, 43, 47, 53, 61, 67, 71, 73の13個。よって，求める確率は$\dfrac{13}{42}$

(5)　正六角形は向かい合う頂点を結んだ3本の対角線によって，1辺が$a$cmの6つの合同な正三角形に分割される。その正三角形の高さは

$\dfrac{\sqrt{3}}{2}a$cmだから，1辺が$a$cmの正六角形の面積は$\left(\dfrac{1}{2}\times a\times\dfrac{\sqrt{3}}{2}a\right)\times$

$6=\dfrac{3\sqrt{3}}{2}a^2$〔cm²〕である。

【4】問1 (1) ①　　(2) ア 4　イ 5　(3) ④　(4) ①

　　問2 (1) ア 1　イ 5　(2) ④　(3) ⑤

〈解説〉問1 (1) 風向きが東なので東向きに線を描く。③，④は晴れの天気記号となっている。 (2) $6.0\times\dfrac{75}{100}=4.5$〔g〕となる。 (3) 一般的に，寒冷前線が温暖前線を追いかける形となる。温暖前線では暖気が寒気の上に緩やかに上昇し，寒冷前線では，寒気が暖気を急激に上昇させる。 (4) 冬はシベリア高気圧の勢力が強くなり，西高東低の気圧配置をつくる。これにより北西の季節風が吹く。なお，②は夏，③は春や秋，④は梅雨にみられる気圧配置の説明である。

　　問2 (1) Aに加えた力をF〔N〕とすると，仕事の原理より，$45\times0.1=F\times0.3$　$F=15$〔N〕となる。 (2) はさみは力点と作用点の間に支点があり，糸切りばさみとピンセットは支点と作用点の間に力点がある。 (3) 定滑車を使っただけの場合は，力の方向が下向きになるだけで，力の大きさはただ持ち上げたときと同じである。一方，動滑車を1つ使うと，加える力が半分で済む。ただし引く距離は2倍になる。

【5】問1 ④　　問2 ①　　問3 ②　　問4 ④

〈解説〉第6学年の共通教材「おぼろ月夜」(文部省唱歌)からの出題である。 問1 共通歌唱教材は頻出分野である。旋律と歌詞は確実に覚えておきたい。①は2番1段目，②は2番4段目，③は2番2段目の歌詞である。 問2 ハ長調は「ド」を主音とする。5度の和音「ソシレ」を含む和音は①である。 問3 時計の秒針と同じ速さは「60」，秒針の進む速さに2拍入る速さは「120」である。この楽曲はその間の速さの楽曲で，モデラート(中くらいの速さで)に当たる。感覚で判断するのが難しい場合，共通教材の速さも確認しておくと良い。

問4　「おぼろ月夜」は高野辰之作詞，岡野貞一作曲の作品である。歌唱共通教材の中で，二人の作品は「日のまる」(第1学年)，「春が来た」(第2学年)，「春の小川」(第3学年)，「もみじ」(第4学年)，「おぼろ月夜」「ふるさと」(以上第6学年)である。

【６】問1　②，④　　　問2　(1)　①，④　　　(2)　③

〈解説〉問1　〔共通事項〕では，「知識」として「児童が自らの感覚や行為を通して形や色などを理解すること」を示し，「思考力，判断力，表現力等」として「児童が自分のイメージをもつこと」を示している。学年進行に伴った指導内容の変遷を確認し，系統立てて理解したい。なお，①，③は「指導計画の作成と内容の取扱い」に示された〔共通事項〕に関するもので，①は高学年，③は低学年における配慮事項である。　問2　(1)　①　彫刻刀の刃の向きは変えずに，はん木を動かしながら彫る。　④　平刀は，刃表を下にして使用する。　(2)　インクをつけるときには，ローラーは一方向だけに動かす。バレンは，中心から外側に軽くこすって空気を抜いた後，体重をかけて円を描くように動かす。

【７】問1　④　　　問2　③，⑤，⑥，⓪

〈解説〉問1　みそは，みそ汁の具材が煮えた後に入れる。大根が透き通って，油あげ，ねぎを入れた後に，少量のだし汁で溶いたみそを入れ，ひと煮立ちした後すぐに火を消す。みそは加熱しすぎると味が濃くなり，香りが失われてしまう。　問2　油揚げとみそは，主成分がたんぱく質の大豆から作られている。ちくわは魚肉から作られており，魚の主成分はたんぱく質である。他の主な成分は，①が炭水化物，⑦が脂質でエネルギーのもとになる栄養素，②・④・⑧・⑨がビタミンや無機質で体の調子を整えるもとになる栄養素である。

【８】問1　④　　　問2　③

〈解説〉問1　Ａ　体ほぐしの運動は，心と体の変化や心と体との関係に

気付いたり，仲間と関わり合ったりすることが主なねらいであり，特定の技能を示すものではないことから，育成する資質・能力は「知識及び技能」ではなく「知識及び運動」として示されている。　B　高学年の「体の動きを高める運動」では，体の柔らかさ，巧みな動き，力強い動き，動きを持続する能力を高めるための運動を学習する。その中でも，児童の発達の段階を踏まえ，主として体の柔らかさ及び巧みな動きを高めることに重点を置いて指導し，中学校に繋げることとされている。　問2　タグラグビーにおける攻撃は，タグをとられないように相手をかわしてボールを持って前へ走ることや，後ろにパスをつないでボールを前に運ぶことを目指している。bの言葉がけはパスを強く意識させるため，ボールを前へ運ぶことがうまくできない状況を変えるには適していない。

【9】問1　(1)　②　　(2)　④　　(3)　②　　問2　ア　②　　イ　④　ウ　①

〈解説〉問1　リスニング問題。　あらかじめ設定と問題，及び選択肢が与えられているので，放送前にこれらを読み，念頭に置いておくと良い。　問2　外国語の授業についての英文穴埋め問題。　ア　You did a good job.で，「よくできました」という定型表現。　イ　「〜行で書く」という場合はonを用いる。　ウ　辞書から「書き写す」という意味のcopyが適切。

【10】問1　・聞いている2年生の様子を見て，「円形」が分かりにくそうだと思った(からです。)　・聞いている2年生が「円形」という言葉の意味が分かっていないと思った(からです。)　・2年生にとって「円形」は難しい言葉だと，見ていて判断した(からです。)　問2　器用→教科書→行事→興味

〈解説〉問1　どういうときに言いかえるかを考えてみるとよい。説明文では，易しい内容をあえて難しい言い回しで言いかえることもあるが，小学2年生に対して言いかえている場面では，発達段階を考え，「円形」

という言葉を知らない児童もいる事を考慮して，わかりやすい言葉に言いかえたと考えることができる。　問2　最初はすべて清音と考えて並べる。器用は三字で終わっているので最初。四字めに注目すると，興味は「み」，教科書は「か」，行事は「し」なので，器用→教科書→行事→興味　の順となる。

【11】問1　(a)　いつでも　　　(b)　すぐに　　　問2　(通信指令室が，消防署や水道局などの機関に連絡している事実から，)火事に対応するために，様々な関係機関が協力している(ことに気付かせるため)

〈解説〉問1　児童の「火事は一日のどの時間にも起こっているよ。」から，「いつでも」が相応しい。また，児童の「119番からたった5分で到着している。」から，「すぐに」が相応しい。　問2　通信指令室は，消防署・水道局・病院・警察署・電力会社・ガス会社に連絡している。火災に対応するために，消防署のみでなく様々な関係機関が協力していることに気付かせるために，この資料を提示している。

【12】問1　・割合の一番大きい部分を増やして合計を100％にするとよい。・様々な項目の割合を集めて合計した「その他」の部分を増やして合計を100％にするとよい。　　問2　割合が大きくなっていても実際のデータとしては小さいなど，それぞれの項目の実際の人数を見た目では比較ができないから。

〈解説〉問1　合計が100％にならないときは，割合の一番大きい部分か，「その他」の部分で調整することとされている。　　問2　例えば，1年生が15人，5年生が20人だとすると，「カレーライス」と答えた児童は，1年生が15〔人〕×40〔％〕＝6〔人〕，5年生が20〔人〕×35〔％〕＝7〔人〕となり，割合の大小と実数値のデータの大小は一致しない場合がある。実数で比べる際には，割合だけでなく，各項目のもとになる実数値が必要となる。

2023年度　　実施問題

【1】次の文章を読んで，以下の問いに答えなさい。(設問の都合で一部省略してある)

　現在のヒトと完全に同種の体格が見られるようになるのは，約160万年前に生息していたホモ・エルガスタという種類からである。この頃から，森から平原に出て，長距離を二足歩行で移動し生活していたと考えられている。

　では，なぜヒトは過酷な平原・サバンナに進出していったのか。実はその時代，地球上では⑨乾燥・寒冷化が進んでおり，生息地であるアフリカの森林が少なくなっていた。その際に，最後まで残された森林にしがみついていたのが現在のチンパンジーであり，環境変化のためにサバンナに出て行かざるを得なかったのがヒトであった。森林をチンパンジーたちにとられてしまったともいえるが，外の世界に出て行かなくてはならなかったことが，後の進化につながることとなる。

　森林からサバンナに出た彼らを待ち受けていたのは，大変に過酷な生活環境であった。まず，水がほとんど存在しないのだ。水場がところどころに点々としかないので，水場から水場へ歩いて移動するにも長距離を移動しなくてはいけない。そして気温が高いので，汗をどんどんかいて体温調節をする必要がある。この環境のために，彼らは体毛を失い，代わりに汗をかくための汗腺という器官が増えたと考えられる。600万年前，チンパンジーと分かれたばかりの頃はまだ毛むくじゃらだったはずで，本当に毛をなくさなければいけなくなったのはサバンナに進出した200万年前ぐらいからであろう。

　私たちヒトは暑さで汗びっしょりになるが，こういう哺乳類は実はあまりいない。ウマは汗をかくが，イヌやネコはそんなにかかないし，そもそもそんなに長距離を走るようにはできていないのだ。ヒトの特徴の一つとして，長距離移動が可能であることが挙げられる。チータ

ーなどは高速で移動できるが，長距離は走れ⑥ない。これも汗腺と同じように，サバンナに適応し生き抜くための，ヒトの進化である。

　次に，食べ物の問題がある。それまでは樹木が生い茂る森で，木々の葉っぱや果実をもぎとって食べていればよかった。しかし，サバンナにはヒトが簡単に手に入れられるような食料は，ほとんどない。シマウマのような，タンパク質の塊ともいえる草食動物が多く生息してはいるが，ヒトは肉食動物ではない。肉食動物はつめやきばを持ち，ほかの動物を食料にできるが，木の上で暮らしていた霊長類が簡単にほかの動物を狩ることはできなかった。では，植物はというと，こうした過酷な場に生息する植物は水分をあまり含んでおらず乾燥しているものが多い。また，外殻が硬かったり，水分を含む実の部分は地中に埋もれていることがほとんどである。そうした実をとるためには地面を掘らなくてはならないが，器用さを重視した手なので，つめで掘り進むこともままならなかった。

　では，彼らはこの難局にどう適応していったのか。一つは，食料を確保するために，自然を利用して非力さをカバーする道具を⑥セイサクし，活用することを覚えた。石器を使っての狩りや，食物採取である。

　そしてもう一つ，目標のために役割分担し複数で共同作業をすることを知ったのである。それまでのように，一人ひとりが群れの中で勝手に暮らすのではない。群れという組織において，互いが自分と相手の果たすべき役割を理解し，目標達成のために何をするかを考え，いっしよに行動する。群れ全体が自分の立ち位置と役割を意識する集団となり，こうした社会関係の理解こそが，類人猿とは異なる，ヒトをヒトたらしめた最大の分岐点になったのだ。このときを契機として，ヒトの脳は著しく進化する。やがてヒトは，ほかの動物と比べて格段に大きな脳を持つようになった。これは過酷な環境でヒトが編み出した，生き抜くために必要な進化だったといえるだろう。

　人類は二足歩行に加え，大きな頭部を持つように進化したが，その頭部で特に大きいのが脳である。最初から大きかったのではなく，

300～400万年前の時点では，チンパンジーやゴリラとあまり変わらなかった。しかし，サバンナに出て行き環境に適応したホモ属が出てきた頃から，一度急激に大きくなる。その後しばらく，大きさは変わらないが，現在のホモ・サピエンスが登場したときに，またもう一段大きくなったのである。

実際に脳の大きさを比較してみると，チンパンジーの脳の容量が約380ccであるのに対し，ヒトは約1400ccある。しかも，進化の過程で単純にチンパンジーの脳がそのまま大きくなったということではなく，目の裏側の部分から頭のてっぺんにかけて，おでこ周辺にある前頭前野という部分が特に大きくなっているのだ。

その前頭前野とは，何を司る部分なのか。近年ようやく，前頭前野は「自分を客観的に見る」感覚を司っていることがわかってきた。自分が何をして，何を感じているか。そして他人が何を思い，どう感じているか。自分の気持ちを参照しながら，相手が何を感じ考えているかを知るための器官なのだ。また，自分が何を欲しているかということもモニターしているので，それと連動して，目標を達成するために，次に何をしなければいけないかといった物事の優先順位を決める役割もある。

前頭前野の働きをほかの霊長類と比較すると，サバンナに出て環境に適応したヒトが，他人の心を読んで共同作業をし社会生活を営むようになった，という進化の過程がわかるのである。

人間の脳は，だらだらと何となく大きくなっていったのではなくて，サバンナに進出したときと，ホモ・サピエンスが登場したときに，一気に大きくなった。その⒟二度の拡張の際，ヒトがどのような困難に直面し，切り抜けていったのかが，現在の自然人類学で一番おもしろい部分なのだ。

まだ正確にはわかっていないが，二回目に脳が発達した時期は，ホモ・サピエンスがアフリカ大陸からユーラシア大陸に進出していったときと重なっており，このことが秘密を解く手がかりになるかもしれない。20万年前，アフリカ大陸から陸地を伝って新しい世界へ進出し

たヒトは，世界各地に散らばり広がっていった。かつて森からサバンナに進出したときのように，それは大きな困難を伴ったことは想像に難くない。

　そうしたリスクを冒してまで，なぜ彼らは外界に出て行ったのか。今よりもはるかに人口が少ない時代であり，アフリカ大陸にヒトが増えすぎて飽和状態になった，ということも考えにくい。

　私は，その要因は，好奇心ではないかと思う。脳が大きくなることにより，ヒトは物事の⑥因果関係をより深く考えるようになった。すると，今自分たちが生活している世界を客観視することができるようになり，同時に，さらに外の世界には何が広がっているのか，と考えるようになる。そうした冒険心から，彼らは別の大陸へ渡っていったのだと，私は考えている。それは，現在も我々が宇宙という空間に思いを馳せ，ステーションを建設し，惑星を探査することと同じなのではないだろうか。

　　　　　　　　　（長谷川眞理子「ヒトはなぜヒトになったか」より）

問1　サバンナがヒトにとって過酷だと筆者が考える理由として最も適当なものを，次の①〜④から一つ選びなさい。

①　地球上では乾燥・寒冷化が進んでおり，生息地であるアフリカの森林が少なくなっていたから。

②　最後まで残された森林にしがみついていたチンパンジーたちに森林をとられてしまったから。

③　水がほとんど存在せず，ヒトが簡単に手に入れられるような食料は，ほとんどないから。

④　気温が高く，汗をどんどんかいて体温調節する必要があり，汗腺という器官を増やしたから。

問2　＿＿＿線部ⓐ「乾燥」と同じ構成の熟語を，次の①〜⑤から一つ選びなさい。

①　公立　　②　折衷　　③　概念　　④　虚実　　⑤　携帯

問3　＿＿＿線部ⓑ「ない」と文法的に同じものはどれか，最も適当なものを，次の①〜④から一つ選びなさい。

① 大昔恐竜がこの地球に存在したのは間違い<u>ない</u>はずだ。

② 昨日，バスで出会った少年のさりげ<u>ない</u>行動が素敵だ。

③ みんなで決めたことを実行し<u>ない</u>のはおかしいと思う。

④ 私たちには，自然人類学を学ぶ機会がなかなか<u>ない</u>。

問4 ＿＿線部ⓒ「セイサク」を漢字で書くとき，その「セイ」と同じ漢字を用いるものを，次の①〜④から一つ選びなさい。

① 乗り越し料金を<u>セイ</u>サンする。

② ガラスを吹いて<u>セイ</u>ケイする。

③ 新幹線でふるさとにキ<u>セイ</u>する。

④ 工場で石油のセイ<u>セイ</u>をする。

問5 ＿＿線部ⓓ「二度の拡張の際」とは，いつのことか，最も適当なものを，次の①〜④から一つ選びなさい。

① ホモ・エルガスタが出てきた頃と20万年前

② 300〜400万年前と約160万年前

③ 約160万年前とサバンナに進出したとき

④ 600万年前とホモ・サピエンスが登場したとき

問6 ＿＿線部ⓔ「因果関係」に当てはまるものはどれか。最も適当なものを，次の①〜④から一つ選びなさい。

① 父の背が高いから，私の背も高い。

② いすの角に足をぶつけて，怪我をした。

③ アイスがよく売れると，おでんが売れなくなる。

④ 理科の成績がよいと，数学の成績もよい。

問7 本文の内容に合致するものとして最も適当なものを，次の①〜④から一つ選びなさい。

① 水がほとんど存在しない大変過酷な生活環境のために体毛を失った代わりに，ヒトの汗腺という器官が増えたのは，哺乳類の中でも汗をかくウマと同様に長距離移動が可能になったからだ。

② 類人猿とは異なる，ヒトをヒトたらしめた最大の分岐点は，群れという組織において，目標達成のために役割分担し複数で共同作業することを知るといった社会関係の理解であるといえる。

③　「自分を客観的に見る」感覚を司り，自分が何を感じ，他人が
どう感じているか，自分の気持ちを参照しながら相手が何を感じ
考えているかを知ることのみが，前頭前野の機能なのだ。

④　困難を切り抜け脳が発達したヒトは，冒険心を持っていたため
我々が宇宙という空間に思いを馳せ，惑星を探査するのと同じよ
うに，リスクを冒してまでも外界に出て行かざるを得なかった。

問8　この文章の特徴について述べたものとして適当でないものを，
次の①〜④から一つ選びなさい。

①　課題の提示，解決を繰り返しながら，読み手の思考に沿って論
を展開している。

②　文末を常体にし，断定表現を多く用いることで，説得力が増す
ようにしている。

③　比較対象を取り上げて説明し，読み手に筆者の主張を強く印象
づけている。

④　初めに問題を提起し，すぐに答えは出さず，最後にその結論を
述べ，筆者の主張を明確にしている。

(☆☆☆◎◎◎)

【２】次の問いに答えなさい。
問1　次の地図や資料を見て，以下の(1)〜(4)に答えなさい。

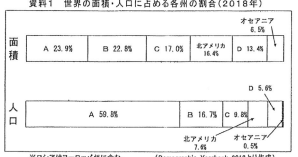

資料1　世界の面積・人口に占める各州の割合（2018年）

※ロシアはヨーロッパ州に含む。　　（Demographic Yearbook 2018より作成）

(1)　地図中a〜dの中で，石川県とほぼ同じ緯度に位置する国として
最も適当なものを，次の①〜④から一つ選びなさい。

①　a　　②　b　　③　c　　④　d

(2)　資料1は世界の面積・人口に占める各州の割合を表したもので
ある。A〜Dはヨーロッパ州，アジア州，南アメリカ州，アフリ
カ州のいずれかを示している。ヨーロッパ州として適当なものを，
次の①〜④から一つ選びなさい。

①　A　　②　B　　③　C　　④　D

(3)　EUに関する説明として適当でないものを，次の①〜④から一
つ選びなさい。

①　航空機の生産では，フランス，イギリス，ドイツなどの企業
が共同で企業を設立し，国境をこえた技術協力を行っている。

②　東ヨーロッパの国々から西ヨーロッパの国々へ働きに行く労
働者が増えたため，東ヨーロッパでは労働力不足が深刻になっ
ている。

③　EUに加盟しているすべての国で共通の通貨ユーロを導入す
ることにより，両替をする必要がなくなり，国境を越えた買い
物や旅行などが活発になっている。

④　EU加盟国間の輸入品にかかる税金をなくしたことで，EU域
内の農産物や工業製品の貿易がさかんである。

(4)　資料2の表はフランス，イギリス，オランダ，スペインの品目
　別食料自給率を表したものである。表中のA～Cはイギリス，オ
　ランダ，スペインのいずれかが該当している。A～Cの組合せと
　して最も適当なものを，以下の①～⑥から一つ選びなさい。

資料2　フランス、イギリス、オランダ、スペインの品目別食料自給率

品目 国名	小麦	いも類	野菜類	果実類	肉類	牛乳・乳製品
フランス	183	130	72	65	103	104
A	16	150	347	39	253	157
B	83	87	43	13	77	88
C	78	62	210	129	152	89

（農林水産省　令和2年度食料需給表より作成）

①　A　イギリス　　B　オランダ　　C　スペイン
②　A　イギリス　　B　スペイン　　c　オランダ
③　A　オランダ　　B　イギリス　　C　スペイン
④　A　オランダ　　B　スペイン　　C　イギリス
⑤　A　スペイン　　B　イギリス　　C　オランダ
⑥　A　スペイン　　B　オランダ　　C　イギリス

問2　次のA～Dのカードは，土地制度や開発に関するできごとを年代
　の古い順に並べたものである。カードを見て，以下の(1)～(5)に答
　えなさい。

A 太閤検地を行う	B 印旛沼の干拓を始める
C 地租改正を行う	D 農地改革を行う

(1)　資料1はカードAのできごとについて説明したものである。資
　料中の(　a　)(　b　)に当てはまる言葉の組合せとして最も適当
　なものを，以下の①～④から一つ選びなさい。

60

資料1

> （　a　）を確実に集めるために，それまで地域によって異なっていたものさしや，ますを統一した。また，全国の田畑の面積や収穫高を調べ，石高を用いて村ごとに検地帳を作成した。
> 　実際に耕作している農民に田畑の所有権が認められ，古くから残っていた（　b　）は完全に消滅した。

① a　年貢　　　b　荘園
② a　年貢　　　b　口分田
③ a　租　　　　b　荘園
④ a　租　　　　b　口分田

(2) カードBを行った人物の政治について最も適当なものを，次の①～④から一つ選びなさい。

① 幕府の収入を増やすために，諸大名から一定の量の米を幕府に献上させるかわりに参勤交代の負担をゆるめた。

② 荒れた農村を立て直すために，都市に働きに出ていた農民を村に帰したり，ききんに備えるために各地に倉を設けて米をたくわえさせ，商品作物の栽培を制限した。

③ 物価の上昇をおさえるために，営業を独占している株仲間に解散を命じ，江戸に出稼ぎに来ている農民を故郷に帰らせた。

④ 幕府の財政を立て直すために，商人に株仲間を作ることをすすめ，特権を与えるかわりに，営業税を納めさせた。

(3) 資料2は，カードCのできごとについてまとめたものである。表の中の（　a　）（　b　）に当てはまる言葉の組合せとして最も適当なものを，次の①～④から一つ選びなさい。

資料2

納税者	課税基準と税率	納税方法
（　a　）	地価の３％	（　b　）で納める

　　① a　耕作者　　　　　b　現金

　　② a　耕作者　　　　　b　米

　　③ a　土地所有者　　　b　現金

　　④ a　土地所有者　　　b　米

(4)　カードDのできごとと同じ時期に制定されたものとして適当でないものを，次の①〜④から一つ選びなさい。

　　① 地方自治法　　② 治安維持法　　③ 労働組合法

　　④ 教育基本法

(5)　資料3は，当時のある新聞記事の見出しである。このできごとが起こったのはいつのことか，最も適当なものを，以下の①〜④から一つ選びなさい。

資料3

米の騒動
各地に勃発す
▽富山の騒動益烈しく
▽警察部長遂に出動す
関西方面にも波及

　　① AとBの間　　② BとCの間　　③ CとDの間

　　④ Dの後

(☆☆☆◎◎◎)

【3】次の空欄に入る数値を答えなさい。ただし，空欄　ソ　については，指示に従って選びなさい。

(1)　150本のマッチ棒がある。次の図のように，マッチ棒を並べて正方形をつくる。このとき，つくることができる正方形の数は，最大で　アイ　個である。

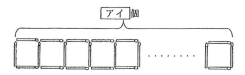

（2）　2元1次方程式$2x-3y+6=0$のグラフは，傾きが$\dfrac{\boxed{ウ}}{\boxed{エ}}$，切片が2の直線である。この直線と，$y=-3x+13$のグラフの交点の座標は，（$\boxed{オ}$，$\boxed{カ}$)である。

（3）　次の図のように，正五角形ABCDEの頂点Aに碁石を置き，大小2つのさいころを投げて，以下のa，bの規則にしたがって頂点から頂点へ碁石を動かす。大小2つのさいころの目の出方は，それぞれ1〜6の6通りあり，どの目が出ることも同様に確からしいものとする。

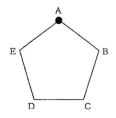

> a　まず，大きいさいころの出た目の数だけ時計回りに動かす。
> b　次に，aで動いた位置から，小さいさいころの出た目の数だけ反時計回りに動かす。

　このとき，碁石が頂点Eの位置にある確率は，$\dfrac{\boxed{キ}}{\boxed{クケ}}$である。

（4）　次の四角形ABCDの辺ABの中点をEとする。Eから辺BCに平行な直線をひき，BD，CA，CDとの交点をそれぞれ，G，H，Fとする。また，点Iは，ACとDBの交点である。
　このとき，四角形ABCDの面積は，$\boxed{コサ}$cm²，△IGHと△IBCの面積比は，$\boxed{シ}$：$\boxed{スセ}$である。

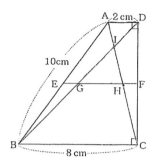

(5)　次の図は，合同なひし形6枚をすき間なく組み合わせたものである。④の位置のひし形を以下のa～cの順で移動させると，　ソ　の位置にくる。

※空欄　ソ　に当てはまるものは，図の①～⑥から1つ選ぶこと。

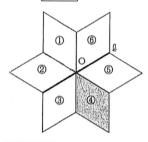

a	平行移動だけを使って重ね合わせることができるひし形の位置に平行移動させる。
	↓
b	点Oを中心として，反時計回りに120°だけ回転移動させる。
	↓
c	直線ℓを対称の軸として，対称移動させる。

(☆☆☆◎◎)

【4】 次の問いに答えなさい。

問1　鉄と硫黄の反応を調べるために，2本の試験管A，Bに，それぞれ鉄の粉末3.5gと硫黄の粉末2.0gをよく混ぜ合わせた混合物を入れた。図1のように，試験管Bを加熱すると黒い物質ができた。次に，試験管A，Bに，それぞれうすい塩酸を加え，発生した気体について調べた。以下の(1)〜(4)に答えなさい。

図1

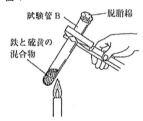

(1)　鉄や硫黄は1種類の原子だけでできている物質である。鉄や硫黄のように，1種類の原子だけでできている物質はどれか，次の①〜⑤からすべて選びなさい。

①　食塩　　　　②　アルミニウム　　③　エタノール

④　塩化水素　　⑤　窒素

(2)　試験管Aにうすい塩酸を加えたとき，発生する気体を表した化学式はどれか，最も適当なものを，次の①〜④から一つ選びなさい。

①　H_2O　　②　H_2　　③　Cl_2　　④　H_2

(3)　試験管Bにうすい塩酸を加えたとき，発生する気体の性質はどれか，最も適当なものを，次の①〜④から一つ選びなさい。ただし，鉄と硫黄はすべて反応したものとする。

①　無色でにおいがなく，石灰水を白くにごらせる。

②　無色でにおいがなく，空気中で火をつけると，音を立てて燃える。

③　無色で卵の腐ったようなにおいがあり，有毒である。

④　無色で刺激臭があり，水にとけた水溶液はアルカリ性を示す。

(4)　図1のように，鉄と硫黄の混合物を加熱したときにおこる化学変化をモデルで表したものはどれか，最も適当なものを，次の①～④から一つ選びなさい。ただし，鉄の原子を○，硫黄の原子を●とする。

①　○○　＋　●　→　○●●

②　○　＋　●●　→　●○●

③　○　＋　●　→　○●

④　○　＋　●　→　◖◗

問2　太郎さんは，光合成について調べるために，ふ入りの葉(緑色でない色が入った葉)をつけた鉢植えのアサガオを用い，次のような実験を行った。以下の(1)～(3)に答えなさい。

【方法】

1　アサガオを2日間暗室に置いた。

2　その後，図2のように，ふ入りの葉の一部をアルミニウムはくでおおってから，数時間日光によく当てた。

図2

3　日光によく当てた後，アルミニウムはくをはずし，この葉を切り取って熱湯にひたしてから，温めた薬品Aの中に入れ，脱色した。

4　脱色した葉を水洗いした後，ヨウ素溶液につけて，葉の⑦～㋓のそれぞれの部分の色の変化を観察した。

【結果】

葉の部分	㋐	㋑	㋒	㋓
色の変化	青紫色	変化なし	変化なし	変化なし

(1) 【方法】1において，アサガオを2日間暗室に置いたのはなぜか，その理由として最も適当なものを，次の①～④から一つ選びなさい。

①　葉の呼吸をさかんにするため。

②　葉の呼吸をおさえるため。

③　葉にデンプンをたくわえるため。

④　葉にあるデンプンをなくすため。

(2) 【方法】3の──線部において，使用した薬品Aは何か，最も適当なものを，次の①～④から一つ選びなさい。

①　フェノールフタレイン溶液　　②　ベネジクト溶液

③　エタノール　　　　　　　　　④　石灰水

(3) 　光合成には光が必要であることは，葉のどの部分を比べることでわかるか，最も適当なものを，次の①～⑥から一つ選びなさい。

①　㋐と㋑　　②　㋐と㋒　　③　㋐と㋓　　④　㋑と㋒

⑤　㋑と㋓　　⑥　㋒と㋓

(☆☆☆◎◎◎)

【5】次の楽譜は，第3学年の歌唱共通教材「ふじ山」である。以下の問いに答えなさい。

問1 　Ⅰ　の記号の名称として正しいものを，次の①～⑤から一つ選びなさい。

① スタッカート　② タイ　③ アクセント　④ スラー
⑤ クレシェンド

問2 　Ⅱ　の部分の1番の歌詞として正しいものを，次の①～④から一つ選びなさい。

① あおぞらたかく　そびえたち
② かみなりさまを　したにきく
③ かすみのすそを　とおくひく
④ しほうのやまを　みおろして

問3 　この曲の楽譜の中で使われていない音符を，次の①～⑤から一つ選びなさい。

① 2分音符　② 4分音符　③ 付点4分音符　④ 8分音符
⑤ 付点8分音符

問4 　次の文は，小学校学習指導要領(平成29年告示)に示されている，第3学年及び第4学年において歌唱の活動を通して身に付けることができるように指導する事項である。(A)(B)に入る語句の組合せとして正しいものを，以下の①～④から一つ選びなさい。

> 歌唱表現についての知識や技能を得たり生かしたりしなが
> ら，（　A　）を捉えた表現を工夫し，どのように歌うかについて
> （　B　）をもつこと。

① A　曲の特徴　　　B　思いや意向
② A　曲の特徴　　　B　思い
③ A　曲想　　　　　B　思いや意図
④ A　曲想　　　　　B　思い

(☆☆☆◎◎◎)

【6】次の問いに答えなさい。

　問1　第4学年において，「トントンつないで」という題材で，角材と
　　薄い板をくぎでつないで動くものをつくる学習をすることにした。
　　くぎを打ったり抜いたりするときの用具の適切な扱い方について，
　　（　A　）～（　D　）及び（　E　）～（　G　）に入る語句の組合せとして
　　最も適当なものを，(1)は以下の①～④から，(2)はあとの①～⑧か
　　らそれぞれ一つずつ選びなさい。

(1)【くぎの打ち方】

> ・打ち始めは，げんのうの（　A　）辺りを持って，（　B　）で
> 　軽く打つ。
> ・打ち込むときは，げんのうの（　C　）近くを持って打つ。
> ・打ち終わりは，板面にげんのうの輪かくをつけないために，
> 　（　D　）でしっかりと打ち込む。

① A　柄尻　　　　　B　丸い面　　　C　柄のくびれ
　 D　平らな面
② A　柄尻　　　　　B　平らな面　　C　柄のくびれ
　 D　丸い面
③ A　柄のくびれ　　B　丸い面　　　C　柄尻
　 D　平らな面

④　A　柄のくびれ　　　B　平らな面　　　C　柄尻
　　D　丸い面

(2)　【くぎの抜き方】

> ・くぎ抜きでくぎを抜くときは，当て木をして，くぎ抜きの
> （　E　）を持って，（　F　）に倒して抜く。
> ・小さいくぎを抜くときは，ペンチでくぎの頭をしっかりは
> さみ，（　G　）ながら上に引き抜く。

①　E　aの部分　　　F　手前　　　G　前後に揺らし
②　E　aの部分　　　F　手前　　　G　左右に回し
③　E　aの部分　　　F　奥　　　　G　前後に揺らし
④　E　aの部分　　　F　奥　　　　G　左右に回し
⑤　E　bの部分　　　F　手前　　　G　前後に揺らし
⑥　E　bの部分　　　F　手前　　　G　左右に回し
⑦　E　bの部分　　　F　奥　　　　G　前後に揺らし
⑧　E　bの部分　　　F　奥　　　　G　左右に回し

問2　第6学年において，「1まいの板から」という題材で，生活の中で
役立つ物をつくる学習をすることにした。次の文を読んで，以下の
(1)(2)に答えなさい。

> ・工作用紙で模型をつくるときは，（　A　）や，接合する位置に
> 気を付けるとよい。

> ・くぎを打って組み立てるときは，板を台に載せ，くぎを打つ
> ところに（　B　）で下穴を開ける。
> ・<u>ちょうつがいを取り付けるときは，小型のドライバーを使う
> とよい。</u>

(1)　（　A　）（　B　）に入る語句の組合せとして最も適当なものを，
次の①〜④から一つ選びなさい。

① 　A　板の厚さ　　　　　B　四つ目ぎり

② 　A　板の厚さ　　　　　B　三つ目ぎり

③ 　A　組み立ての手順　　B　四つ目ぎり

④ 　A　組み立ての手順　　B　三つ目ぎり

(2)　——線部について，ちょうつがいの取り付け方とドライバーの
使い方として最も適当なものを，次の①〜④から一つ選びなさい。

① 　ちょうつがいを置いて，木ねじの長さと大きさにドライバー
が合っているか確かめて，下向きに押し込みながら時計回りに
回す。外すときは反時計回りに回す。

② 　ちょうつがいを置いて，木ねじの長さと大きさにドライバー
が合っているか確かめて，下向きに押し込みながら反時計回り
に回す。外すときは時計回りに回す。

③ 　ちょうつがいを置いて，木ねじのみぞの形と大きさにドライ
バーが合っているか確かめて，下向きに押し込みながら時計回
りに回す。外すときは反時計回りに回す。

④ 　ちょうつがいを置いて，木ねじのみぞの形と大きさにドライ
バーが合っているか確かめて，下向きに押し込みながら反時計
回りに回す。外すときは時計回りに回す。

(☆☆☆◎◎◎)

【7】洗濯について，次の問いに答えなさい。

問1　図1は，ある学校で使用されている制服の品質表示である。その中から取り出した図2の取扱い表示に関する説明として正しい文を，以下の①〜⑥から三つ選びなさい。

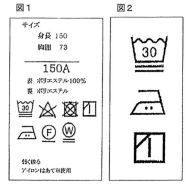

①　液温は30℃を限度とし，手洗いによる洗濯処理ができる。

②　液温は30℃を限度とし，洗濯機で非常に弱い洗濯処理ができる。

③　アイロンは，150℃以下の温度でかける。

④　アイロンは，200℃以下の温度でかける。

⑤　日陰のつり干しがよい。

⑥　日陰の平干しがよい。

問2　次の文a〜dは，洗濯に関して説明したものである。正しい文の組合せとして最も適当なものを，以下の①〜⑥から一つ選びなさい。

a　洗剤の量は，多ければ多いほど汚れが落ちる。

b　ウールのセーターや厚地のものは，水または洗剤液につけ，押して汚れを落とすもみ洗いをするとよい。

c　しみ抜きする際は，水溶性のしみには水，油性のしみには中性洗剤を用いるとよい。

d　水温は高いほど洗浄力が上がるが，40℃が限界である。

①　aとb　　②　aとc　　③　aとd　　④　bとc　　⑤　bとd

⑥　cとd

(☆☆☆◎◎◎)

【8】次の問いに答えなさい。

問1　小学校学習指導要領(平成29年告示)では，体育の保健領域に「技能」の指導内容が位置付けられている。保健領域における「技能」は，健康な生活における基礎的・基本的な技能であり，実習を通して理解したことができているかを評価することとなっている。小学校体育科の保健領域における技能の指導内容に位置付けられているものの組合せとして正しいものを，以下の①〜⑥から一つ選びなさい。

a　不安や悩みの簡単な対処をすること。

b　明るさの調節や換気などの生活環境を整えること。

c　病原体が体に入るのを防ぐための基本的な予防をすること。

d　けがなどの簡単な手当てをすること。

①　aとb　　②　aとc　　③　aとd　　④　bとc　　⑤　bとd

⑥　cとd

問2　第4学年の「B　器械運動」の鉄棒運動で，かかえ込み前回りの指導をする際，教師の言葉がけa〜dのうち，適当なものの組合せを，以下の①〜⑥から一つ選びなさい。

a　「鉄棒がおなかの位置にくるようにツバメの姿勢をつくってから回るようにしよう。」

b　「素早く膝をかかえ込み，鉄棒をはさみ込むようにしよう。」

c　「肘を曲げ，脇をしめて，肘を鉄棒に押しつけて回るようにしよう。」

d　「体を縮めたまま，勢いよく回るようにしよう。」

①　aとb　　②　aとc　　③　aとd　　④　bとc　　⑤　bとd

⑥　cとd

(☆☆☆◎◎◎)

【9】次の問いに答えなさい。

問1　〈放送による問題〉

　図書館司書のスミス先生が，生徒たちに説明している英文を聞いて，次の(1)〜(3)の質問に対する答えとして最も適当なものを，それぞれ以下の①〜④から一つずつ選びなさい。

---

(1)　What is one of the good points of reading books that Ms.Smith told the students?

①　Improving imagination.　②　Meeting a lot of friends.

③　Reducing stress.　④　Increasing vocabulary.

(2)　What time does the library close on Saturdays?

①　At 5p.m.　②　At 6p.m.　③　At 7p.m.

④　At 8p.m.

(3)　What should the students do to know the details of free special programs?

①　They should buy library newspapers.

②　They should check the information on the boards.

③　They should talk to their teachers.

④　They should put their library cards into the machine.

問2　次の英文は外国語科の授業の導入で，指導者が児童とやり取りをしている内容の一部である。文中の空欄[　エ　]〜[　カ　]に入る最も適当なものを，それぞれ以下の①〜④から一つずつ選びなさい。

　How was your summer vacation? Was it good? Where did you go? What did you eat? Oh, me? I had a good summer vacation. I went to the mountains and enjoyed camping there with my family. It was so fun. We had a barbecue. It was delicious.

　Open your textbook[　エ　]thirty-four. Emma and John will talk about their summer vacations. First, Emma talks about her summer vacation. Next, John talks about his. Let's listen to their talks. Which

---

picture [　オ　] their talks? Listen carefully and connect the dots. Are you ready? OK, let's start.

〈The talks of Emma and John's summer vacations〉

Are you finished? Let's check the answers. Which picture is Emma's summer vacation? Who knows the answer? That's right. Emma's summer vacation is No.3. How about John's? Good! John's summer vacation is No.1. How many questions did you answer correctly? One? Two? You're perfect! Let's give them a big [　カ　].

エ　① to page　　② with page　　③ from page　　④ in page
オ　① chooses　　② makes　　③ sticks　　④ matches
カ　① head　　② hand　　③ voice　　④ hint

(☆☆☆◯◯◯)

【10】 第4学年の国語科「考えが伝わる文章を書く」の授業で，児童に「引用」について指導するとき，次の問いに答えなさい。

問1　次の文章は，児童が書いたものである。この文章の一線部の文は，〈資料〉の一部を引用して，書かれている。この引用の仕方は適切とは言えない。適切な引用の仕方となるように，正しなさい。ただし，小学校学習指導要領(平成29年告示)解説　国語編　に示されている引用の仕方を用いること。

〈児童が書いた文章〉

　みなさんは，石川県の魅力は何だと思いますか。わたしは，人との出会いがあることだと思います。
　パンフレットの近江町市場のしょうかい部分には，客が売り子と掛け合いできる対面販売が魅力と書いてありました。お店の人がお客さんに説明している写真ものっていました。わたし

もお店の人と話してみたいと思いました。

　だから，石川県の魅力は人との出会いがあることだと考えました。これからも，いろいろな人と出会ってみたいです。

　　　　　　　　　　　〈出典〉石川県　(公社)石川県観光連盟
　　　　　　　　　　　　　　　まるごと観光マップ2022

〈資料〉

近江町市場 MAP KC-K2
食

開設より約300年、市民から「おみちょ」の名で親しまれています。鮮魚、青果、精肉、惣菜などありとあらゆる食の業種約180店舗が集い、客が売り子と掛け合いできる対面販売が魅力。

近江町市場商店街振興組合

問2　児童から，文章の最後に引用した本などの出典を示す理由について質問された。出典を示す理由を，①書き手，②読み手，③引用した本を書いた人や作った人の3つの視点で，それぞれ説明するとき，③の吹き出しに入る教師の説明を書きなさい。

① 引用した部分が正しい情報をもとにしていることを示すことができるからです。

② 読み手が，出典となった本などを読み，内容を確認することができるからです。

③

(☆☆☆〇〇〇)

【11】第4学年の算数科「小数の仕組みとその計算」の授業で，小数のたし算の筆算の仕方について学習するために，次の問題を提示した。

　　　問題①　「5.74＋3.21」　　　問題②　「2.45＋3.29」

ほとんどの児童は，次のように筆算し，正しい答えを求めた。

```
①  5.7 4    ②  2.4 5
  + 3.2 1      + 3.2 9
    8.9 5        5.7 4
```

さらに，次の問題を提示し，筆算の仕方を考えさせた。

　問題③　「6.5＋1.32」

すると，次のように筆算している児童がみられた。

```
③    6.5
  + 1.3 2
    1.9 7
```

この筆算について，児童Aは次のように発言した。

問題③の答えは、必ず7より大きくなるから、間違っているよ。

児童A

次の問いに答えなさい。

問1　児童Aは，計算結果の見積もりをもとに，問題③の答えが誤りで
　　あると判断した。どのように計算結果を見積もり，「答えは，必ず7
　　より大きくなる」と判断したと考えられるか，書きなさい。

問2　児童Bは，本時の学習で学んだ小数のたし算の筆算の仕方を，次
　　のようにまとめた。

> 【まとめ】整数のたし算と同じように，そろえて計算するとよい。

　　問題①〜③のような小数のたし算の筆算の仕方をまとめた文とし
　て，上の記述では不十分である。適切なまとめとなるように，必要
　な言葉を付け加え，児童Bのまとめの——線部を書き直しなさい。

(☆☆☆◎◎◎)

【12】第4学年の理科「雨水の行方と地面の様子」の授業において，児童は雨が降っている校庭を観察して，『地面にふった雨水は，どこからどこに流れていくのか。』という問題を見いだし，生活経験をもとに予想した。

　予想を確かめるために，次のように実験装置を作った。以下の問いに答えなさい。

【実験装置の作り方】

①　次の図のような2Lのペットボトルに色水を入れる。

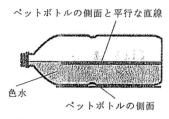

ペットボトルの側面と平行な直線

色水

ペットボトルの側面

②　①のペットボトルに，図のように，ペットボトルの側面と平行な直線を書く。

問1　この実験装置を地面に置くことで，その地面の何を調べることができるか，書きなさい。

問2　『地面にふった雨水は，どこからどこに流れていくのか。』という問題の結論をまとめたあと，学習したことを日常生活との関わりの中で捉え直すために，学校の手洗い場に水を流し，水がたまらない様子を見せた。手洗い場に水がたまらないわけを，この問題の結論と関係付けてどのように説明できるとよいか，児童の言葉で書きなさい。

（☆☆☆◎◎◎）

解答・解説

【１】問1 ③   問2 ⑤   問3 ③   問4 ④   問5 ①
問6 ②   問7 ②   問8 ④

〈解説〉問1 ①・② どちらの選択肢も，森林に関する記述であり，過酷なサバンナに関するものではない。 ③ 第3段落の1文目に，サバンナが過酷な生活環境であることが述べられ，その後の文にその理由が説明されている。 ④ サバンナに適応する過程の記述であり，過酷な理由ではない。 問2 下線部の「乾燥」は，前の字と後の字が似ている関係にある。「公立」は主語・述語の関係，「折衷」は後の字が前の字の目的語・補語の関係，「概観」は修飾・被修飾の関係，「虚実」は対の関係，「携帯」は前の字と後の字が似ている関係である。問3 下線部の「ない」は，打ち消しの助動詞である。①と④は形容詞，②は「さりげない」という形容詞の一部，③は打ち消しの助動詞である。 問4 下線部は「製作」。①は「精算」，②は「成形」，③は「帰省」，④は「精製」である。 問5 ① 一回目の拡張の時期は，ホモ・エルガスタが生息していた約160万年前であることが，本文の冒頭で述べられている。二回目の時期は下線部の後に，ホモ・サピエンスがアフリカ大陸からユーラシア大陸に進出した，20万年前であることが述べられている。 ② 300〜400万年前の人類は，チンパンジーやゴリラとあまり変わらなかったと述べられている。 ③ 二回目の，ホモ・サピエンスが登場した時期が示されていない。 ④ 600万年前は，ヒトがチンパンジーと分かれた頃で，まだ毛むくじゃらだったと述べられている。 問6 「因果関係」なので，「原因−結果」という関係を選ぶ。 ① 身長は，遺伝の要因はあるが確実に伝わるとは限らず，要因はほかにもある。 ② 「いすの角に足をぶつけた」という原因によって，「怪我をした」という結果の関係にある。 ③ おでんが売れない原因は気温が高いことなどによるもので，アイスがよく売れるからではない。 ④ 数学の成績がよいのは，理科の成績が

よいからという論理は成立しない。成立するのは例えば，理科で何らかの資質・能力が培われたので，数学の成績がよくなったなどの場合である。　問7　①　汗腺という器官が増えたことによって，長距離移動が可能になったのである。また，ウマが汗をかくことは述べられているが，長距離移動に関連した記述はされていない。　②　第7段落で述べられている内容と一致している。　③　「のみ」と限定しているので，不適切。ほかにも，物事の優先順位を決める役割などが説明されている。　④　外界に出たのはやむなくではなく，好奇心から出たと述べられている。外界に出たことで脳が発達したのであり，不適切。　問8　課題を提示し解決することを繰り返しながら文章を展開していることから，不適切。

【2】問1　(1)　④　　　(2)　③　　　(3)　③　　　(4)　③　　　問2　(1)　①
(2)　④　　　(3)　③　　　(4)　②　　　(5)　③

〈解説〉問1　(1)　石川県は北緯36度付近に位置している。一方，ヨーロッパの各国は，aのデンマークやbのオランダが北緯50度以北，cのスイスが北緯45度以北，そしてdのギリシャの首都アテネが北緯38度付近に位置している。地図帳で確認しておくとよい。　(2)　面積に関しては，「ロシアはヨーロッパ州に含む」という注意書きがポイントである。人口を見ると，圧倒的に多いAがアジアで，次に多いBはアフリカと分かる。ヨーロッパは，もともと人口が多い地域であり，面積はロシアが含まれていることから，ヨーロッパ州はCである。そして，Dが南アメリカ州である。　(3)　1993年に発足したEUでは，1999年に単一通貨ユーロが導入され，2002年から流通が始まった。ただし，国民から支持されない，経済的理由からなどによって，参加していない国が7か国ある(2023年1月現在)。なお，①について，現在，イギリスはEUを離脱している。　(4)　特産品を手がかりにして答えを絞っていくとよい。オランダは，ポルダー(干拓地)で，酪農や園芸農業が盛んである。また最新技術で，世界有数の農産物輸出国になっている。イギリスは，商業的混合農業と酪農が中心である。第一次世界大戦頃は，

食料自給率は42％ほどで，当時は日本より低かったが，その後農業施策の推進によって，70％前後まで改善している。スペインは温暖な地中海性気候を利用した農業を行っており，自給率は全体的に高い。

問2　(1)　太閤検地は，豊臣秀吉によって行われた検地である。全国の田畑を測量して，農作物の生産高を把握し，納めるべき年貢の量を定めると同時に，土地の所有者と年貢を納める責任者を確定した。これによって，私有地である「荘園」は完全消滅した。　(2)　江戸時代の印旛沼の干拓は，三度行われているが，二回目には田沼意次が，三回目には水野忠邦が行い，どちらのときも失敗に終わっている。田沼意次は，商人に株仲間を作ることをすすめ，冥加金が幕府，諸藩の重要な財源とされたが，天保の改革時に，水野忠邦によって解散させられた。①は徳川吉宗，②は松平定信，③は水野忠邦である。　(3)　地租改正は，明治新政府が実施した土地・租税制度の改革である。地租改正では，それまでの現物の年貢を改めて金納とし，地租を地価の3％と定めて，土地所有者から徴収することとした。　(4)　農地改革は，第二次世界大戦後の1946～1950年に，占領政策の一環として実施された。地方自治法は1947年，労働組合法は1946年，教育基本法は1947年に，それぞれ施行された。一方，治安維持法は大日本帝国憲法下，思想運動などの弾圧を中心にすえられた法律で，1925年に公布されている。　(5)　全国規模で行われた米騒動は，1918年のことで大正時代である。Aは安土・桃山時代，Bは江戸時代，Cは明治時代，Dは昭和時代である。

【3】(1)　ア　4　　イ　9　　(2)　ウ　2　　エ　3　　オ　3　　カ　4
(3)　キ　7　　ク　3　　ケ　6　　(4)　コ　4　　サ　0　　シ　9
ス　6　　セ　4　　(5)　②

〈解説〉(1)　最初の1本のマッチ棒に，3本のマッチ棒を並べるごとに，1個の正方形ができるから，n個の正方形をつくるのに必要なマッチ棒の本数は$1+3n$〔本〕。これより，150本のマッチ棒を並べてつくることができる正方形の数は，最大で$3n+1\leqq150$　$n\leqq\dfrac{149}{3}=49\dfrac{2}{3}$　nは整

数より$n＝49$　49個の正方形をつくることができる。　(2)　2元1次方程式$2x－3y＋6＝0$…①　のグラフは，①をyについて解いて$y＝\dfrac{2}{3}x＋2$より，傾きが$\dfrac{2}{3}$，切片が2の直線である。この直線と，$y＝－3x＋13$…②　のグラフの交点の座標は，②を①に代入して，$2x－3(－3x＋13)＋6＝0$　$x＝3$　これを②に代入して，$y＝－3×3＋13＝4$　よって，(3, 4)である。　(3)　大小2つのさいころを投げるとき，すべての目の出方は$6×6＝36$〔通り〕。このうち，碁石が頂点Eの位置にあるのは，大きいさいころの出た目の数をx，小さいさいころの出た目の数をyとすると，$(x, y)＝(1, 2), (2, 3), (3, 4), (4, 5), (5, 1), (5, 6), (6, 2)$の7通り。よって，求める確率は$\dfrac{7}{36}$　(4)　点Aから辺BCへ垂線AJを引くと，四角形AJCDは長方形となるから，$BJ＝BC－JC＝BC－AD＝8－2＝6$〔cm〕　△ABJに三平方の定理を用いると，$AJ＝\sqrt{AB^2－BJ^2}＝\sqrt{10^2－6^2}＝8$〔cm〕　これより，四角形ABCDの面積は，$\dfrac{1}{2}(AD＋BC)×AJ＝\dfrac{1}{2}(2＋8)×8＝40$〔cm²〕　平行線と線分の比についての定理を用いると，$DG：GB＝AE：EB＝1：1＝5：5$…①　$DI：IB＝AD：BC＝2：8$…②　①，②より，$IG：GB＝(DG－DI)：GB＝(5－2)：5＝3：5$　GH//BCより，△IGH∽△IBCで，相似比は$IG：IB＝IG：(IG＋GB)＝3：(3＋5)＝3：8$だから，面積比は△IGH：△IBC$＝3^2：8^2＝9：64$である。　(5)　④の位置のひし形は，aの「平行移動だけの移動」では，①の位置へ。→bの「点Oを中心として，反時計回りに120°回転移動」で，③の位置へ。→cの「直線ℓを対称の軸とする対称移動」で，②の位置にくる。

【4】問1　(1)　②, ⑤　　(2)　④　　(3)　③　　(4)　③　　問2　(1)　④　(2)　③　　(3)　②

〈解説〉問1　(1)　それぞれの物質は化学式で，食塩はNaCl，アルミニウムはAl，エタノールはC_2H_5OH，塩化水素はHCl，窒素はN_2，と表記される。複数の原子が結びついている物質を化合物といい，アルミニウムや窒素などの単体の物質と区別される。　(2)　鉄と硫黄の混合物は加熱前なら反応は起きていないので，塩酸を混ぜると，鉄と塩酸の反

応が起こる。$Fe+2HCl \rightarrow FeCl_2+H_2$の反応で塩化鉄を生成し，水素が発生する。　(3)　鉄と硫黄の混合物を加熱すると，硫化鉄(FeS)が生成される。硫化鉄に塩酸を加えると，$FeS+2HCl \rightarrow FeCl_2+H_2S$の反応で，塩化鉄と硫化水素が生じる。発生する気体は硫化水素で，硫化水素の性質に該当する選択肢を選ぶ。　(4)　鉄と硫黄の混合物を加熱すると，$Fe+S \rightarrow FeS$という反応が起こり，硫化鉄が生成される。1原子と1原子が化合して1化合物となる図を選ぶ。　問2　(1)　植物は，光合成によってデンプンを合成している。アサガオを2日間暗室に置くのは，光合成を行えなくすることで，葉にあるデンプンをなくし，光合成の働きを確認するためである。　(2)　脱色するのは，色の変化をはっきりと確認するためである。湯せんした葉を，温めたエタノールに浸けると葉緑素が溶けだすので，脱色される。　(3)　光の有無の違いだけで，他の条件は同等なものを考える必要がある。また，葉緑体がなければ光合成は起こらないので，どちらも緑色の部分で，遮光のあるなしの比較ができる組合せを選ぶ。

【5】問1　④　　問2　②　　問3　⑤　　問4　①

〈解説〉問1　タイとスラーは似ているので，注意が必要である。タイは同じ高さの音をつなげて演奏する。スラーは複数の異なる高さの音をなめらかに演奏する。　問2　④は1番の2段目の歌詞，①と③は2番の歌詞である。歌唱共通教材については24曲あり，すべて頻出曲なので，学年ごとに，曲名，作曲者，拍子，調，階名，音名，旋律，歌詞，楽典など，楽譜全体を確認しておくことが必要である。　問3　1小節目には，付点4分音符，8分音符，4分音符が，2小節目にはさらに，2分音符が使われている。8分音符に付点が付いた音符は，使われていない。　問4　第3学年及び第4学年「2内容」「A表現」からの出題である。中学年の指導では，思いや意図を言葉や音楽で伝え合うことと，実際に歌ってみることとを繰り返しながら，曲の特徴を捉えた表現を工夫するように促すことが重要である。

【6】問1　(1)　④　　(2)　⑥　　問2　(1)　①　　(2)　③

〈解説〉問1　(1)　げんのうには平面と曲面(木殺し面)があり，平面は打
　　ち始め，曲面はくぎの頭が5ミリほど残ったあたりから使い始めると
　　よい。最初から曲面を使うと，くぎが曲がりやすくなる。また，打ち
　　始めは柄の頭に近いほうを握り軽く打ち，くぎがしっかりと刺さった
　　ら柄の端のほうを持って，力を入れずにげんのうの重さを利用して打
　　ち込む。　(2)　くぎ抜きは，てこを利用した道具である。支点から力
　　点までの距離が遠いほど，小さい力でくぎを抜くことができる。くぎ
　　を抜くときは，材料や作品を傷つけないように，当て木を入れて引き
　　抜くとよい。　問2　(1)　先が三角錐になっている三つ目ぎりは先が
　　四角錐になっている四つ目ぎりに比べ，あけた際の穴が大きくなる。
　　したがって，木ねじ用などの大きめの穴をあけるときは三つ目ぎり，
　　くぎ打ち用の比較的小さい穴をあけるときは，四つ目ぎりを用いるの
　　が適当である。　(2)　ちょうつがいは，開き戸や開き蓋などを支え，
　　自由に開閉できるようにとりつける金具のことである。ヒンジともい
　　う。ちょうつがいには，平型(背押しなし)とスエージング型(背押し付
　　き)の2種類がある。取り付けるときには，ちょうつがいを閉じたとき
　　の隙間が違ってくることに注意が必要である。

【7】問1　②，③，⑤(順不同)　　問2　⑥

〈解説〉問1　図2の一番上の表示は，洗濯処理の記号である。手洗いの場
　　合は，記号に手のイラストが入っている。真ん中の表示は，アイロン
　　処理の記号である。200℃以下の場合は，記号のドットが3つとなる。
　　一番下の表示は，自然乾燥処理の記号である。平干しの場合は，記号
　　の中の棒線が真横に引かれて表されている。　問2　a　洗剤は適切な
　　量で使用することで，汚れが落ちる。　b　ウールのセーターなどは，
　　たたんで洗浄液に浸し，手の腹で押したり浮かせたりして，軽く押し
　　洗いする。もみ洗いしたり，こすったりしないようにする。

【8】問1　③　　問2　④

〈解説〉問1　小学校体育の保健領域の内容については，基本的には「知識」と「思考力，判断力，表現力等」で構成されているが，「心の健康」と「けがの防止」においては，「知識及び技能」と「思考力，判断力，表現力等」で構成されている。　a　第5学年の「心の健康」における，「技能」に関する指導事項である。　b　第3学年の「健康な生活」における，「知識」に関する指導事項である。　c　第6学年の「病気の予防」における，「知識」に関する指導事項である。　d　第5学年の「けがの防止」における，「技能」に関する指導事項である。

問2　「小学校体育(運動領域)まるわかりハンドブック」(文部科学省)や学校体育実技指導資料第10集「器械運動指導の手引」(文部科学省)に例示されているので，確認しておくとよい。　a　かかえ込み回りは，ツバメの姿勢から入る。ツバメの姿勢は，腕を伸ばし腕の力で体を支えて，つま先や背筋を伸ばす。鉄棒の位置がおなかにあると，振り幅が小さくなり勢いがつかないので，うまく回ることができない。

d　かかえ込み回りは，体を縮めたまま回るイメージがあるが，実際には，体と膝の曲げ伸ばしで勢いをつけて回るようにする。

【9】問1　(1)　④　　(2)　①　　(3)　②　　問2　エ　①　　オ　④
カ　②

〈解説〉問1　リスニング問題。問題文と選択肢が予め与えられているので，放送を聞く前に一通り読んでおくことで，聞き取るべきポイントを絞ることができる。　問2　エ　Open your textbook to page A は，「教科書のAページを開きなさい」という意味で，フレーズとして覚えておくとよい。なお，「textbook」のところは「textbooks」と表現することも多い。　オ　彼らの話に「合う」絵はどれか聞いているので，④のmatchesが適切。　カ　a big handで，「盛大な拍手」の意味。

【10】問1　パンフレットの近江町市場のしょうかい部分には，「客が売り子と掛け合いできる対面販売が魅力」と書いてありました。

問2　引用した本を書いた人や作った人の権利(著作権)を守ることが大切だからです。

〈解説〉問1　引用している部分は「　」でくくり，他の部分と区別しなければならない。　問2　著作物は，思想又は感情を創作的に表現したものであり，文芸，学術，美術，音楽，映画などの範囲に及ぶ。その著作物を創作した人を著作者といい，著作者に対して，法律で著作権という著作者を守る権利が与えられている。著作権法において，引用して利用するときの要件として，「著作物の出展を明示しなければならない」とされている。

【11】問1　たされる数とたす数をそれぞれ切り捨て，実際の数より小さい整数の6と1をたして7と見積もって判断した。　問2　・(整数のたし算と同じように，)位をそろえて計算するとよい。　・(整数のたし算と同じように，)位をそろえて書き，位ごとに計算するとよい。

〈解説〉問1　第4学年の内容には，「概数と四捨五入」があり，知識及び技能の一つとして，目的に応じて四則計算の結果の見積りをするという指導事項がある。児童Aの発言は，整数部分だけを足しても7になることから，1.97という答えは明らかに間違っていることが分かるという趣旨の内容で，概数の考え方が用いられている。　問2　加減の筆算においては，位ごとに計算するのがポイントとなる。位ごとに計算しやすくするには，位をそろえて計算するとよいということである。

【12】問1　・傾き　　・(地面が)水平かどうか　　・どれだけ傾いているか　　問2　水は高い所から低い所へ流れていくので，水がたまらないように，手洗い場の排水口は周りより低くしてあるから。

〈解説〉(1)　ペットボトルの側面に引いた直線と水面を比較することで，地面の傾き具合を調べることができる。　(2)　水が高い所から低い所へ流れることと，手洗い場での水の流れを結び付けて考えられている説明になっていればよい。

2022年度　　実施問題

【1】次の文章を読んで，以下の問いに答えなさい。(設問の都合で一部
省略してある)

　　食うか食われるかの弱肉強食の関係の中で，食べ(a)られるものが
弱いとすれば，もっとも弱い存在は植物だろう。多くの生き物が植
物をエサにしていて，植物は食べられる一方なのである。草食動物
はもちろん，小さな虫けらさえも植物をエサにしている。しかし，
植物は動けないから，敵から逃げることができない。それでは，植
物は何の抵抗もできないまま，食べられるに任せるより他ないのだ
ろうか。

A　草食動物に食べられることによって進化した植物のひとつが(b)イ
ネ科植物である。

　　通常の植物は成長点が，茎の先端にある。こうして細胞分裂した
新しい細胞を上へ上へと積み上げていくのだ。しかし，それでは草
食動物に茎の先端を食べられてしまうと，成長が止まってしまう。
そこでイネ科植物は，まったく逆の発想で成長する仕組みを身につ
けた。それは成長点を下に配置するということである。

　　イネ科植物の成長点は株元にある。そして上へ上へと葉を押し上
げるのである。これならば，葉の先端をいくら食べられても成長を
続けることができるのである。しかし，この方法には問題がある。

　　上へ上へと積み上げていく方法であれば，枝を増やしたりして葉
を茂らせることができる。しかし，作り上げたものを下から押し上
げていく方法では，葉の数を増やすことができないのだ。

B　そこで，イネ科植物は成長点を次々に増やしていくことを考えた。
これが分蘖である。成長点を次々に増殖させながら，押し上げる葉
の数を増やしていくのである。こうして，イネ科植物は株を作るの
である。

　芝生や牧草として利用されてもいるようにイネ科植物は，刈られることに対して強い。それは，成長点が下にあるからなのである。

　植物の中には，毒をもつものもある。毒を蓄えるというのも，食べられないための重要な戦略である。

　辛味のある蓼を好む虫がいることから，「©蓼食う虫も好き好き」ということわざがあるように，昆虫の中には有毒な植物を好んで食べるものも多い。昆虫は数が多く，世代交代も早いので，さまざまな進化をする。そのため，毒に対する抵抗性を身につけることができるのだ。

　じつは食べられることに対して，無防備な植物などない。すべての植物が何らかの有毒な物質を用意している。ところが，昆虫の方も食べなければ死んでしまうから，その防御物質を打ち破る方法を身につける。すると植物側も新たな有毒物質を用意する。そして昆虫もさらにその物質を克服する進化を遂げる……。

　植物と昆虫とは，こうして終わりなき「□□□□」の競争を続けてきた。

C　ところが，毒性物質の種類は植物によってそれぞれ異なるから，どんな植物の有毒物質も打ち破る万能な策を身につけるというのは難しい。そこである種の植物にターゲットを定めて，対象となる植物の防御策を克服してエサとせざるを得ない。じつは，昆虫の中には特定の植物のみをエサにするものが多いのは④そのためである。

　たとえば，モンシロチョウの幼虫の青虫は，キャベツなどのアブラナ科の植物のみをエサにする。アブラナ科の植物は，カラシ油という辛味物質が食害から身を守るための物質である。モンシロチョウの幼虫は，このカラシ油を克服することができる。しかし，その他の植物が持つ防御物質は打ち破ることができない。そのため，アブラナ科の植物のみをエサにしているのである。

D　一方，アゲハチョウの幼虫は，ミカン科の植物をエサにしている。ミカン科の植物はフラボノイド酸で身を守っている。このフラボノイド酸を克服してエサにしているのである。しかし，アゲハチョウ

の幼虫はアブラナ科が持つカラシ油には，対応できない。そのため，アブラナ科の植物は食べることができないのである。

　生物は敵がいることによって進化する。これを説明するのが，生物学者リー・ヴァン・ヴェーレンが提唱した「赤の女王仮説」と呼ばれるものである。

　「赤の女王」というのは，ルイス・キャロルの名作「ふしぎの国のアリス」の続編である「鏡の国のアリス」に登場する人物である。「鏡の国のアリス」の中で，赤の女王はアリスにこう教える。

　「いいこと，ここでは同じ場所にとまっているだけでも，せいいっぱい駆けてなくちゃならないんですよ」

E　こう言われてアリスも赤の女王といっしょに走り出す。しかし，まわりの風景はまったく変わらない。まわりの物も全力で走るアリスと同じスピードで動いていたのである。だから，そこにとどまるためには全力疾走で走りつづけなければいけないのだ。

　生物の進化もこの話と良く似ている。攻撃を受ける生物は，身を守るために，防御手段を進化させる。そして，攻撃する方も，防御手段を破るために進化を遂げる。すると，守る側もさらに防御手段を進化させる。こうして進化し続けなければ生き残れない。そして，どの生き物も進化をしているから，どんなに進化しても防御側も攻撃側も，極端に有利になることはない。まさに進化の道を走り続けても，まわりの景色は変わらないのだ。

　肉食獣に食べられる草食動物も，エサとして食べるという点では，植物を攻撃している。他方，ライオンやトラのような強い肉食獣であっても，寄生虫や病原菌の攻撃を常に受ける。

　自然界では，ほとんどの生き物が攻撃する側であり，同時に攻撃を受ける側でもある。そのため，しのぎを削り合いながら，激しい進化の競争を繰り広げているのである。

(稲垣栄洋「弱者の戦略」より)

問1　次の段落は，文章中のどの段落の後に入るのが最も適当か，以下の①〜⑤から一つ選びなさい。

> 　バレーボールのレシーブも腰を落とすし，柔道や相撲でも投げられないように重心を低くする。何事も，低くすることは身を守る基本である。

① 段落A　　② 段落B　　③ 段落C　　④ 段落D
⑤ 段落E

問2 ──線部ⓐ「られる」と同じ意味・用法の助動詞「られる」を，次の①〜④から一つ選びなさい。

① この問題ならば私でも答え<u>られる</u>。

② 校長先生が花壇に花を植え<u>られる</u>。

③ 良い行いをして先生からほめ<u>られる</u>。

④ 離れて暮らす兄のことが案じ<u>られる</u>。

問3 ──線部ⓑ「イネ科植物」について，本文の内容を次の表にまとめた場合，表の(Ⅰ)と(Ⅱ)に入る情報として最も適当なものを，以下の①〜⑨からそれぞれ一つずつ選びなさい。

	通常の植物	イネ科植物
成長点の位置		
長　所	(Ⅰ)	
短　所		
解決策	✕	(Ⅱ)

① 茎の先端　　　　　　　② 葉の先端

③ 株元　　　　　　　　　④ 刈られると成長が止まる

⑤ 刈られても成長し続ける　⑥ 葉を茂らせる

⑦ 葉を増やせない　　　　⑧ 成長点を増殖させる

⑨ 成長点を押し上げる

問4 ──線部ⓒ「蓼食う虫も好き好き」の意味として，最も適当なものを，次の①〜④から一つ選びなさい。

① 人の好みはその人ごとにさまざまであること。

② 下手なくせにその物事をむやみに好み熱心なこと。

③ 他の人の嫌がるものほど進んで好むこと。

④ 好きなことほど熱中しやすいため上達が早いこと。

問5 ◻◻◻◻◻に入る言葉として，最も適当なものを，次の①〜④から一つ選びなさい。

① 蛇の道は蛇　　② 鵜の目鷹の目　　③ いたちごっこ

④ 犬猿の仲

問6 ──線部ⓓ「そのため」とは何のためか，最も適当なものを，次の①〜④から一つ選びなさい。

① 植物の種類によって蓄えている毒性物質の種類もそれぞれ異なるため。

② どんな植物の有毒物質も打破できる策を身につけることは難しいため。

③ エサとするために対象となる植物の防御策を克服せざるを得ないため。

④ 昆虫の中には特定の植物のみをエサとしているものが多いため。

問7 本文の内容に合致するものとして最も適当なものを，次の①〜④から一つ選びなさい

① 弱肉強食の関係の中で食べられるものが弱いとすれば，肉食動物に補食される草食動物にさえエサにされてしまう植物は，敵から逃げることもできず無防備であるため，もっとも弱い存在であると言える。

② 身を守るために植物が毒を蓄えても，昆虫がそれを克服できるのは，昆虫は数が多くて世代交代も早いために，子や孫へと世代が交代していく内に，その毒に対する抵抗性を身につけていけるからである。

③ モンシロチョウの幼虫はアブラナ科のもつ辛味物質を克服しているため，他の植物と同様にそれをエサとして食べることができ

るが，未対応のフラボノイド酸をもつミカン科の植物は食べることができない。

④　植物の進化に合わせて昆虫も進化するため，「赤の女王仮説」として示されているように，昆虫の進化に負けないようにそれを超える進化をしない限り，植物が極端に昆虫より有利に立つことはできない。

(☆☆☆○○○)

【2】次の問いに答えなさい。

問1　地図中のA～Dはそれぞれの国の首都の位置を示している。以下の(1)～(4)に答えなさい。

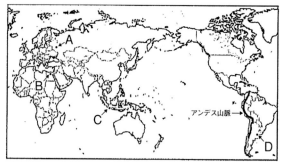

(1)　次の雨温図はA～Dのいずれかのものである。正しいものを，以下の①～④から一つ選びなさい。

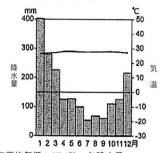

年平均気温：27.4℃　年降水量：1903.2mm

①　A　　②　B　　③　C　　④　D

(2) 東京を午前10時40分に出発した旅客機が，Aに到着する予定時刻は現地の時刻で何時何分か。最も適当なものを，次の①～④から一つ選びなさい。但し，東京からAまでの飛行時間は10時間10分とし，東京の標準時はGMT＋9時間，Aの標準時はGMT＋3時間とする。なお，GMTとはグリニッジ標準時を意味する。

① 午前2時50分 　　② 午前8時50分 　　③ 午後2時50分

④ 午後4時40分

(3) BやCには多くのイスラム教徒が暮らしている。イスラム教徒の生活におけるきまり事として適当でないものを，次の①～⑤から一つ選びなさい。

① 1日5回，仕事場や学校でも，聖地メッカに向けて祈ること。

② イスラム暦の9月に約1か月間，日中は飲食をしない断食を行うこと。

③ 食事をする時に左手を使わないこと。

④ 牛を神聖な動物と考え，牛肉を食べてはいけないこと。

⑤ アルコールは飲まないこと。

(4) 資料1は，とうもろこし，じゃがいも，バナナのおもな生産国を示したグラフである。また資料2は，アンデス山脈の赤道近くにみられる高度による作物の変化を表した模式図である。資料1，2のa～cには，それぞれ，とうもろこし，じゃがいも，バナナのいずれかが該当する。a～cの組合せとして最も適切なものをあとの①～⑥から一つ選びなさい。

資料1

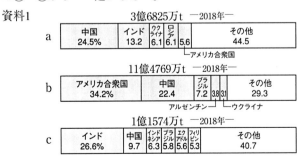

3億6825万t　―2018年―

	中国 24.5%	インド 13.2	ウクライナ 6.1	ロシア 6.1	5.6	その他 44.5

└アメリカ合衆国

11億4769万t　―2018年―

	アメリカ合衆国 34.2%	中国 22.4	ブラジル 7.2	38	31	その他 29.3

アルゼンチン　　└ウクライナ

1億1574万t　―2018年―

	インド 26.6%	中国 9.7	インドネシア 6.3	ブラジル 5.8	エクアドル 5.6	フィリピン 5.3	その他 40.7

資料2

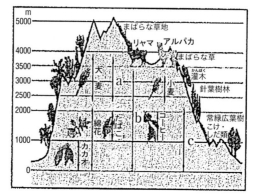

① a　とうもろこし　　b　じゃがいも　　c　バナナ

② a　とうもろこし　　b　バナナ　　　　c　じゃがいも

③ a　じゃがいも　　　b　とうもろこし　c　バナナ

④ a　じゃがいも　　　b　バナナ　　　　c　とうもろこし

⑤ a　バナナ　　　　　b　とうもろこし　c　じゃがいも

⑥ a　バナナ　　　　　b　じゃがいも　　c　とうもろこし

問2　次の人物は，日本の外交に関係のある歴史上の人物である。以下の(1)～(5)に答えなさい。

A　鑑真　　B　北条時宗　　C　足利義満　　D　徳川家康　　E　ペリー

(1)　Aの人物は，唐からやってきた人物である。唐からもたらされた制度や文化，技術として適当でないものを，次の①～④から一つ選びなさい。

① 律令制度　　② 仏教　　③ 和同開珎の鋳造

④ 正倉院の宝物

(2)　次の文章は，Bの人物が活躍した当時の様子を表したものである。また，以下の図は当時の幕府と武士の関係を表したものである。文章中の(a)(b)に当てはまる語句の組合せとして最も適当なものを，あとの①～④から一つ選びなさい。

94

北条時宗が(a)になった後，元の大軍が二度に渡り日本に攻めてきた(元寇)。この戦いで御家人たちは，武器や戦法の違いから苦戦を強いられたが，勇敢に戦った。それは，幕府に対して(b)を誓い，戦いが起こった時には命を懸けて戦ったからであった。しかし元寇は防衛戦だったため，幕府からの恩賞はほとんどなく，御家人たちは不満をつのらせていった。

① a 執権　　b 御恩　　② a 執権　　b 奉公
③ a 将軍　　b 御恩　　④ a 将軍　　b 奉公

(3) 次の図は，Cの人物が第3代将軍になったころのアジア諸国の貿易の様子を示したものである。a～cに当てはまる国名の組合せとして最も適当なものを，以下の①～⑥から一つ選びなさい。

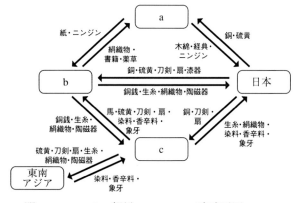

① a 明　　　　　b 朝鮮　　　　c 琉球王国
② a 明　　　　　b 琉球王国　　c 朝鮮

③　a　朝鮮　　　　　b　明　　　　　c　琉球王国

④　a　朝鮮　　　　　b　琉球王国　　c　明

⑤　a　琉球王国　　　b　明　　　　　c　朝鮮

⑥　a　琉球王国　　　b　朝鮮　　　　c　明

(4)　Dの人物は，幕府の経済力を高めるために貿易を奨励した人物である。このころ行われていた貿易として最も適当なものを，次の①〜④から一つ選びなさい。

①　朱印船貿易　　　②　勘合貿易　　　③　南蛮貿易

④　三角貿易

(5)　Eの人物は，江戸時代末期の出来事と関係のある人物である。矢印の間の出来事a〜dを起こった順に並べ替えた時，3番目となる出来事はどれか，以下の①〜④から一つ選びなさい。

> 1853年　ペリーが浦賀に来航し，開国をせまる。
> 　　a　薩摩藩はイギリス艦隊と戦い，艦隊の砲撃で大きな被害を受ける。
> 　　b　薩摩藩と長州藩は薩長同盟を結び，幕府に対抗する姿勢を強める。
> 　　c　水戸藩などの浪士らは，井伊直弼を江戸城の桜田門外で襲い，殺害する。
> 　　d　幕府は朝廷の許可を得ることなく，日米修好通商条約を結ぶ。
> 1867年　将軍である徳川慶喜は，政権を朝廷に返す。

①　a　　②　b　　③　c　　④　d

(☆☆☆◎◎◎)

【3】次の問いに答えなさい。

問1　四角形の関係について，それぞれの性質をもとに，次の図のように整理した。次の図の(a)〜(e)には，それぞれ以下の①〜⑤のいずれかが入る。(b)(e)に入る最も適当なものを，それぞれ以下の①〜⑤から一つずつ選びなさい。

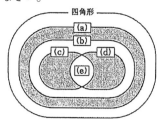

① 平行四辺形　　② 正方形　　③ ひし形　　④ 台形
⑤ 長方形

問2　次の表は，xの値に対応するyの値を表したものである。

x	・	・	2	3	4	・・・
y	・・・		12	8		・・・

このとき，yはxの一次関数であると考えると，式は，
$y=-4x+\boxed{\text{アイ}}$ になる。

またyはxに反比例すると考えると，式は，
$y=\dfrac{\boxed{\text{ウエ}}}{x}$ になる。

問3　統計的な問題解決の方法として，次の図の5つの段階を経て，問
　　題を解決する方法がある。次の図の(a)～(d)には，分析，計画，結論，
　　データのいずれかの言葉が入る。(a)(c)に入る言葉として最も適当な
　　ものの組合せを，以下の①～⑨から一つ選びなさい。

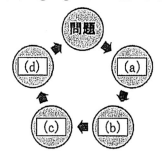

①　(a)　分析　　　(c)　計画　　　②　(a)　分析　　　(c)　結論
③　(a)　分析　　　(c)　データ　　④　(a)　計画　　　(c)　分析
⑤　(a)　計画　　　(c)　結論　　　⑥　(a)　計画　　　(c)　データ
⑦　(a)　データ　　(c)　分析　　　⑧　(a)　データ　　(c)　計画
⑨　(a)　データ　　(c)　結論

問4　横が縦より4cm長い長方形の紙がある。この紙の4すみから1辺が
　　4cmの正方形を切り取り，ふたのない直方体の容器をつくったとこ
　　ろ，その容積は384cm³であった。

もとの長方形の紙の横の長さを$x$cmとして方程式をつくると，

$4(x-\boxed{\text{オ}})(x-\boxed{\text{カキ}})=384$

となり，もとの長方形の紙の横の長さは$\boxed{\text{クケ}}$cmである。

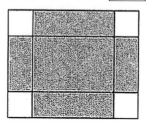

問5　ある池にいるコイの数を調べるために，池のいろいろな場所で
コイを70匹捕まえ，そのすべてに印をつけて，もとの池に戻した。
10日後，再びコイを72匹捕まえたところ，印のついたコイが14匹含
まれていた。この池にいるコイのおよその数を推定しなさい。

およそ$\boxed{\text{コサシ}}$匹

(☆☆☆◎◎◎)

【４】次の問いに答えなさい。

問1　図1は，石川県のある地点Xで，4月20日の午後6時に月の位置と
形を観察した様子を表したものである。以下の(1)～(4)に答えなさ
い。

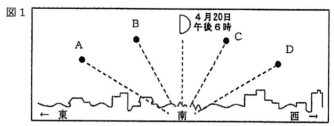

図1

(1)　月のように，惑星のまわりを公転する天体を何というか，最も
適当なものを，次の①～④から一つ選びなさい。

①　恒星　　②　小惑星　　③　彗星　　④　衛星

(2)　図1の月は，2時間後，どの位置に見えるか，最も適当なものを，

次の①～④から一つ選びなさい。

① Aの位置　② Bの位置　③ Cの位置　④ Dの位置

(3)　地点Xにおいて，観察した日から15日後の5月5日の月はどのような形か，最も適当なものを，次の①～④から一つ選びなさい。

(4)　図2は，地球上で，日食，月食の現象が起こるときの太陽，地球，月の並び方を調べるためのモデル実験について示した図である。

図2

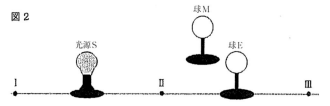

　　光源Sと，同じ大きさの2つの球E，Mを台の上に置き，光源Sを太陽，球Eを地球，球Mを月とした。

　　光源Sと球Eを固定し，球Mを図2のⅠ～Ⅲのいずれかに置いたところ，日食，月食と同じ現象が見られる位置がそれぞれ一か所ずつあった。

　　日食，月食と同じ現象が見られる球Mの位置の組合せとして最も適当なものを，次の①～⑥から一つ選びなさい。

	①	②	③	④	⑤	⑥
日食	Ⅰ	Ⅰ	Ⅱ	Ⅱ	Ⅲ	Ⅲ
月食	Ⅱ	Ⅲ	Ⅰ	Ⅲ	Ⅰ	Ⅱ

問2　図3のグラフは，2種類の抵抗器A，Bそれぞれについて，抵抗器に加わる電圧の大きさと抵抗器に流れる電流の大きさの関係を調べた結果を表したものである。以下の(1)(2)に答えなさい。

図3

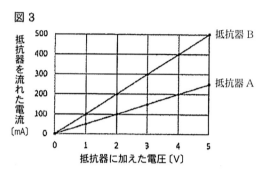

(1) 抵抗器Aの電気抵抗の大きさは何Ωか，最も適当なものを，次の①～⑥から一つ選びなさい。

① 0.02Ω　　② 0.05Ω　　③ 0.8Ω　　④ 20Ω

⑤ 50Ω　　⑥ 800Ω

(2) 図4のような回路をつくり，電流計の値が400mAを示すように電源装置の電圧を調整した。このとき，電圧計が示す値を求めなさい。　 アイ V

図4

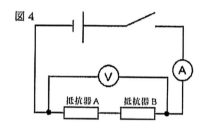

(☆☆☆◎◎◎)

【5】次の楽譜は，第5学年の歌唱共通教材「こいのぼり」の一部である。以下の問いに答えなさい。

問1 　 Ⅰ 　に当てはまる歌詞として正しいものを，次の①～⑥から

一つ選びなさい。

① そのくちに　　② なかぞらを　　③ あさかぜに

④ こいのぼり　　⑤ くものなみ　　⑥ のぼりなば

問2　□Ⅱ□に当てはまるこの曲の拍子を表す記号として正しいものを, 次の①～④から一つ選びなさい。

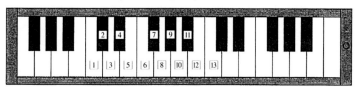

問3　□Ⅲ□の部分を鍵盤ハーモニカで演奏する際におさえる鍵盤の順として正しいものを, 以下の①～⑥から一つ選びなさい。

① 6 - 8 - 10 - 11　　② 10 - 12 - 13 - 12
③ 6 - 8 - 10 - 12　　④ 10 - 11 - 13 - 11
⑤ 6 - 8 - 10 - 8　　⑥ 10 - 11 - 13 - 12

問4　この楽譜の旋律の感じとして最も適当なものを, 次の①～④から一つ選びなさい。

① 暗い感じ　　② なめらかな感じ　　③ 生き生きとした感じ

④ 悲しい感じ

（☆☆☆○○○○）

【6】次の問いに答えなさい。

問1　次の文は,「針金」について述べたものである。(A)～(C)に入る語句の組合せとして最も適当なものを, 以下の①～⑧から一つ選びなさい。

・針金にはいろいろな種類があり,(A)は, クランクにしたり, バランスをとれるようにしたりすることで, 動く仕組みをつくることに適している。

・（　Ｂ　）のように柔らかいものは，布などの他の材料と併用する
　などして，表現の幅を広げることに適している。

・針金の太さは，番号が大きくなるにしたがって（　Ｃ　）なる。

① Ａ　細い針金　　　Ｂ　鉄の針金　　　　Ｃ　太く
② Ａ　細い針金　　　Ｂ　鉄の針金　　　　Ｃ　細く
③ Ａ　細い針金　　　Ｂ　アルミの針金　　Ｃ　太く
④ Ａ　細い針金　　　Ｂ　アルミの針金　　Ｃ　細く
⑤ Ａ　太い針金　　　Ｂ　鉄の針金　　　　Ｃ　太く
⑥ Ａ　太い針金　　　Ｂ　鉄の針金　　　　Ｃ　細く
⑦ Ａ　太い針金　　　Ｂ　アルミの針金　　Ｃ　太く
⑧ Ａ　太い針金　　　Ｂ　アルミの針金　　Ｃ　細く

問2　次の写真は，「造形遊びをする活動」の授業の様子である。以下
　　の表は，小学校学習指導要領(平成29年告示)に示されている「造形
　　遊びをする活動」の思考力，判断力，表現力等の内容について，系
　　統をまとめたものである，表の（　Ａ　）（　Ｂ　）に入る語句として最
　　も適当なものを，あとの①〜⑥からそれぞれ一つずつ選びなさい。

「造形遊びをする活動」（思・判・表）の内容の系統表

低学年	身近な自然物や人工の材料の形や色などを基に造形的な活動を思い付くことや、感覚や気持ちを生かしながら、どのように活動するかについて考えること。
中学年	身近な材料や（　A　）などを基に造形的な活動を思い付くことや、新しい形や色などを思い付きながら、どのように活動するかについて考えること。
高学年	材料や（　A　）、（　B　）などの特徴を基に造形的な活動を思い付くことや、構成したり周囲の様子を考え合わせたりしながら、どのように活動するかについて考えること。

① 用具　　② 空間　　③ 伝え合いたいこと　　④ 場所
⑤ 用途　　⑥ 構成の美しさ

(☆☆☆◎◎◎)

【7】消費生活について，次の問いに答えなさい。

問1　次の買い物の仕組みで「契約」が成立するのはどの場面か，以下の①〜④から一つ選びなさい。

① 商品を選んだ場面　　② 買う人が買う意思を示し、売る人が合意した場面　　③ 買う人が代金を支払った場面　　④ 商品を受け取った場面

問2　次のうち契約でないものはどれか，最も適当なものを，次の①〜⑥から一つ選びなさい。

① 美容院で髪をカットする。
② 自動販売機でジュースを買う。
③ アルバイトをする。
④ 友達と遊びに行く約束をする。

⑤　コインロッカーに荷物を預ける。

⑥　お店でかばんを買う。

(☆☆☆○○○)

【8】次の問いに答えなさい。

問1　小学校第5学年で，40〜50m程度のハードル走を指導する際，小学校学習指導要領(平成29年告示)の内容をもとに，ポイントを3つ示すことにした。次の表の(A)(B)に当てはまる言葉の組合せとして最も適当なものを，以下の①〜⑥から一つ選びなさい。

ハードル走の ポイント	・第1ハードルを決めた足で踏み切って走り越えよう。 ・スタートから（ A ）まで、体のバランスをとりながら其っ直ぐ走ろう。 ・インターバルを（ B ）で走ろう。

①　A　第1ハードル　　B　3歩または5歩

②　A　第1ハードル　　B　3〜5歩

③　A　第1ハードル　　B　5〜7歩

④　A　最後　　　　　B　3歩または5歩

⑤　A　最後　　　　　B　3〜5歩

⑥　A　最後　　　　　B　5〜7歩

問2　水泳運動の授業において，かえる足泳ぎを指導する際，教師の言葉がけとして最も適当なものの組合せを，以下の①〜⑥から一つ選びなさい。

【教師の言葉がけ】

a　「足の裏で水をおすように蹴ろう。」

b　「太ももをつかって，足首を伸ばすように蹴ろう。」

c　「足の親指が触れ合うように蹴ろう。」

d　「蹴った後はしっかり伸びよう。」

①　aとb　　②　aとc　　③　aとd　　④　bとc　　⑤　bとd

⑥　cとd

(☆☆☆○○○○)

【9】 次の問いに答えなさい。

問1 〈放送による問題〉

　　ホストマザーのブラウンさんが，日本から来た健さんに，休日の計画について説明している英文を聞いて，次の(1)～(3)の質問に対する答えとして最も適当なものを，それぞれ以下の①～④から一つずつ選びなさい，

---

(1)　What can Ken do in the amusement park?

　①　He can see a musical.　　②　He can have a barbecue.

　③　He can enjoy shopping.　　④　He can ride a boat.

(2)　Why does Ms. Brown think going to the river is good for Ken?

　①　Because it will be sunny tomorrow.

　②　Because he will feel relaxed in nature.

　③　Because the river is near Ms.Brown's house.

　④　Because he says he likes fishing.

(3)　What is the problem if Ken goes to the musical?

　①　It's difficult for him to get a ticket for the musical.

　②　He has no time to eat dinner.

　③　The story is too complicated.

　④　English is the only language used in the musical.

問2　次の英文は外国語科の授業の導入で，指導者が児童とやり取りをしている内容の一部である。文章中の空欄[　ア　]～[　ウ　]に入る最も適当な語を，それぞれ以下の①～④から一つずつ選びなさい。

You will be junior high school students soon. Are you excited? Take a [　ア　] at this picture. Students are enjoying club activities. Can you name some clubs? Soccer club, brass band club, volleyball club, art club, English club… Oh, many clubs! What club do you want to join? Tennis club? Science club? Baseball club? Now, we have a video letter from Sakura Junior High School. Let's watch it and think about the [　イ　] between club activities at elementary schools and at junior high schools.

〈After watching the video letter from Sakura Junior High School 〉

Her English is great, isn't it? Let's share our ideas. Please [　ウ　] me anything you heard. Yes, she is on the volleyball team. When does she practice? Right. She practices every day from Monday to Friday. Well, how often do you have club activities? Every day? Of course, not. Only twice a month. Anything else?

ア　① guess　　② look　　② see
　　④ point
イ　① questions　② manners　③ differences
　　④ difficulties
ウ　① talk　　② pass　　③ call
　　④ tell

(☆☆☆○○○○)

【10】第3学年の国語科「手紙の書き方」の授業において，〈児童の書いた手紙〉について指導している。以下の問いに答えなさい。

〈児童の書いた手紙〉

プールが楽しみなきせつになりました。おじさん、お元気ですか。わたしは元気です。今度、わたしの町で開かれるダンス大会にさんかすることになったので、ごあんないします。

日時　八月三日（火）
　　　午後一時から午後三時
場所　いしかわ小学校　体育館
わたしはえみ子さんと二人でおどります。今がんばっているのは、二人でタイミングを合わせるれんしゅうをしています。ぜひ見に来てください。

小林　大すけ様
七月一日

木村　よし子

問1　この手紙の本文には，文法上誤りのある文が1文ある。その文を抜き出して，文の意味が変わらないように正しく書き直しなさい。

問2　この手紙には，後付けの書き方に誤りがある。どこが誤っているのかを明らかにした上で，児童が後付けの正しい書き方を理解できるような助言を書きなさい。

(☆☆☆◎◎◎)

【11】第4学年の算数科「折れ線グラフ」の授業において，A教諭は，グラフの読み方やかき方を指導した後，次の2つのグラフを提示した。以下の問いに答えなさい。

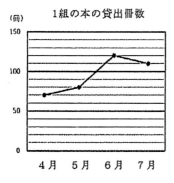

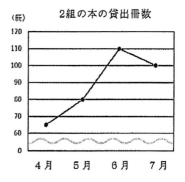

107

問1　児童Bは，2つのグラフの5月から6月までの本の貸出冊数の増え方を見比べて，次のように発言した。

> 1組に比べて2組のほうが，5月から6月までの線のかたむきが急です。だから，1組に比べて2組のほうが，5月から6月までの貸し出し冊数の増え方は大きいです。

児童Bが言っている──部のことは正しくない。2つのグラフの本の貸出冊数の増え方を線の傾きで比べられるようにするには，グラフをどのように作り替えるとよいか書きなさい。

問2　折れ線グラフで表すことが最も適当なものを，次の①〜④から一つ選び，番号を書きなさい。また，それを折れ線グラフで表すとよい理由を書きなさい。

① 中部地方の県ごとの水稲の収穫量

② 石川県の衆院選投票率の推移

③ 国連分担金の国別割合

④ 日本の年齢別人口

(☆☆☆◎◎◎)

【12】第5学年の理科「植物の発芽」の授業において，『植物の発芽について予想や仮説をもち，条件に着目しながら解決の方法を発想し，表現することができる。』ことをねらいとし，アサガオかインゲンマメのどちらかの種子を用いて，問題を解決できるような学習活動を設定した。次の図1，図2はそれぞれ太郎さんと花子さんの実験計画シートの一部である。以下の問いに答えなさい。

図1　太郎さんの実験計画シートの一部

図2　花子さんの実験計画シートの一部

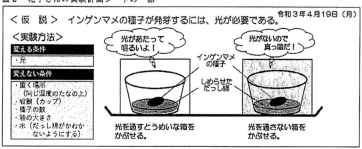

問1　太郎さんは，アサガオの種子を用いて，発芽には水が必要であ
　　ることを調べるために，図1のような実験方法を考えた。しかし，
　　太郎さんの考えた実験方法では，水以外の条件も変わってしまうた
　　め，適切な実験方法とは言えない。水以外に変わってしまう条件を
　　書きなさい。

問2　花子さんは，図2のように1個の種子で実験を計画しているが，
　　適切な結果を得るためには，複数個の種子を用いることが望ましい。
　　　1個の種子を用いて実験を行ったときの問題点を，次の資料をふ
　　まえて書きなさい。

資料

```
花子さんが実験で用いた
インゲンマメの種子が
入っていた袋の記載の一部

  つるなし　いんげん

  生 産 地：アメリカ
  内 容 量：30ml
  発 芽 率：80％以上
  有効期限：2021年10月
```

(☆☆☆◎◎◎)

解答・解説

【１】問1　②　　　問2　③　　　問3　（Ⅰ）　⑥　　　（Ⅱ）　⑧　　　問4　①
　　問5　③　　　問6　②　　　問7　②

〈解説〉問1　提示された具体例は,「低くすること」の重要性を述べてい
る。よって,その内容が書かれているところを探せばよい。段落Bの
直後の段落で,成長点が下にあるから,刈られることに対して強いこ
とが述べられている。　問2　下線部ⓐは「受け身」の助動詞である。
①は「可能」,②は「尊敬」,③は「受け身」,④は「自発」の助動詞
である。　問3　下線部ⓑの直後から,「通常の植物」と「イネ科植物」
を対比させながら論じている。　（Ⅰ）　段落Bの直前の段落で,「(通常
の植物のように)上へ上へと積み上げていく方法であれば,…葉を茂ら
せることができる」とある。なお④は,通常の植物の短所にあたる。
⑤は,イネ科植物の長所にあたる。　（Ⅱ）　段落Bは「そこで」から始
まり,「イネ科植物は成長点を次々に増やしていくことを考えた。…

成長点を次々に増殖させながら，押し上げる葉の数を増やしていく」とあり，イネ科植物としての解決策が述べられている。

問4　②は「下手の横好き」が，④は「好きこそものの上手なれ」が，それぞれ当てはまる。③は，ことわざではないが「あまのじゃく」にあたる意味である。ことわざや慣用句の知識を増やしておくこと。

問5　空欄の直前の，「終わりなき」という言葉がヒントになる。

問6　指示語は，直前の内容を指し示していることが多い。昆虫が，特定の植物のみをエサにするものが多い理由を読み取ること。②が直接の理由であり，①は②の難しい状況をつくりだした事実であり，③と④は②によってもたらされた結果としての状況である。　問7　段落Bと段落Cの間に，「昆虫は数が多く，世代交代も早いので，さまざまな進化をする。そのため，毒に対する抵抗性を身につけることができる」と述べられている。　①　植物が「もっとも弱い存在である」とは述べられていない。　③「他の植物と同様に」という部分が誤り。④　段落Eの次の段落に，「防御側も攻撃側も，極端に有利になることはない」と述べられている。

【2】問1　(1)　③　　(2)　③　　(3)　④　　(4)　③　　問2　(1)　②
(2)　②　　(3)　③　　(4)　①　　(5)　①

〈解説〉問1　(1)　提示された雨温図から，一年中高温で，雨季と乾季があることが分かる。赤道近くの都市であると考えられる。A(モスクワ)は，亜寒帯湿潤気候で，冬は気温が0°を下回る。B(カイロ)は砂漠気候で，降水量が1年を通してほとんどない。C(ジャカルタ)は熱帯モンスーン気候で，気温が年間を通してあまり変わらず，7～9月が乾季で10～4月が雨季である。提示された雨温図が符合する。D(ブエノスアイレス)は温暖湿潤気候で，年間を通して降水量が多い。　(2)　東京を午前10時40分に出発して，飛行時間が10時間10分であるから，東京の時刻で午後8時50分に着く。2点間の時差は6時間である。日付変更線に近い日本の方が時間は進んでいるので，そこから6時間引いて，Aに到着する時刻は，午後2時50分である。　(3)　④は，ヒンズー教に関

111

する記述である。　　(4)　わかりやすいのはcで，「エクアドル」からバナ
ナである。bはアメリカ合衆国が1位で，上位に南米の国々が並んでい
ることと，生産量が非常に多いことから，とうもろこしである。残っ
たaがじゃがいもである。じゃがいもの原産地は南米のアンデス山脈
で，3000〜4000mの高地である。　問2　(1)　唐は7世紀から10世紀に
かけての王朝である。仏教はインドから中国に伝わり，朝鮮半島に伝
わって6世紀前半に百済から日本に伝えられた。律令制度は，奈良時
代に唐の制度にならって制定された。和同開珎は，律令政府が唐の銭
貨をもとに鋳造したとされる銭貨である。正倉院の宝物は，8世紀当
時の唐文化の特徴をもっている。　　(2)　a　鎌倉幕府で将軍を補佐す
る役職を執権という。ただし，事実上実権を握っていた。　b　鎌倉
幕府の時代に，将軍と御家人の間に結ばれたのが，御恩と奉公の関係
である。　　(3)　室町幕府第3代将軍足利義満は，明との国交を回復し，
日明間の勘合貿易が始まった。主に銅銭や生糸などを輸入し，銅，硫
黄，刀剣などを輸出していた。bが明である。東南アジアとも交易を
していたcは琉球王国，aはニンジンから朝鮮である。　　(4)　鎖国まで
の江戸時代の貿易であるから朱印船貿易である。勘合貿易は，主に室
町時代に行われていた。南蛮貿易は，鎖国が行われる前の室町時代後
期の16〜17世紀にポルトガルやスペインとの間で行われていた貿易で
ある。三角貿易は，18世紀にイギリスと，西アフリカ，西インド諸島
間で行われていた貿易が有名である。　　(5)　a　薩英戦争は1863年に
行われた。　b　薩長同盟は1866年，坂本龍馬や中岡慎太郎の仲介に
よって結ばれた。　c　桜田門外の変は1860年に起きた。　d　日米修
好通商条約は，1858年に結ばれた通商条約。関税自主権がなく，領事
裁判権を与えるなど，不平等な内容であった。古い順から並べると，
d→c→a→bの順となる。

【3】問1　(b)　①　　(e)　②　　問2　ア　2　　イ　0　　ウ　2
　　エ　4　　問3　④　　問4　オ　8　　カ　1　　キ　2　　ク　2
　　ケ　0　　問5　コ　3　　サ　6　　シ　0

〈解説〉問1　四角形の包摂関係の図である。各四角形の定義は，台形が「1組の向かいあう辺が平行な四角形」，平行四辺形が「2組の向かいあう辺がそれぞれ平行な四角形」，長方形が「4つの角がすべて直角である四角形」，ひし形が「4つの辺がすべて等しい四角形」，正方形が「4つの角がすべて直角で，4つの辺がすべて等しい四角形」である。条件が少ないものほど一般の四角形に近くなることから外側にあり，条件が多いものほど内側にある。したがって，いちばん外側の(a)が台形で，いちばん内側の(e)が正方形である。正方形を共通項とする2つの四角形は，長方形とひし形であり，(c)または(d)となる。台形の次に条件の少ない平行四辺形が，(a)の一つ内側の(b)である。　問2　一次関数を$y=-4x+a\cdots$①とすると，①は点(3, 8)を通るから，$8=-4\times3+a$　$a=8+12=20$　で，一次関数は$y=-4x+20$　また，反比例の式を$y=\dfrac{b}{x}\cdots$②とすると，②は点(3, 8)を通るから，$8=\dfrac{b}{3}$　$8\times3=b=24$　で，$y=\dfrac{24}{x}$　問3　統計的な問題解決活動における探究方法の一つである統計的プロセスについての問題である。初めにある(a)は「計画」で，最後の(d)は「結論」である。データを基に分析が行われることから，(a)と(d)の間は，(b)が「データ」で，(c)が「分析」である。常識的に考えれば，順番を並べることは容易である。　問4　もとの長方形の紙の横の長さを$x$cmとすると，横が縦より4cm長い長方形の紙だから，縦の長さは$x-4$〔cm〕と表される。この紙の4すみから1辺が4cmの正方形を切り取り，ふたのない直方体の容器をつくると，底面の縦の長さは$(x-4)-4\times2=x-12$〔cm〕，横の長さは$x-4\times2=x-8$〔cm〕，高さは4cmで，その容積が384cm³となったことから，$(x-12)\times(x-8)\times4=384$　展開して整理すると，$x^2-20x=0$　⇔　$x(x-20)=0$　$x>0$より$x=20$　よって，もとの長方形の紙の横の長さは20cmである。問5　印をつけたコイ70匹のうち，標本に含まれていたのは14匹だから，$14\div70=\dfrac{14}{70}=\dfrac{1}{5}$で，標本の数は池全体の数の$\dfrac{1}{5}$と推定できる。標本のコイの数は72匹だから，池全体のコイの数は，$72\div\dfrac{1}{5}=360$で，推定360匹である。

【4】問1　(1)　④　　(2)　③　　(3)　②　　(4)　④　　問2　(1)　④
　　(2)　ア　1　　イ　2
〈解説〉問1　(1)　惑星のまわりを公転する天体は衛星である。月は地球
　のまわりを公転するので，地球の衛星である。恒星とは，自ら光を放
　つ天体のことで，太陽もその一つである。小惑星は，公転していても
　重さが足りず形がいびつな惑星である。彗星は本体の大きさが数キロ
　メートルから数十キロメートル程の小さな天体で，核から放出された
　ガスやチリが長く伸びた尾が最大の特徴である。　　(2)　地球は自転に
　よって，1日で1回転する。24時間で360°なので，2時間では30°である。
　自転の方向から月は東から西へ移動するので，2時間後は西へ30°移動す
　る。　　(3)　月は地球の周りを，約1か月かけて1周する(公転)。月が動
　いていくと，太陽の光を受ける部分と影の部分との比率が，地球から
　見て少しずつ変化することで，月の満ち欠けが観測される。上弦の月
　は，約1週間後に満月，約2週間後に下弦の月，約3週間後に新月とな
　り，約1か月後にもとの上弦の月に戻る。15日後は約2週間後なので，
　下弦の月である。　　(4)　日食とは，太陽が月に隠されて光が消えて見
　える現象であり，月が太陽と地球の間に入るⅡの位置で見られる。月
　食とは，太陽が地球に隠されて，月を照らさなくなり月が消えて見え
　る現象であり，地球が太陽と月の間に入るⅢの位置で見られる。
　問2　(1)　グラフより，抵抗器Aは4Vの電圧がかかると200mA(0.2A)の
　電流が流れることから，オームの法則より4÷0.2＝20〔Ω〕で，抵抗
　値は20Ωとなる。　　(2)　グラフより，抵抗器Bは4Vの電圧で400mA
　(0.4A)の電流が流れることから，オームの法則より4÷0.4＝10〔Ω〕で，
　抵抗値は10Ω。よって，図4の回路の電流装置の電圧は，オームの法
　則より0.4×(20＋10)＝12〔V〕となる。

【5】問1　⑤　　問2　③　　問3　④　　問4　③
〈解説〉第5学年の歌唱共通教材「こいのぼり」(文部省唱歌)からの出題
　である。　　問1　歌唱共通教材は各学年4曲の全24曲であるが，すべて
　頻出曲なので，曲名，作詞者・作曲者，拍子，調，階名，旋律，歌詞

など楽譜全体を確認しておくことが重要である。　問2　1小節の中に4分音符4拍分の長さの音が入るので，4分の4拍子である。4小節目は音符の数も少なく分かりやすい。付点二分音符が3拍，4分休符が1拍で合わせて4拍分の長さである。　問3　調号に♭1つが付いているので，「シ」に♭が付くことが分かる。よって，2つ目と4つ目の「シ」は，12の白鍵ではなく11の黒鍵を演奏する。　問4　付点のリズムが多く使われていることで，「生き生きとした感じ」が表現されている。

【6】問1　⑧　　問2　A　④　　B　②

〈解説〉問1　学習指導要領(平成29年告示)図画工作科の内容の取扱いについての配慮事項の(6)として，第5学年及び第6学年については，針金，糸のこぎりなどが，児童の表現方法の広がりに対応した材料や用具として示されている。テーマに合わせて，針金の種類と太さ，一人当たりの量を考えよう。切った針金の先を丸めて渡したり，長さに配慮したりするなど，安全に配慮することも重要である。　問2　「造形遊びをする活動」の思考力，判断力，表現力等の内容では，低学年で「身近な自然物や人工の材料の形や色など」を基に，中学年で「身近な材料や場所など」を基に，高学年で「材料や場所，空間などの特徴」を基に，と示されている。高学年では，その「具体的な特徴を捉える」ことについて示されている。発達段階に合わせた系統性を整理しておきたい。

【7】問1　②　　問2　④

〈解説〉問1　今回の学習指導要領(平成29年告示)では，「C消費生活・環境」において，中学校との系統性を図り，買物の仕組みや消費者の役割に関する内容が新設された。そして，内容の取扱いにおいて，売買契約の基礎について触れることが示された。買う人(消費者)の申し出と売る人の承諾によって売買契約が成立すること，買う人はお金を払い，売る人は商品を渡す義務があること，商品を受け取った後は，買

った人の一方的な理由で商品を返却することができないことについて学習する。売買契約が成立するのは，②の場面である。③は，買う人と売る人の義務を履行している場面と言える。　問2　契約は，当事者同士の合意によって成立する。また，契約によって，権利と義務が発生する。契約が守られなければ，法的措置が生じる可能性がある。④については，法的措置とは関係しないものであり，該当しない。

【8】問1　④　　問2　③

〈解説〉問1　小学校学習指導要領(平成29年告示)では，高学年のハードル走について，「ハードル走では，ハードルをリズミカルに走り越えること」を指導する。小学校体育(運動領域)まるわかりハンドブック」(文部科学省)には，「第1ハードルを決めた足で踏み切って走り越えること」，「ハードル上では，上体を前傾させること」，「インターバルを3〜5歩のリズムで走ること」が示されている。　問2　「小学校体育(運動領域)まるわかりハンドブック」(文部科学省)には，かえる足泳ぎとして，「足をおしりに引き付け足の裏でしっかり水をつかまえて，水をはさむように」すること，足蹴りでは，足の裏で水を押すようにし，「蹴った後はしっかりと伸びるように」することが示されている。学習指導要領解説(平成29年7月)のほかに，「小学校体育(運動領域)まるわかりハンドブック」(文部科学省)や，学校体育実技指導資料第4集「水泳指導の手引(三訂版)」などを参照するとよい。

【9】問1　(1)　③　　(2)　②　　(3)　④　　問2　ア　②　　イ　③　ウ　④

〈解説〉　問1　リスニング問題では，音声が放送される前に問題文と各選択肢に目を通しておくと，解答するのが容易になる。問題文は二回読まれることが多いので，一回目で大体の内容を聞き取り，二回目は最初に聞き取れなかった部分に意識を集中して聞くようにすると良い。　問2　ア　空欄の直後にatとあることから，look atとして，Take a look at this picture.「この写真を見てください」とするのが適切。

イ 「小学校と中学校でのクラブ活動の間にある(空欄)について考えてみましょう」とあるので，differences「違い」を入れるのが適切。

ウ 「みなさんが(このビデオレターで)聞きとれたことを，なんでも私に(空欄)してください」とあるので，空欄にはtell「話す，教える」を入れるのが適切。

【10】問1 抜き出した文…今がんばっているのは，二人でタイミングを合わせるれんしゅうをしています。　書き直した文…・今がんばっているのは，二人でタイミングを合わせるれんしゅう(をすること)です。　・今(は)，二人でタイミングを合わせるれんしゅうをがんばっています。　から1つ　問2 相手の名前を書く場所が違うよ。相手の名前は手紙の(後付けの)最後に書きましょう。

〈解説〉問1 「今がんばっているのは」で書き始めているのに，文末が「しています。」としているのは，文法上誤りである。文頭の表現をそのまま生かす場合は，「をすることです。」などで終わるように書きかえるとよい。文末の表現を生かす場合は，「今は，二人でタイミングを合わせるれんしゅうを，がんばってしています」などとする。

問2 相手の名前を書く場所が違う。後付けは「日付→自分の名前→相手の名前」の順番である。手紙文に関しては，頭語と結語も確認しておくとよい。

【11】問1 2つのグラフの縦軸の目盛りの間隔をそろえる。　問2 番号…②　理由…折れ線グラフは，時間の経過に伴いデータがどのように変化するか分かりやすく表すことができるから。

〈解説〉問1 傾きで比較する場合は，目盛りの間隔を同じにする必要がある。5月から6月までの間は，1組が40冊増え，2組が30冊増えている。目盛りの間隔を同じにすれば，1組の方が傾きが大きくなっていることが読み取れる。1つのグラフに，色分けした2本の折れ線グラフを表すような方法もある。　問2 ① 棒の長さで量の大小を容易に比較できる，棒グラフが適している。　③ 全体の中での構成比を比較し

やすい，円グラフや帯グラフが適切である。　④　「〜以上〜未満」で区切るようなデータの散らばり具合をみる場合は，柱状グラフで表すのが適している。

【12】問1　空気の条件　　問2　この種子の発芽率は，80％以上であることから，発芽の条件がそろっていても，発芽しない可能性があること。

〈解説〉問1　太郎さんの実験方法では，二つの装置の違いは水の有無である。ただし，右側の水がある装置では，種子が完全に水に埋没している。つまり，空気もないので，空気の有無の条件も変えてしまっている。この場合，種子に空気が触れる程度に水を浸すこと，あるいは水を含ませた脱脂綿などを使うことによって，空気の条件を変えずに行うことができる。　問2　資料の記載内容で，「発芽率」に着目する。発芽率が80％以上ということは，発芽しない可能性もあるということである。種子1個では，単純に発芽しないこともあり得る。発芽率を踏まえ，複数個の種子で実験を行う必要がある。

2021年度　　実施問題

【1】次の文章を読んで，あとの問いに答えなさい。(設問の都合で一部
省略してある)

　　あなたは，対話をしようとするとき，どこかでことばの「正しい」
表現をめざしてはいませんか。もちろん，すすんで「誤った」表現
を使いたいと思っている人はいないでしょうが，自分の外側にある
「正しい」ルールや規範に自分を沿わせようとすることで，いつの
間にか「自分で考えること」をやめてしまってはいないでしょうか。
　　　　Ⅰ　，テニヲハは日本語の命であり，これを忽せにはできな
いという人は大勢います。　Ⅱ　同時に，もしテニヲハがことば
の命であるとしたら，個人の対話中のテニヲハの意味はその個人に
しかわからないものであるはずです。テニヲハ一つひとつの使い方
は，どこかにルールや規範として記述されているわけではなく，あ
なたの中に日常のことばの感覚として息づいているわけですから，
これをどのようにして表現するかということでしょう。それは，あ
なたにしかできない作業であり活動なのです。
A　状況や場面に即した表現に，マニュアルや手引書はほとんど通用
しません。
B　こうしたとき，あなたにとって必要なのは，「正しさ」のルール
や規範に自分を合わせることではなく，自分の「考えていること」
を自ら「引き出す」ことであるはずです。しかも，それは一回かぎ
りの修正においてではなく，幾度とないやりとりの中で醸成される，
他者との活発な往還関係によらなければなりません。
C　ここでは，表現の形式的な正確さよりも，情報の質としての説得
の可能性，つまりあなたの「言いたいこと」が重要なものとなりま
す。あなたは自分の外側の「正しいことば」のルールや規範の束縛
から解⒜放されてはじめて，自分自身のことばを自分なりの対話の

スタイルによって他者に提示することを体得することになるでしょう。それはすなわち，あなた自身が自律的に自分なりの言語活動の方法論を身につけること，つまり自分自身の対話のスタイルの発見を意味するのです。

　どこかのだれかがつくった(と思われている)既成の規準に合わせることでは，自分の対話スタイルは発見できません。「正しさ」を求めることが目的化してしまうと，いつのまにか個人の目的達成の追求へと向かわせ，能力の競争と格差を　Ⅲ　するような状況を生み出し，それは社会の分断につながることになります。

D　究極的には対話の内容は，外側からの「情報」というかたちで規定されるものではなく，むしろあなたが「自分自身で発見したもの」となるでしょう。

E　このことが，テーマを発見・設定し，それについて自ら解き明かしていくための「方法論」として重要になるのです。自分自身の興味や関心にしたがって表現したいものを発見し，それを自分のことばの活動に活かす，その経験そのものが対話の内容となるのです。しかも，そうした自律意識をあなた自身に持たせ，主体的に活動に取り組めるよう対話を方向づけられるのは，この世にあなたしかいないのです。

　現在，大学の日本語センターで非母語話者として日本語講師を務めている金龍男<ruby>（キムヨンナム）</ruby>さんが，「学習者として教師として —— 日本語習得のライフストーリーから」という文章で自分の日本語活動経験を綴っています。

　韓国で勉強していた当時，ヨンナムさんにとって日本語は「たくさん覚えて，十分練習した後，必要に応じて手際よく活用する」ものとなっていました。

　学校のテストで毎回ほぼ完璧な答案が出せただけでなく，実際にも頭に浮かんだことのすべてを日本語に置き換えることができたので，自分の日本語はもう完成したとまで思っていました。

……ⓑいざ日本で暮らし始めてみると，最初から何ともいえない違和感を覚えました。それまで十分わかっていると確信していた日本語の構造と枠が根本から揺さぶられました。人と話す時，自分の口から確かなことばが流れているのに，私自身はそこにいない感じがしました。

対話の活動には大学院に進学してから出会いました。このクラスで私はそれまでの自分の日本語観のすべてを覆される経験をします。

長年にわたって日本語を学習してきた私にとって，母語話者による添削は不可欠な過程でした。日本人に最終チェックしてもらうことでようやく私の日本語は完成すると思っていたのです。しかし，対話の活動では，私の日本語の使い方や表現の正しさに触れる人はおらず，私の話す内容に注目し，私の考えていることを理解しようとしました。「互いの考えていることの交換」がやりとりの中心となったため，私も自然と日本語としての完全さよりは，いわんとする内容をいかにことばで具現するかにフォーカスする必要がありました。

今になって思えば，長い間「日本語にしたものを添削して完成」する訓練を受けてきた私は，日本語を膨大な「構造物」として捉えていました。しかし，日本語の構造にばかり注目したことは，かえってⓒ枠だけの日本語の世界に自分自身を閉じ込め，さらに奥のほうへと追い込む結果を招いていたと思います。対話に参加したのを機に，自分の用いる日本語の構造ではなく，その向こうにいる相手を見るようになりました。日本語は自己表現のための言語的手段の一つで，相手とコミュニケーションを成り立たせるための道具に過ぎなかったのです。

(細川英雄「対話をデザインする　伝わるとはどういうことか」より)

問1　Ⅰ　と　Ⅱ　に入る接続語として最も適当なものを，それぞれ次の①〜④から一つずつ選びなさい。

121

　　Ⅰ　①　だから　　②　しかし　　③　たとえば　　④　つまり
　　Ⅱ　①　だから　　②　しかし　　③　たとえば　　④　つまり
問2　次の段落は，文章中のどの段落の後に入るのが最も適当か，下
　　の①〜⑤から一つ選びなさい。

　　さまざまな経験に照らして試行錯誤を繰り返しながら，どう
　したら相手に伝わるかを考えていかなければならないからで
　す。これこそが対話の役割なのでしょう。

---

　　①　段落A　　②　段落B　　③　段落C　　④　段落D
　　⑤　段落E
問3　――線部ⓐ「放」は，漢和辞典では次のように記載されている
　　が，〜〜線部の数字は何を表しているか，下の①〜④から一つ選
　　びなさい。

攵
4｜
【放】

　　①　「放」の部首である「攵」の画数を表している。
　　②　「放」の部首である「方」の画数を表している。
　　③　「放」の部首以外の部分の画数を表している。
　　④　「放」は同じ部首の漢字の中で4番目に記載されていることを表
　　　している。
問4　　Ⅲ　には，「ことの速成を願って，無理に力を添えて，かえっ
　　て害を与えること」という意味の故事成語が入るが，最も適当なも
　　のを，次の①〜④から一つ選びなさい。
　　①　助長　　②　矛盾　　③　杞憂　　④　守株

問5　——線部⑥『いざ日本で暮らし始めてみると，最初から何とも
いえない違和感を覚えました。』について，正しく文節に区切って
いるものを，次の①～④から一つ選びなさい。

①　いざ／日本で／暮らし始めて／みると，／最初から／何ともい
えない／違和感を／覚えました。

②　いざ／日本で／暮らし始めて／みると，／最初から／何とも／
いえない／違和感を／覚えました。

③　いざ／日本で／暮らし／始めて／みると，／最初から／何と
も／いえない／違和感を／覚えました。

④　いざ／日本で／暮らし／始めて／みると，／最初から／何とも
いえない／違和感を／覚えました。

問6　——線部ⓒ「枠だけの日本語の世界」とあるが，ここでの「枠
だけの日本語の世界」に含まれないものとして，最も適当なものを，
次の①～④から一つ選びなさい。

①　だれかがつくったと思われている既成の規準

②　テニヲハ一つひとつの使い方

③　自分の外側にある「正しい」ルールや規範

④　情報の質としての説得の可能性

問7　筆者がこの文章で，金龍男さんの経験を引用した意図として，
最も適当なものを，次の①～④から一つ選びなさい。

①　「言語の習得に向けて，正しいことばで完璧に訳せることを目
指すだけでなく，さらにその言語を母語とする他者との対話を通
して，活用する経験も積み重ねる必要がある」という考えを裏付
けるため。

②　「正しいことばを習得することは『目的』なのではなく，自分
の考えを自ら引き出して他者に示し，自分なりの対話スタイルを
確立するための一つの『手段』に過ぎない」という考えを裏付け
るため。

③　「対話を成立させるためには，実際に相手に会って活発な往還
関係を重ねることを通して，相手に伝わることばや表現を使えて

123

　　いるかどうかを確認してもらうことが重要だ。」という考えを裏
　　付けるため。
④　「相手の話すことばを正しく習得し，それを活用して自律的に
　　自分なりの言語活動の方法論を身に付けることによって，自分自
　　身の対話スタイルを発見することができる。」という考えを裏付
　　けるため。

(☆☆☆○○○)

【２】次の問いに答えなさい。

問1　次の表はA～E県に関係の深いことがらをまとめたものである。
　　下の(1)～(4)に答えなさい。

A県	B県	C県	D県	E県
・花笠まつり	・偕楽園	・後楽園	・唐津くんち	・兼六園
・将棋駒	・結城紬	・備前焼	・伊万里焼	・輪島塗
・さくらんぼ	・筑波山	・もも	・吉野ヶ里遺跡	・白山

(1)　A～E県のうち，県名と県庁所在地名が異なる記号の組合せと
　　して正しいものを，次の①～⓪から一つ選びなさい。

①　AとB　　②　AとC　　③　AとD　　④　AとE

⑤　BとC　　⑥　BとD　　⑦　BとE　　⑧　CとD

⑨　CとE　　⓪　DとE

(2)　A～D県に位置する河川と平野の組合せとして正しいものを次
　　の中から二つ選び，その組合せとして正しいものを下の①～⑥か
　　ら一つ選びなさい。

A：最上川・庄内平野　　B：利根川・関東平野
C：高梁川・播磨平野　　D：筑後川・宮崎平野

①　AとB　　②　AとC　　③　AとD　　④　BとC

⑤　BとD　　⑥　CとD

(3)　E県の北東部の海域は，急深なことからブリなどの回遊魚が岸
　　近くまで来遊するため，定置網漁業が発達している。定置網を表
　　した図として最も適当なものを，次の①～④から一つ選びなさい。

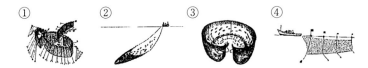

(4) 次の統計資料は，E県内にある市町の姉妹都市がある国々(アメリカ合衆国・ロシア連邦・ブラジル連邦共和国・ベルギー王国・フランス共和国・中華人民共和国・大韓民国)を示している。資料中の①～⑦の中からアメリカ合衆国を示しているものを一つ選びなさい。

	人口（万人）	面積（万㎢）	おもな宗教	おもな輸出品
①	141,504	960	儒教、道教、仏教	機械製品、衣類、繊維品
②	5,116	10	キリスト教、仏教	機械製品、自動車、船舶
③	32,676	983	キリスト教	機械製品、自動車、石油製品
④	14,396	1,709	キリスト教、イスラム教	原油、石油製品、天然ガス
⑤	6,523	55	キリスト教	機械製品、航空機、自動車
⑥	1,149	3	キリスト教	医薬品、自動車、機械類
⑦	21,086	851	キリスト教	大豆、機械製品、肉類

「世界国勢図会（2018/19）」より作成

問2 次の年表を見て，下の(1)～(5)に答えなさい。

年	で き ご と
７０１年	大宝律令が完成する・・・・・・・・・・・・・・・・・・A
１２３２年	御成敗式目が制定される・・・・・・・・・・・・・・・B
１７４２年	公事方御定書が制定される・・・・・・・・・・・・・C
１９４６年	憲法の改正案が帝国議会で審議される・・・・・・・・D

(1) 年表のAのできごと以前に出されたⅠ「改新の詔」と以後に出されたⅡ「国分寺建立の詔」に，それぞれ関係の深い人物の組合せとして最も適当なものを，次の①～⑧から一つ選びなさい。

	①	②	③	④	⑤	⑥	⑦	⑧
Ⅰ	聖武天皇	聖武天皇	中大兄皇子	中大兄皇子	行基	行基	聖徳太子	聖徳太子
Ⅱ	中大兄皇子	行基	聖武天皇	聖徳太子	中大兄皇子	聖徳太子	聖武天皇	行基

(2)　年表のBのできごとと同じ時代につくられ，現在，国宝に登録されているものとして最も適当なものを，次の①～④から一つ選びなさい。
①　源氏物語絵巻　　　　②　東大寺南大門金剛力士像
③　慈照寺東求堂同仁斎　④　姫路城

(3)　年表のCのできごとに関係の深い将軍が行った政治として最も適当なものを，次の①～④から一つ選びなさい。
①　日本の商人に朱印状を与え，現在のフィリピンやベトナム，タイなどと貿易を行う。
②　諸大名から一定の量の米を幕府に献上させるかわりに参勤交代の負担をゆるめる。
③　湯島(東京都)に昌平坂学問所をつくり朱子学を学ばせ，他の学問を禁じる。
④　財政の安定と対外防備のために，江戸，大阪周辺の土地を幕府が直接治めようとする。

(4)　年表のDのできごとの結果，採択された憲法について説明したものとして正しいものを，次の①～④から一つ選びなさい。
①　1946年5月3日に公布され，半年後の11月3日から施行される。
②　1946年5月3日に施行され，半年後の11月3日から公布される。
③　1946年11月3日に公布され，半年後の5月3日から施行される。
④　1946年11月3日に施行され，半年後の5月3日から公布される。

(5)　「武家諸法度」が初めて制定されたのはいつのことか，最も適当なものを，次の①～⑤から一つ選びなさい。
①　A以前　　②　AとBの間　　③　BとCの間
④　CとDの間　　⑤　D以後

(☆☆☆◎◎◎)

【3】次の問いに答えなさい，
問1　次の(1)(2)において，xとyの関係を表す式として正しいものと，その式をグラフに表したとき最も適当なものを，それぞれあとの①

～⑧から一つずつ選びなさい。

(1) 2kmの道のりを時速$x$kmの速さで進むと，y時間かかる。

(2) 直角二等辺三角形の紙を，底角が重なるように折り曲げる。これをx回繰り返すと，合同な直角三角形の紙がy枚重なった状態になる。

① $y=2x$　② $y=\dfrac{2}{x}$　③ $y=x^2$　④ $y=2^x$

⑤　⑥　⑦　⑧

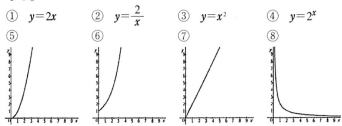

問2　50円硬貨2枚と100円硬貨1枚を同時に投げて，表が出た硬貨の合計金額が100円未満になる確率を求めなさい。

問3　正方形を正しくかくためのプログラム例を参考にして，正八角形を正しくかくためのプログラムを作った。正八角形を正しくかくためのプログラムの空欄　ウ　～　オ　に入る数値として最も適当なものを，それぞれ下の①～⑦から一つずつ選びなさい。ただし，プログラム例の正方形とかこうとする正八角形の周の長さは等しいものとする。

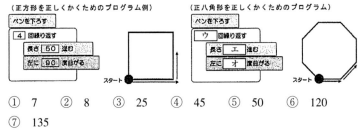

① 7　② 8　③ 25　④ 45　⑤ 50　⑥ 120

⑦　135

問4　正方形と長方形が一つずつある。長方形の縦の長さは正方形の1辺の長さより2cm長く，長方形の横の長さは正方形の1辺の長さより

4cm短い。長方形の面積の2倍が，正方形の面積より5cm²大きいとき，正方形の1辺の長さを求めなさい。

　　　　┌──────┐
　　　　│　カ　│cm
　　　　└──────┘

問5　次の図のように，母線の長さ12cm，底面の半径4cmの円錐上の点Aから側面にそって，1周するように点Aまでひもをかける。このひもが最も短くなるときの長さを求めなさい。

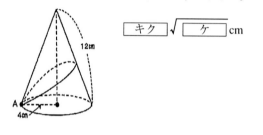

┌──────┐　　┌──────┐
│キク│√│　ケ　│cm
└──────┘　　└──────┘

(☆☆☆◎◎◎)

【４】次の問いに答えなさい。

問1　図1は，ある場所の地形を等高線で表したものである。図2は，図1の地点A〜Cのボーリング調査の結果をもとに作った3地点の柱状図である。あとの(1)〜(3)に答えなさい。ただし，この場所では，断層やしゅう曲はなく，それぞれの地層は平行に重なっており，ある一定方向に傾いているものとする。

図１

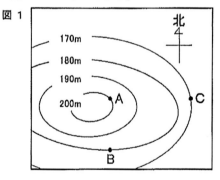

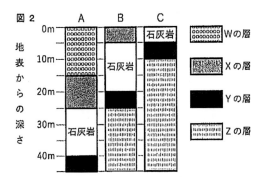

(1) ボーリング調査の結果から，ある層は直径が2mm以上で丸みを帯びた粒が，固められてできた堆積岩でつくられていた。この層をつくっている堆積岩を何というか，最も適当なものを，次の①～③から一つ選びなさい。

① れき岩　　② 砂岩　　③ 泥岩

(2) この場所の地層には石灰岩が含まれていた。次の文は，石灰岩の特徴についてまとめたものである。(あ),(い)に当てはまる言葉の組合せとして正しいものを，下の①～④から一つ選びなさい。

> 石灰岩は，(あ)が堆積して固まったもので，うすい塩酸をかけると，とけて(い)が発生する。

	①	②	③	④
(あ)	火山の噴火によって噴出した火山灰など	火山の噴火によって噴出した火山灰など	貝殻やサンゴ、海水にとけていた成分など	貝殻やサンゴ、海水にとけていた成分など
(い)	水素	二酸化炭素	水素	二酸化炭素

(3) 図1，2よりこの場所の地層は，どちらに傾いていると考えられるか，最も適当なものを，次の①～④から一つ選びなさい。

① 東に向かって低くなるように傾いている。
② 西に向かって低くなるように傾いている。
③ 南に向かって低くなるように傾いている。
④ 北に向かって低くなるように傾いている。

問2　水溶液について，次の(1)〜(4)に答えなさい。

(1)　図3は，固体の水酸化ナトリウムを水にとかしたときのモデル
の図である。このあと混ぜることなく，そのままそっと2週間，
放置したときの水溶液の様子をモデルで表しているものはどれ
か，最も適当なものを，次の①〜④から一つ選びなさい。ただし，
水の量は変化しないものとする。

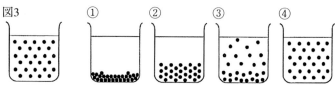

(2)　リトマス紙を使って，いくつかの水溶液の性質について調べた。
赤色のリトマス紙が青色に変化する水溶液を，次の①〜⑤から全
て選びなさい。

①　塩酸　　　②　水酸化ナトリウム水溶液　　　③　石灰水
④　炭酸水　　⑤　食酢

(3)　塩酸が入ったビーカーにBTB溶液を加えると黄色になった。こ
の水溶液に水酸化ナトリウム水溶液を少量ずつ加えていくと，そ
の水溶液の色は，黄色から緑色に変化し，その後青色になった。
この変化のとき，水溶液内のイオンの総数の変化を表したグラフ
はどれか，最も適当なものを，次の①〜④から一つ選びなさい。

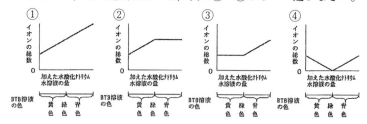

(4)　BTB溶液が黄色，緑色，青色になった水溶液を，(3)と同様の方
法でそれぞれつくった。それらの水溶液にアルミニウムを入れた
とき，反応して気体が発生するものと反応しないものがあった。
その結果の組合せとして正しいものを，次の①〜⑥から一つ選び

なさい。

	①	②	③	④	⑤	⑥
黄色の水溶液	○	○	○	×	×	×
緑色の水溶液	○	×	×	○	○	×
青色の水溶液	×	○	×	○	×	○

※　○・・・反応して気体が発生　　　×・・・反応なし

(☆☆☆○○○)

【5】次の楽譜は，歌唱共通教材「虫のこえ」である。下の問いに答えな
さい。

問1　この曲を取り扱うこととしている学年として正しいものを，次
の①～⑥から一つ選びなさい。
①　第1学年　　②　第2学年　　③　第3学年　　④　第4学年
⑤　第5学年　　⑥　第6学年

問2　　Ⅰ　，　Ⅱ　に当てはまる歌詞の組合せとして正しいもの
を，次の①～⑥から一つ選びなさい。
①　Ⅰ　まつむし　　Ⅱ　すずむし
②　Ⅰ　こおろぎ　　Ⅱ　うまおい
③　Ⅰ　こおろぎ　　Ⅱ　すずむし
④　Ⅰ　うまおい　　Ⅱ　まつむし
⑤　Ⅰ　すずむし　　Ⅱ　うまおい
⑥　Ⅰ　まつむし　　Ⅱ　こおろぎ

問3　　Ⅲ　にあてはまる音符として正しいものを，次の①～⑥から
一つ選びなさい。

（☆☆◎◎◎◎）

【6】次の問いに答えなさい。

問1　第3学年において，「絵や立体，工作に表す活動」及び「鑑賞する活動」を位置付けた『のこぎりギコギコ生まれる形』という題材で学習することにした。次の①〜⑤は，小学校学習指導要領(平成29年告示)において，身に付けることができるよう指導する事項として「知識」，「技能」，「思考力，判断力，表現力等」のいずれかに位置付けられているものである。

　　この中から，「思考力，判断力，表現力等」に位置付けられるものを全て選びなさい。

①　絵や立体，工作に表す活動を通して，感じたこと，想像したこと，見たことから，表したいことを見付けることや，表したいことや用途などを考え，形や色，材料などを生かしながら，どのように表すかについて考えること。

②　絵や立体，工作に表す活動を通して，材料や用具を適切に扱うとともに，前学年までの材料や用具についての経験を生かし，手や体全体を十分に働かせ，表したいことに合わせて表し方を工夫して表すこと。

③　形や色などの感じを基に，自分のイメージをもつこと。

④　自分の感覚や行為を通して，形や色などの感じが分かること。

⑤　身近にある作品などを鑑賞する活動を通して，自分たちの作品や身近な美術作品，製作の過程などの造形的なよさや面白さ，表したいこと，いろいろな表し方などについて，感じ取ったり考えたりし，自分の見方や感じ方を広げること。

問2　次の文は，電動糸のこぎりの刃の取り付け方について述べたものである。あとの(1)，(2)に答えなさい。

> ・刃を取り付ける時は，必ずプラグを抜いておく。
>
> ・<u>刃の向きを確かめて</u>，刃を(　A　)固定する。
>
> ・刃がしっかり止まっているかを確かめたら，プラグを差し込み，電源を入れる。

(1)　下線部＿＿とあるが，このときの刃の向きとして最も適切なものを，次の図①～④から一つ選びなさい。

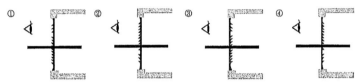

(2)　空欄Aに入る語句として最も適当なものを，次の①～③から一つ選びなさい。

①　下から先に　　②　上から先に　　③　上下止めやすい方から

(☆☆☆◎◎◎)

【7】次の問いに答えなさい。

問　次の図は，AからBの範囲を矢印の方向に向かって半返し縫いをしたときの縫い目を上から見たものである。

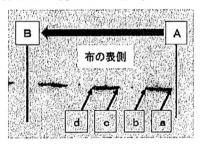

(1)　次の文章の，空欄 ア ～ ウ に入る語句として最も適当なものを，あとの①～⑥からそれぞれ一つずつ選びなさい。

半返し縫いをするときは玉結びを作り，まず　ア　に　イ　側から針をさす。3番目に針をさす場所は，　ウ　である。この手順を繰り返し，最後に玉止めをする。

　① a　　② b　　③ c　　④ d　　⑤ 表　　⑥ 裏

(2)　半返し縫いの「布の裏側の縫い目」として最も適当なものを，次の①～④から一つ選びなさい。

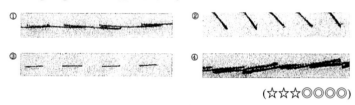

(☆☆☆◎◎◎)

【8】次の問いに答えなさい。

問1　次の表は，小学校学習指導要領(平成29年告示)における，第3学年及び第4学年の「B　器械運動」の「ウ　跳び箱運動」に例示されている基本的な技，及びその発展技を整理したものである。表の A，B に当てはまる技の組合せとして正しいものを，下の①～⑥から選びなさい。

基本的な技	【第３学年及び第４学年　例示されている技】		
	開脚跳び	台上前転	B
発展技	A	伸膝台上前転	頭はね跳び

① A－首はね跳び　　　B－頭はね起き

② A－首はね跳び　　　B－かかえ込み跳び

③ A－頭はね起き　　　B－首はね跳び

④ A－頭はね起き　　　B－かかえ込み跳び

⑤ A－かかえ込み跳び　B－首はね跳び

⑥ A－かかえ込み跳び　B－頭はね起き

問2　第6学年「E　ボール運動」「イ　ネット型」の授業において，ソフトバレーボールを基にした簡易化されたゲームをしている際，う

まくボールがつながらず相手コートにボールを打ち返せない場面が続いた。この課題解決の仕方を児童に気付かせたいとき，教師が行う言葉がけの組合せとして最も適当なものを，下の①〜⑥から一つ選びなさい。

【教師が行う言葉がけ】

a 「ボールをつなぐリズムが分かるようにチームで声を出そう。」

b 「ボールの方向に体を向けて，両手でボールを受けよう。」

c 「素早く移動してボールを受けやすいように低いボールでつなごう。」

d 「相手のサーブがきたら，軌道をしっかり見て役割を決めよう。」

① aとb ② aとc ③ aとd ④ bとc ⑤ bとd

⑥ cとd

(☆☆☆◎◎◎◎)

【9】次の問いに答えなさい。

問1 〈放送による問題〉

美術館のガイドが来館者に説明している英文を聞いて，次の(1)〜(3)の質問に対する答えとして最も適当なものを，それぞれ下の①〜④から一つずつ選びなさい。

(1) Where can visitors learn about the ways of life and the houses of old times?

① At the gift shop. ② In the exhibition area.

③ At the theater. ④ On the second floor.

(2) What do visitors have to do to take part in the hands-on activities?

① They have to go to the information desk.

② They have to ask the staff members.

③ They have to get a ticket.

④ They have to check the schedule.

(3) What time does the gift shop close?

① At three. ② At three thirty. ③ At four.

④　At four thirty.

問2　次の英文は外国語科の授業の導入で，指導者が児童とやり取り
をしている内容の一部である。文中の空欄　ア　～　ウ　に入る
最も適当なものを，それぞれ下の①～④から一つずつ選びなさい。

Look at this map. As you know, there are many countries in the
world. Today, let's talk about the countries you want to go to. Where
do you want to go? Me? Please guess. I'll give you a hint. What
country is this the national flag of? Australia?　ア　Good try! But
it's not an Australian flag. Who has another answer? New Zealand?
Yes! It's the flag of New Zealand. I want to go to New Zealand. Why?
I want to see beautiful nature and a lot of sheep.

　　Now, it's your　イ　. Where do you want to go and why? Any
volunteers? You want to go to Italy? That's good. Why? You want to
watch soccer games. Wow, that sounds nice!

　　Then, let's talk　ウ　. Face each other, please. Who's first? OK.
Let's start!

　　Everyone, change partners, please. Are you ready?

ア　①　Close.　　　②　Face down.　　③　Fold in half.
　　④　Right.
イ　①　partner　　②　greeting　　③　turn
　　④　team
ウ　①　with me　　②　in pairs　　③　about soccer
　　④　to yourself

(☆☆☆◎◎)

【10】第5学年の国語科「敬語」の授業で，相手や場面に応じて適切に敬
語を使うことについて指導するとき，次の問いに答えなさい。

問1　次の黒板のように，尊敬語について「食べる」を例にして説明
する際，　A　と　B　に入る適切な尊敬語をそれぞれ書きなさ

い。

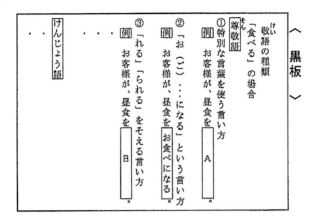

〈 黒板 〉

敬語の種類
「食べる」の場合

尊敬語
① 特別な言葉を使う言い方
例　お客様が、昼食を　A

② 「お（ご）…になる」という言い方
例　お客様が、昼食を　お食べになる。

③ 「れる」「られる」をそえる言い方
例　お客様が、昼食を　B

けんじょう語
・・・

問2　「『父が，校長先生に会いに行く。』という文を，適切な敬語を用いた文に直しなさい。」という課題を出したところ，次のように解答した児童に対し，正しい敬語の使い方が理解できるように助言しなさい。

「父が、校長先生に会いにいらっしゃる。」と直しました。
校長先生を敬う気持ちを表すためには、「行く」を尊敬語の「いらっしゃる」に直す必要があるからです。

（☆☆☆○○○）

【11】第5学年の算数科「比例」の授業において，A教諭は，比例の意味について指導した後，次のように「階段の段数と全体の高さ」の関係を提示し，この二つの数量の関係が比例の関係にあると判断できる理由の説明を，数と言葉を使って書かせる学習活動を行った。

階段1段の高さが15cmのとき、
「全体の高さ」は「階段の段数」に
比例しています。
そのわけを書きましょう。

階段の段数と全体の高さ

階段の段数（段）	1	2	3	4	5	6
全体の高さ（cm）	15	30	45	60	75	90

問1　児童Bが次のような説明を書いた。

> 　階段の段数が2倍，3倍になると，全体の高さも2倍，3倍になっています。だから，比例しています。

　児童Bの説明は根拠が明確に示されていません。根拠を明確に示した説明に書き換えなさい。

問2　A教諭は，児童が比例の意味についての理解を深めるために，比例の関係にない事例を提示することが有効であると考えた。伴って変わる二つの数量がともに増えるが，比例の関係にない事例を一つ書きなさい。

(☆☆☆◎◎◎)

【12】5学年の理科「ふりこのきまり」の授業で，『おもりの重さを変えると，ふりこが1往復する時間はどうなるか調べよう』という課題を設定し，おもりの重さを10g，20g，30gと変えて実験を行った。次の図と表は，1～5班の実験方法と結果である。糸の長さはすべて25cm，ふりこのふれ幅はすべて20°である。このとき，あとの問いに答えなさい。

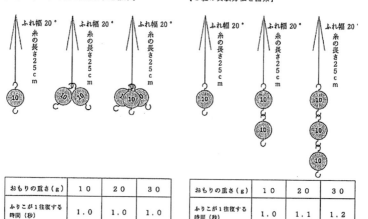

【1、2、3、4班の実験方法と結果】

おもりの重さ(g)	１０	２０	３０
ふりこが1往復する時間(秒)	1.0	1.0	1.0

【5班の実験方法と結果】

おもりの重さ(g)	１０	２０	３０
ふりこが1往復する時間(秒)	1.0	1.1	1.2

※ふりこが1往復する時間は，すべての班が，10往復する時間を3回はかり，その合計時間を30でわる方法で求めた。

問1　1〜5班の実験方法と結果を比べると，おもりのつけ方がちがう5班の結果だけが異なっていた。5班の結果が他の班の結果と異なった要因について，実験方法の視点から書きなさい。

問2　本時の課題に対するまとめとして板書することを書きなさい。

(☆☆☆◎◎◎◎)

解答・解説

【1】問1　Ⅰ　③　　Ⅱ　②　　問2　①　　問3　③　　問4　①
問5　②　　問6　④　　問7　②

〈解説〉問1　Ⅰ　空欄直後の「テニヲハは日本語の命であり，これを忽せにはできない」という考え方は，空欄直前の第1段落で述べている，外側のルールに沿わせようとすることの具体的な姿である。したがって空欄には例示を示す接続語が適切である。　Ⅱ　第1段落から空欄直前までは，言葉の「正しい」表現をめざし外側のルールに沿わせようとすることを取り上げ，空欄以降ではテニヲハ一つひとつの使い方はその人にしかできない作業や活動であるという対峙する考え方が述べられている。したがって，空欄には逆接を示す接続語が適切である。

問2　挿入する段落は「考えていかなければならない"から"です」と直前の段落の内容(主張)を理由付けし，その理由として「試行錯誤を繰り返しながら，…考えていかなければならない」ことが述べられている。段落Aの内容は，直前の段落で述べられたことを端的に表したものであり，日常での状況や場面に即した表現にマニュアルは通用しないという主張に対して，挿入する段落で述べられた理由付けの内容が符合する。さらに，段落Bには，「幾度とないやりとりの中で…他者との活発な往還関係」の必要性が述べられており，これは「試行錯誤を繰り返しながら…考えていかなければならない」という言葉を受けたものと捉えられる。これらから，段落Aの後に挿入するのが適切

である。　問3　「放」は形声文字で「方」が音を表し，追いのける意
の文字。部首は攴(攵)ぼくにょう。部首内画数は，部首以外の画数で，
放の場合は「方」の部分の4画を表す。　　問4　解答参照　問5　「暮ら
し始めて」は，「暮らす」と「始める」の二つの動詞が合わさって一
つの動詞となった複合動詞「暮らし始める」に，接続助詞「て」が付
いた1文節である。「何ともいえない」は，副詞「何とも」(形容すべき
ものに思い当たらないさまを表す)と，可能動詞「いえる(言える)」の
未然形に打消しの助動詞「ない」が付いたもので，「何とも」が1文節，
「いえない」が1文節の2文節である。文節の区切りは，「ね」を入れて
自然に切れるところと覚えるとよい。　　問6　「枠だけの日本語の世界」
とは，ヨンナムさんが韓国で学習し習得して自分の日本語はもう完成
したと思っていた日本語の使い方や表現の正しさを振り返って述べた
言葉である。①の「既成の規準」，②の「テニヲハ一つひとつの使い
方」，③の「自分の外側にある「正しい」ルールや規範」はいずれも，
そのことの具体例であることから，不適切。④の内容は段落Cで，表
現の形式的な正確さよりも重要なこととして述べられている。
問7　①，③，④はいずれも，言語の理解や正確性の追求を意図する
文章であり，文意と異なる。②は最終段落で述べられている内容と一
致する。

【2】問1　(1)　⑦　　(2)　①　　(3)　①　　(4)　③　　問2　(1)　③
(2)　②　　(3)　②　　(4)　③　　(5)　③
〈解説〉問1　Aは山形県，Bは茨城県，Cは岡山県，Dは佐賀県，Eは石川
県である。　　(1)　茨城県の県庁所在地は水戸市，石川県は金沢市であ
る。　　(2)　C　播磨平野は兵庫県の播磨灘に面する平野である。
D　宮崎平野は宮崎県中部の沿岸にある平野である。　　(3)　②は底引
き網，③は巻き網，④は刺し網である。農林水産省のホームページ等
にイラストで掲載されている。　　(4)　アメリカ合衆国を聞いているの
で，人口を手がかりに選ぶとよい。　①　人口が14億人以上の国は，
現在は中国だけである。　②　韓国は，輸出品として船舶があるのが

特徴である。　④　面積が最も大きい国はロシアである。　⑤　フランスは輸出品として航空機があるのが特徴である。　⑥　ベルギーは医薬品の輸出が多くなっている。　⑦　ブラジルはコルコバードのキリスト像に象徴されるように，キリスト教の国である。　問2　(1)　645年に中大兄皇子・中臣鎌足らが行った政治改革が大化の改新であり，その方針を4か条で掲げたものが「改新の詔」である。聖武天皇は741年に「国分寺建立の詔」を発し，全国に国分寺や国分尼寺を建立した。(2)　源氏物語絵巻は平安時代末期の12世紀前半，東大寺南大門金剛力士像は鎌倉時代初期の1203年，慈照寺(銀閣寺)東求堂同仁斎は室町時代の1486年，姫路城は室町時代の14世紀中ごろである。　(3)　徳川吉宗が行った享保の改革に該当するものを選ぶ。②上米の制についての説明である。①は朱印船貿易で，豊臣秀吉の時代に本格的に実施された。③の昌平坂学問所が，徳川綱吉の寛政の改革に関連する事柄である。④は水野忠邦が行った天保の改革に関連する事柄である。　(4)　昭和21(1946)年6月に枢密院で可決された憲法改正案は，第90回臨時帝国議会に提出され，同年11月3日に日本国憲法が公布された。その後，昭和22(1947)年5月3日に施行された。　(5)　最初の武家諸法度は1615年に，徳川秀忠によって発布された。

【3】問1　(1)　式…②　　グラフ…⑧　　(2)　式…④　　　グラフ…⑥
問2　ア　3　　イ　8　　問3　ウ　②　　エ　③　　オ　④
問4　カ　7　　問5　キ　1　　ク　2　　ケ　3
〈解説〉問1　(1)　(道のり)＝(速さ)×(時間)より，xとyの関係を表す式は，$2=xy$, $y=\dfrac{2}{x}$　xとyの関係が定数aを用いて$y=\dfrac{a}{x}$と表されるとき，yはxに反比例し，そのグラフは双曲線を表す。　(2)　1回折り曲げると合同な直角三角形の紙が2枚重なった状態になり，2回折り曲げると2×2＝2^2〔枚〕，3回折り曲げると2^2×2＝2^3〔枚〕の合同な直角三角形の紙が重なった状態になる。この規則性から，xとyの関係を表す式は，$y=2^x$　これは底が2の指数関数であり，そのグラフは点$(0,1)$を通り単調に増加する曲線を表す。　問2　50円硬貨2枚と100円硬貨1枚を同時

に投げるとき，表と裏の出方は全部で，$2×2×2=8$〔通り〕。このうち，表が出た硬貨の合計金額が100円未満になるのは，(100円，50円，50円)＝(裏，表，裏)，(裏，裏，表)，(裏，裏，裏)の3通りだから，求める確率は$\dfrac{3}{8}$　問3　正八角形は辺の数が8本だから，繰り返す回数は8回。プログラム例の正方形とかこうとする正八角形の周の長さは等しいことから，正八角形の1辺の長さは$\dfrac{50×4}{8}=25$　よって，1回でペンが進む長さは25。正八角形の1つの外角の大きさは$\dfrac{360°}{8}=45°$だから，一辺をかき終わった後，ペンは進行方向に対して左に45°曲がる。

問4　正方形の1辺の長さを$x$cmとすると，長方形の面積は$(x+2)(x-4)$と表され，長方形の面積の2倍が，正方形の面積より5cm²大きいことから，$2(x+2)(x-4)=x^2+5$ ⇔ $x^2-4x-21=0$ ⇔ $(x+3)(x-7)=0$　$x>0$より$x=7$　よって，正方形の1辺の長さは7cmである。

問5　問題の円錐を展開したときの側面となるおうぎ形の中心をO，弧の両端の点をA，Bとすると，おうぎ形の中心角の大きさは$\angle AOB=360°×\dfrac{(底面の半径)}{(母線の長さ)}=360°×\dfrac{4}{12}=120°$　かけたひもの長さが最も短くなるとき，その長さはおうぎ形の弦ABに等しい。中心Oから弦ABへ垂線OHを引くと，△OAHは30°，60°，90°の直角三角形で，3辺の比は2：1：$\sqrt{3}$だから，求めるひもの長さは　$AB=2AH=\dfrac{\sqrt{3}}{2}OA=2×\dfrac{\sqrt{3}}{2}×12=12\sqrt{3}$〔cm〕

【4】問1 (1) ①　(2) ④　(3) ②　問2 (1) ④　(2) ②，③　(3) ③　(4) ②

〈解説〉問1　(1)　れき岩とは直径が2mm以上の粒が集まってできた岩石である。なお，泥岩は直径が$\dfrac{1}{16}$mm以下の粒，砂岩は直径が$\dfrac{1}{16}$～2mmの粒が集まってできた岩石である。　(2)　石灰岩は，貝殻やサンゴなどの化石を主とする生物起源と，海水中の石灰分の化学的沈殿によるものがあり，いずれも主成分は炭酸カルシウムである。うすい塩酸をかけると，$CaCO_3+2HCl→CaCl_2+H_2O+CO_2$のように反応して二酸化炭素が発生する。　(3)　石灰岩の層の下端は，地点Aでは地表から40mの深さのところにあるので，$200-40=160$で，標高160mの地点に

ある。地点Bでは深さ20mのところにあることから，180－20＝160で，標高160mの地点にある。これより地層は南北に傾いていないといえる。地点Cでは深さ5mのところにあることから，170－5＝165で，標高165mの地点にある。これらよりこの地層は，地点AやBの方が地点Cより低くなっているといえる。言い換えると，西に向かって低く傾いているといえる。　問2　(1)　水酸化ナトリウムは非常に水に溶けやすく，水中で完全に電離して水酸化物イオンを放出し，強いアルカリ性を示す。水中で完全に電離した後は，最終的に水に均一に分散する。(2)　赤色リトマス紙が青色に変化するのは，アルカリ性の水溶液である。アルカリ性の水溶液は，水酸化ナトリウム($NaOH$)水溶液と石灰水($Ca(OH)_2$)である。　(3)　塩酸は水中で塩化水素がH^+(水素イオン)とCl^-(塩化物イオン)に電離している。Na^+(ナトリウムイオン)とOH^-(水酸化物イオン)を含む水酸化ナトリウム水溶液を加えると，H^+はOH^-と反応して数が減るが，代わりにNa^+が増えるので，中和が完了するまではイオンの総数に変化はない。しかし中和が完了してから水酸化ナトリウム水溶液を加えると，Na^+とOH^-が未反応のまま加わるためイオンの総数は増加する。　(4)　黄色の水溶液にはH^+(水素イオン)が，青色の水溶液にはOH^-(水酸化物イオン)が含まれている。アルミニウムはどちらの水溶液にも溶け，酸化還元反応を起こし，水素ガスが発生する。しかし緑色の水溶液は中和されていて，H^+もOH^-も残っていないのでアルミニウムは溶けない。

【5】問1　②　　問2　①　　問3　⑤
〈解説〉歌唱共通教材は各学年4曲である。第2学年の歌唱共通教材は「かくれんぼ」「春がきた」「虫のこえ」「夕やけこやけ」である。歌唱共通教材の作詞者，作曲者，歌詞，旋律は，確実に押さえておきたい。

【6】問1　①，③，⑤　　問2　(1)　②　　(2)　①
〈解説〉問1　図画工作科の内容は「A表現」，「B鑑賞」，〔共通事項〕で構成されている。①は「A表現」，③は〔共通事項〕，⑤は「B鑑賞」の各

「思考力，判断力，表現力等」に関する指導事項である。②は「A表現」
の「技能」，④は「共通事項」の「知識」に関する指導事項である。
問2　電動糸のこぎりの刃は，向きが下向きになるように，手前の方
に向けて取り付ける。刃の取り付け方とともに，使用方法についても
理解しておきたい。

【7】(1)　ア　②　　イ　⑥　　ウ　④　　(2)　①
〈解説〉(1)　ひと針進んでひと針の半分戻る縫い方が，半返し縫いであ
る。表側の縫い目はなみ縫いのようである。　(2)　半分戻るので，縫
い目の半分が重なっている。

【8】問1　⑤　　問2　①
〈解説〉問1　跳び箱運動の開脚跳び(かかえ込み跳び)は切り返し系，台
上前転(伸膝台上前転)及び首はね跳び(頭はね跳び)は回転系の技であ
る。高学年では，切り返し系はかかえ込み跳び(屈伸跳び)，回転系は
伸膝台上前転，頭はね跳び(前方屈腕倒立回転跳び)となる(以上のカッ
コ内は発展技である。)。　問2　「小学校体育まるわかりハンドブック」
の高学年の「ボール運動　ネット型」では，「味方が受けやすいボー
ルをつなぐことが大切」というポイントを伝える言葉かけが例示され
ている。cは「高いボールでつなごう」が正しい。dは「役割はサーブ
の前に決めておく」が正しい。

【9】問1　(1)　②　　(2)　③　　(3)　④　　問2　ア　①　　イ　③
ウ　②
〈解説〉問1　質問は文章であらかじめ与えられているため，これらを先
に読んでおくことでどこに注意して聞くべきかを確認しておきたい。
(1)　来館者はどこで昔の生活様式や家のことを理解できるかを問われ
ている。　(2)　体験活動に参加するには何をしなければならないかを
問われている。　(3)　ギフトショップは何時に閉まるかを問われてい
る。　問2　ア　指導者の行きたい国の国旗を見せられた生徒が，オ

ーストラリアと答えたことに対する返答。その後の発言から，近いが外れていることがわかる。Close.「近いですね」の①が適切。 イ 指導者が一通り話し終えた後で，話を児童に向けている。したがって，it's your turn.「次はあなたの番です」となる③が適切。 ウ 空欄の後に「お互いに向き合ってください」とあるので，ペアを作って話し合うことがわかる。よって②のin pairsが適切。

【10】問1 A (お客様が，昼食を)めしあがる。 B (お客様が，昼食を)食べられる。 問2 ・「行く」の主語は(「行く」という動作をしているのは)父である。したがって，校長先生を敬う気持ちを表すときは，身内である父の行動には，けんそんして言う(低める)謙譲語の「参る(伺う)」を使わなければならない。 ・「行く」を尊敬語に直すことは間違っています。「行く」のは身内である父だから，謙譲語の「参る(伺う)」に直さなければいけません。

〈解説〉問1，問2 小学校学習指導要領(平成29年告示)では，高学年での敬語の指導は，「日常よく使われる敬語を理解し使い慣れること」が言葉遣いの指導内容として示されている。日常生活や学校行事などの場面と関連させて指導される。尊敬語の動詞の表現は，特別な動詞を使う言い方(おっしゃる，いらっしゃる など)，「お…になる(なさる)」という言い方(お話しになる，お越しになる，おいでになる など)，「れる(られる)」をそえる言い方(話される，行かれる など)の3種類がある。 問2 敬語は丁寧語，尊敬語，謙譲語の3種類の表現方法がある。尊敬語は相手を高める言語表現で，敬意を表する相手が主語の文の述部の述べ方を変える。謙譲語は自分を低い立場に置く言語表現で，自分(自分の側の人の場合)が主語の文の述部の述べ方を変える。文の主語によって尊敬表現となるか謙譲表現となるかが決まることを理解させることが必要である。なお，「校長先生に会いに行く」を適切な敬語にする場合，「行く」を謙譲語の「参る(伺う)」に直すだけでなく，「会いに」を「お目にかかりに」や「お会いしに」などの謙譲語に変える必要もあると思われる。

【11】問1　階段の段数を1段から2倍の2段，3倍の3段にしたとき，全体の高さは15cmから2倍の30cm，3倍の45cmになっているからです。

問2　・誕生日が同じ父の年齢とその子の年齢　・正方形の一辺の長さと面積　から1つ

〈解説〉問1　伴って変わる二つの数量の関係で，一方が2倍，3倍，4倍，…になれば，それに伴って他方も2倍，3倍，4倍，…になるとき，二つの数量は比例の関係にある。数と言葉で説明する場合には，具体的な階段の段数と全体の高さの変化の関係などを根拠として説明するとよい。　問2　(別解例1)　立方体の1辺の長さと体積。　(別解例2)　ばねにおもりをつけたときのおもりの重さとばね全体の長さ。

(別解例3)　小包の大きさ(3辺の長さの合計)と送料。

【12】問1　5班はおもりを縦につなげているので，ふりこの長さが変わっているため(おもりの重さ以外の条件が変わっているため)。

問2　おもりの重さを変えても，ふりこが1往復する時間は変わらない。

〈解説〉問1　おもりの重さと振り子が1往復する時間の関係を調べるときは，おもりの重さ以外の条件は変えずに行う。糸の上端からおもりの下端までが振り子の長さとなる。よっておもりを縦につなげると振り子の長さが変わるため注意が必要である。　問2　振り子の周期(1往復する時間)は，振り子の重さ(おもりの重さ)や振れ幅によっては変わらない。これを振り子の等時性という。振り子の周期は，振り子の長さによって変化する。

2020年度　　実施問題

【1】次の文章を読んで，あとの問いに答えなさい。(設問の都合で一部
省略してある)

　　　他の人にできないことができる人たちを私たちは「独創的」「創
　造的」と称賛し，「天才」はそういうことができる人だというイメ
　ージを持つ。　　Ⅰ　，「天才」というと生まれながらの天賦の才能
　を持ち，努力せずに人ができない独創性，創造性を持てる人のこと，
　というイメージも持ちがちだ。

　　　　Ⅱ　考えてみると，超一流の達人の創造性のあり方は分野に
　よってずいぶん違う。美術などでは過去になかったスタイルが創造
　的であると言われる。科学では，まだだれも先人が発見していなか
　ったことを発見した人を偉大で創造的な科学者という。しかし音楽
　演奏，バレエ，能などのパフォーミングアーツでは，長い間，何千，
　何万というアーティストが同じ楽曲やプログラムを演奏，演技し続
　けている。このような分野では，楽曲の譜や指示に対して忠実であ
　りながら，自分なりの解釈，自分なりの表現を探究し，自分のスタ
　イルを作り上げることが求められ，自分独自のスタイルが「創造的」
　であると評価される。

A　このように考えると，創造性は特別な才能を持った人が特別な分
　野で示す特別な能力ではなく，状況に合わせて自分独自のスタイル
　で問題を解決できる能力に他ならない。熟達者の最大の特徴は＠臨
　機応変であるが，創造性は臨機応変であることの延長線上にある。

B　NHKの「プロフェッショナル――仕事の流儀」というテレビ番組
　に出演する人たちは，みな非常に創造的な熟達者ばかりだ。例えば，
　ある回では，クレーンでコンテナを船に積む作業を行う，通称「ガ
　ンマン」と呼ばれる職業で抜きん出た存在の人を紹介していた。ガ
　ントリークレーンという超大型の特殊なクレーンで何トンもの鉄の

箱であるコンテナをトレーラーから一つ一つワイヤーでつるし上げ，船の指定の場所に積み込んでいく。クレーンの操作をする場所は高さ五〇メートルの場所にある。床はガラス張りで，そこから五〇メートル下の船底を見ながら積み下ろし先にコンテナを積んでいく。

　この番組で紹介されていた達人は，世界平均の一・五倍の速さでコンテナを積むことができ，しかも，着地の時の衝撃を最小限にするためにコンテナを着地直前の空中でピタリと止め，そこからゆっくりと下ろしていくという，他の人にはできない技を持っている。番組中で最も印象的だったのは，思わぬ⒝ジタイに見舞われた時の対処のしかただった。ある時，コンテナをつるすワイヤーの長さを調節する機器に不具合が起こり，コンテナが傾いてしまった。コンテナを元の位置に戻すこともできず，傾いたままでは船に下ろすこともできず，前にも後ろにも進めない状況になってしまった。その中で，コンテナを水平に戻すために，コンテナを壁に当てて揺らしてみたり，角のひとつをレールに当てながら，レバーで揺れを制御してみたりして，なんとかコンテナを水平にし，とうとうそのコンテナを船に納めることができた。

　⒞このような臨機応変な対処は，まさに熟練をベースにした創造的な問題解決そのものだ。長年の熟練により，いつもと違う状況で，いつもと同じことが通じないときに，他の人とちがうモノの見方，捉え方ができ，別の対応を考えることができるのだ。逆に言うと，何もないところから一気にまったく新しいものを生む創造性は存在しない。実際，多くの分野において創造的なパフォーマンスというのは，まったく存在しない要素を創り出すことではなく，すでに存在する要素をいままでにないやり方で組み合わせることから生まれるのである。

Ｃ　熟達者にはあることが素早く正確に安定してできるというレベルで留まるタイプと，それを打ち破り，常に新たな⒟キョウチを求めるタイプがいる。その分野で超一流と目されている人たちはマンネ

リになることがもっとも我慢できないことであり，常にブレークスルーを目指している。自分の時代に存在する最高の技術や知識を体に叩き込んだ上で自分の現状に課題を見つけ，自分なりのしかたで現状を乗り越え，向上を目指した結果として創造的と人が認めるパフォーマンスが可能になるのである。

D　葛飾北斎が死に際に残したことばは，「もう一〇年，いや五年の命を与えてくれたら，まことの絵師になれただろうに」だったそうである。北斎は七〇歳を過ぎて「富嶽三十六景」を完成させたときのあとがきにこのように書き残しているそうだ。

　　　七〇歳以前に書いたものはまったく取るに足りないもの
　　　七三歳で鳥やけもの，魚の骨格の何たるかをいくらかは悟ることができた
　　　このまま修行をつづけていれば一〇〇歳で神妙の域に達することができるだろう
　　　一一〇歳までつづけられれば一点一画が生きているもののように描けるようになる

E　真に創造的な人たちは向上することへの挑戦を止めない人たちである。「創造性」は天から降ってくるものではない。

　　　　（今井むつみ「学びとは何か――〈探究人〉になるために」より）

問1　　　Ⅰ　　，　　Ⅱ　　に入る語として最も適当なものを，次の①～④からそれぞれ一つずつ選びなさい。
　Ⅰ　①　他方　　②　所詮　　③　本来　　④　絶対
　Ⅱ　①　しかし　②　だから　③　そして　④　あるいは
問2　――線部ⓑ「ジタイ」，ⓓ「キョウチ」と同じ漢字を含むものを，次の①～④からそれぞれ一つずつ選びなさい。
　ⓑ　①　彼は常に物事をソウタイ的に判断する。
　　　②　既にケイタイ電話は生活に欠かせない。

　　③　時代ごとに生活ケイタイも変化する。

　　④　正義の味方が悪者をタイジする物語。

　ⓓ　①　彼女はとてもアイキョウがある。

　　②　文化祭はセイキョウを博した。

　　③　結婚式のヨキョウを依頼された。

　　④　カンキョウ問題について考える。

問3　次の①～④の四字熟語を訓読文に改めるとき，――線部ⓐ「臨機応変」と，返り点の打ち方が異なるものはどれか，一つ選びなさい。

　①　温故知新　　②　傍若無人　　③　以心伝心　　④　勧善懲悪

問4　――線部ⓒ「このような臨機応変な対処」とは，具体的にどのような対処か，最も適当なものを，次の①～④から一つ選びなさい。

　①　着地直前の空中でコンテナの揺れをピタリと止めて，着地の衝撃を最小限にしたこと。

　②　超大型の特殊なクレーンを使い，世界平均の一・五倍の速さでコンテナを積んだこと。

　③　コンテナが傾いてしまった際，壁やレールに当てて揺らすなどして水平に戻したこと。

　④　機器の不具合を解決するために，コンテナをわざと傾かせたまま船底に下ろしたこと。

問5　次の段落は，文章中のA～Eのどの段落の前に入るのが最も適当か，下の①～⑤から一つ選びなさい。

> 　創造性はもちろん芸術や科学の分野に限るものではない。スポーツにおいても，ビジネスにおいても，他の人には真似のできない自分独自のスタイルですぐれた判断，パフォーマンスをすることができる人は創造的な人である。

　①　段落A　　②　段落B　　③　段落C　　④　段落D

　⑤　段落E

問6　この文章で述べられている筆者の考えとして，最も適当なもの

を，次の①〜④から一つ選びなさい。

① 新たな要素を，自分独自のスタイルで組み合わせることで，何もないところから一気に新しいものを生み出していくパフォーマンスを，「創造的なパフォーマンス」と呼ぶ。

② 「天才」と呼ばれるような生まれながらの天賦の才能を持った人たちが，先人が見つけていない新たなものを発見したり，自分のスタイルを作り上げたりする特別な能力こそが，「創造性」に他ならない。

③ あることが常に正確に素早くできるというレベルに満足せず，更に自己の課題を見つけ，向上を目指して現状打破への挑戦を続けられる人だけが「熟達者」であり，真の創造的な人間である。

④ 「創造性」とは，状況に合わせて自分のオリジナルのやり方で問題を解決していけるような，「熟達者」と呼ばれる人たちの，最大の特徴でもある「臨機応変」の先にあるものである。

(☆☆☆◎◎◎◎)

【2】次の問いに答えなさい。

問1 A〜Eはオリンピック・パラリンピック夏季大会の開催都市がある国を示している。下の(1)〜(4)に答えなさい。

※A〜Eの縮尺は同一ではない

(1) 次の資料を参考にして，A〜Eの国を1996年以降の開催順に並べたものとして正しいものを，あとの①〜⑥から一つ選びなさい。

資料　オリンピック・パラリンピック
　　　夏季大会の開催都市

1996年　アトランタ
2000年　シドニー
2004年　アテネ
2008年　北京
2012年　ロンドン
2016年　リオデジャネイロ
2020年　東京(開催予定)

① A→B→C→D→E　　② A→B→D→C→E

③ A→C→B→D→E　　④ A→C→D→B→E

⑤ A→D→B→C→E　　⑥ A→D→C→B→E

(2)　Eの国の通貨である円の為替相場について述べた次の文章を読み，(a)～(c)に当てはまる語句の組合せとして最も適当なものを，下の①～⑧から一つ選びなさい。

　　新聞やテレビで，よく円高や円安のことが話題になります。1ドル＝100円が1ドル＝90円になると(a)になったといいます。(a)になると，同じ1万ドルの商品を輸入するのに以前よりも少ない円で済みますから，輸入品の国内価格は下がり，その結果，輸入は増加します。しかし，1万ドルの商品を輸出する場合，手にする円は以前より少なくなります。利潤を減らさないようにするには，価格を(b)なければなりませんが，価格を(b)ると競争力が低下して，輸出は減少することになります。したがって，(a)はEの国の輸出にとって(c)となります。

① a：円安　　b：引き上げ　　c：有利

② a：円安　　b：引き下げ　　c：有利

③ a：円安　　b：引き上げ　　c：不利

④ a：円安　　b：引き下げ　　c：不利

⑤　a：円高　　　b：引き上げ　　c：有利

⑥　a：円高　　　b：引き下げ　　c：有利

⑦　a：円高　　　b：引き上げ　　c：不利

⑧　a：円高　　　b：引き下げ　　c：不利

(3)　次の表は，A〜Eの国の輸出入額の割合が大きい貿易相手国(地域)を表したものである。BとDの国に当てはまるものはa〜eのどれか。下の①〜⑤からそれぞれ一つずつ選びなさい。

国(地域)	輸出額の割合が大きい貿易相手国（地域）			輸入額の割合が大きい貿易相手国（地域）		
a	b 19.3%	c 19.0%	韓国 7.6%	c 24.5%	b 11.0%	d 5.8%
b	カナダ 18.3%	メキシコ 15.7%	c 8.4%	c 21.6%	メキシコ 13.4%	カナダ 12.8%
c	b 19.0%	(香港) 12.4%	a 6.0%	韓国 9.7%	a 9.0%	(台湾) 8.5%
d	c 33.4%	a 14.6%	韓国 6.6%	c 22.9%	b 10.8%	a 7.5%
e	b 13.3%	ドイツ 10.6%	フランス 6.9%	ドイツ 13.7%	b 9.4%	c 9.2%

「日本国勢図会2019/20」より作成（数値はいずれも2017年）

①　a　　②　b　　③　c　　④　d　　⑤　e

(4)　2020年開催のオリンピック・パラリンピック競技大会組織委員会は，使用済み携帯電話・パソコン・デジタルカメラ等の小型家電から抽出した金属で，オリンピック・パラリンピックの金・銀・銅あわせて約5,000個のメダルを制作するプロジェクトを実施している。このように，廃棄物等を資源として再び利用することを何というか。次の①〜④から一つ選びなさい。

①　リサイクル　　②　リユース　　③　リデュース

④　リフューズ

問2　次の2つの資料A，Bを見て，あとの(1)〜(5)に答えなさい。

資料A

　モンゴルの襲来に備えるために□□□の一族に権力を集中させると，幕府への反感が強まりました。

　こうした中，天皇は政治の実権を朝廷に取りもどすため，幕府を倒そうとしました。天皇は，一度は隠岐に流されましたが，新しく成長した武士や，有力御家人などを味方に付け，幕府を滅ぼし，天皇中心の新しい政治を始めました。

資料B

> 　土佐藩のすすめで政権を朝廷に返し，260年余り続いた幕府は滅びました。そして，同年，天皇を中心とする政治に戻すことが宣言されました。
>
> 　新政府は天皇の下に国民を一つにまとめようと，<u>皇族以外は全て平等である</u>とし，また移転や職業選択，商業の自由を認めました。その後，天皇が国民に与えるという形で□□□が発布され，天皇が国の元首として統治すると定められました。

(1)　資料Aの□□に当てはまる一族の名称として，最も適当なものを，次の①〜④から一つ選びなさい。

　① 足利氏　　② 北条氏　　③ 細川氏　　④ 新田氏

(2)　資料Aの下線部について，その位置として，最も適当なものを，次の地図中の①〜④から一つ選びなさい。

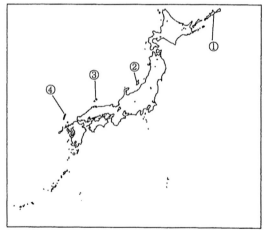

(3)　資料Bの□□に当てはまる語句として，最も適当なものを，次の①〜④から一つ選びなさい。

　① 改新の詔　　② 大日本帝国憲法　　③ 五箇条の御誓文

　④ 民撰議院設立の建白書

(4) 資料Bの天皇の下で行われた改革のうち，下線部以外の改革の記述として最も適当なものを，次の①～④から一つ選びなさい。

① 太政官を正院・左院・右院の三院制とし，正院のもとに各省をおく制度へ改めた。

② 荘園の所有者の証拠書類と国司の報告とをあわせて審査し，基準にあわない荘園を停止した。

③ 戸籍は6年ごとに作成され，それにもとづいて6歳以上の男女に一定額の口分田が与えられた。

④ すべての土地所有権の確認は天皇の綸旨を必要とする趣旨の法令を打ち出した。

(5) 資料Aと資料Bの天皇の組合せとして最も適当なものを，次の①～④から一つ選びなさい。

① A－後白河天皇　　B－孝徳天皇

② A－後白河天皇　　B－明治天皇

③ A－後醍醐天皇　　B－孝徳天皇

④ A－後醍醐天皇　　B－明治天皇

(☆☆☆◎◎◎)

【3】次の問いに答えなさい。

問1　次の①～⑥の数量を文字式で表したとき，abという式で表されるものを二つ選びなさい。

① 1個a kgの粘土をb個合わせた重さ

② a kmの道のりをb時間で歩いたときの速さ

③ 全校児童a人のb%が女子であるときの女子の人数

④ a円の品物をb割引で買ったときの代金

⑤ 2本の対角線の長さがそれぞれa cm，b cmであるひし形の面積

⑥ 半径a cm，円周の長さ2 b cmである円の面積

問2　ある小学校の5年1組の児童30人に対して，6月のある1週間に30分以上の家庭学習を行った日数について調査した。次の図は，その資料をもとにヒストグラムに表したものである。次の文の空欄

　　ウ　〜　オ　に入る語句として最も適当なものを，下の①〜
⑥からそれぞれ一つずつ選びなさい。

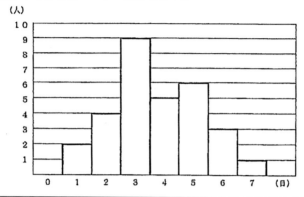

┌───┐
│　　この5年1組の児童に対して行った調査から作成した資料で　│
│は，　ウ　は6日，　エ　は3.5日，　オ　は3日である。　　│
└───┘

①　平均値　　　②　最頻値　　　③　中央値　　　④　最小値

⑤　最大値　　　⑥　範囲

問3　次の正六角形ABCDEFにおいて，頂点Aにコマを置き，サイコロ
　　を1つ投げ，出た目の数だけ，A→B→C→D…と左回りにコマを進め
　　る。サイコロを続けて2回投げたとき，頂点A，1回投げてコマが止
　　まった頂点，続けてもう1回投げてコマが止まった頂点，これらの3
　　点を結ぶと，それが正三角形になる確率を求めなさい。

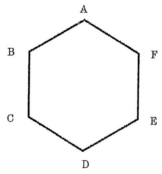

[　カ　]
────────
[　キク　]

問4　次の図で, △ABCは∠A＝90°, AB＝15cm, BC＝17cm, CA＝8cmである。円Oが△ABCに内接するとき, 円Oの半径の長さを求めなさい。

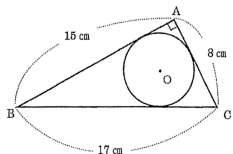

問5　ある商品について, 原価の4割の利益を見込んで定価をつけた。定価では売れなかったので, 定価の2割引きで安売りしたところ90円の利益になった。この商品の原価を求めなさい。

[　コサシ　]円

(☆☆☆◯◯◯)

【4】次の問いに答えなさい。

問1　図1のように, てこを用いて30Nのおもりを持ち上げた。このときCに加えた力の大きさは20N, AはBから40cmの位置であった。あとの(1)〜(4)に答えなさい。ただし, 棒やおもりをつるしたひもの重さは考えないものとし, 100gの物体にはたらく重力の大きさを1Nとする。

図1

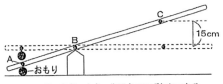

A〜Cは、支点、力点、作用点のいずれかである。

(1)　Cに20Nの力を加え15cm押し下げたときの仕事の大きさは何J
か，最も適当なものを次の①〜④から一つ選びなさい。

①　0.3J　　②　3J　　③　30J　　④　300J

(2)　(1)のとき，おもりは何cm持ち上がったか，最も適当なものを
次の①〜④から一つ選びなさい。

①　5cm　　②　10cm　　③　15cm　　④　20cm

(3)　Cに20Nの力を加えるかわりに，15Nのおもりを用いて，てこが
つり合うようにした。このとき15NのおもりはBから何cmのとこ
ろにつるしたか，最も適当なものを次の①〜④から一つ選びなさ
い。

①　50cm　　②　60cm　　③　70cm　　④　80cm

(4)　図2のはさみや栓抜きは，てこを利用したものである。図1のA
にあたるのは，それぞれX・Yのどの部分か，組合せとして最も
適当なものを下の①〜④から一つ選びなさい。

図2

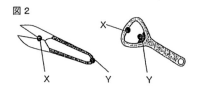

①　はさみ…X　　栓抜き…X　　②　はさみ…X　　栓抜き…Y
③　はさみ…Y　　栓抜き…X　　④　はさみ…Y　　栓抜き…Y

問2　水族館に行き，アジ，ウミガメ，イカ，ペンギン，イルカ，サ
ンショウウオ，ゲンゴロウ，カニを観察し，それらの動物の特徴を
調べ，図3のように分類した。次の(1)，(2)に答えなさい。

(1)　図3のA，Dはそれぞれ何類か，組合せとして最も適当なものを
あとの①〜⑥から一つ選びなさい。

図3

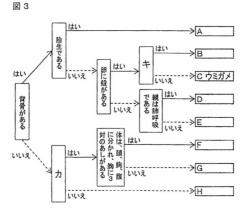

① A…哺乳類　　D…両生類　　② A…哺乳類　　D…は虫類
③ A…哺乳類　　D…鳥類　　④ A…は虫類　　D…両生類
⑤ A…は虫類　　D…鳥類　　⑥ A…は虫類　　D…哺乳類

(2) 図3の　カ　　キ　には，それぞれどのような特徴があて
はまるか，最も適当なものを次の①～④から一つずつ選びなさい。

① 節のある外骨格がある

② 体がうろこでおおわれている

③ えらで呼吸をしている

④ 周りの温度が変化しても，体温がほぼ一定に保たれている

(☆☆☆☆◎◎)

【5】次の楽譜は，第6学年の歌唱共通教材「われは海の子」1番の前半部
分である。あとの問いに答えなさい。

問1　この曲の　　Ⅰ　　に当てはまる楽譜として正しいものを，次の①〜④から一つ選びなさい。

問2　この曲の他に第6学年で取り扱う歌唱共通教材を，次の①〜④から一つ選びなさい。

① 冬げしき　　② まきばの朝　　③ 子もり歌

④ おぼろ月夜

問3　この曲の5小節目をソプラノリコーダーで演奏する際，　　Ⅱ　　の音の運指として正しいものを，次の①〜④から一つ選びなさい。

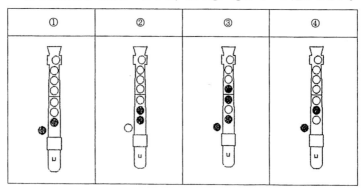

※○・・・開ける　●・・・閉じる

(☆☆☆☆○○)

【6】次の問いに答えなさい。

問1　次の文は，粘土の板やかたまりを組み合わせた作品をつくったり，その作品を焼成したりする場合の留意点について述べたものである。あとの問いに答えなさい。

> ・組み合わせる部品が取れないように，(A)を使って部品同士をしっかりとつける。
> ・かまの中で割れないように，かたまりの部分に(B)たり，作品を(C)たりする。
> ・本焼きは，(D)から行う。

(1) 空欄A〜Cに入る語句の組合せとして最も適当なものを，次の①〜⑧から一つ選びなさい。

① A：だぼ　　　B：穴を開け　　　C：乾かし

② A：だぼ　　　B：穴を開け　　　C：濡らし

③ A：だぼ　　　B：化粧土を塗っ　C：乾かし

④ A：だぼ　　　B：化粧土を塗っ　C：濡らし

⑤ A：どべ　　　B：穴を開け　　　C：乾かし

⑥ A：どべ　　　B：穴を開け　　　C：濡らし

⑦ A：どべ　　　B：化粧土を塗っ　C：乾かし

⑧ A：どべ　　　B：化粧土を塗っ　C：濡らし

(2) 空欄Dに入る語句として最も適当なものを，次の①〜④から一つ選びなさい。

① 釉薬をかけ，400℃前後で素焼きして

② 釉薬をかけ，800℃前後で素焼きして

③ 400℃前後で素焼きし，釉薬をかけて

④ 800℃前後で素焼きし，釉薬をかけて

問2　小学校第3学年における鑑賞の活動として，適当なものを次の①〜④から二つ選びなさい。

① 表現に関連がある作品や日用品，伝統的な玩具，地域の美術館の作品などを鑑賞し，いろいろな表し方や材料による感じの違いなどを特定の見方に基づいて理解する。

② 共同製作などでよりよくしようと話し合う活動なども，鑑賞活動としてとらえることができる。

③ 身近な美術作品を鑑賞し，気付いたことなどについて，ある程

度理由を付けて話したり，気持ちを振り返って書いたりする。

④　自分たちの作品を鑑賞し，自由に意見を述べ合うというよりも，テーマを決めて一斉に話し合う。

(☆☆☆○○○)

【7】次の問いに答えなさい。

問1　次の文は文部科学省「学校環境衛生基準」について述べたものである。空欄のA～Dに当てはまる数値の組合せとして正しいものを，下の①～⑧から一つ選びなさい。

・教室及びそれに準ずる場所の照度の下限値は，（　A　）lx(ルクス)とする。また，教室及び黒板の照度は(　B　)lx以上であることが望ましい。

・教室内の等価騒音レベルは，窓を閉じている時は，LAeq（　C　）dB(デシベル)以下，窓を開けているときは，LAeq（　D　）dB以下であることが望ましい。

① A：300　　B：500　　C：50　　D：35

② A：300　　B：500　　C：50　　D：55

③ A：300　　B：500　　C：70　　D：75

④ A：300　　B：500　　C：70　　D：95

⑤ A：500　　B：750　　C：50　　D：35

⑥ A：500　　B：750　　C：50　　D：55

⑦ A：500　　B：750　　C：70　　D：75

⑧ A：500　　B：750　　C：70　　D：95

問2　現行の小学校学習指導要領(平成20年3月告示)のC(2)「快適な住まい方」の学習で主として取り上げることとされているものを次の①～⑩から二つ選びなさい。

① 安全な町づくり　　② 家庭の仕事

③ 換気　　④ 団らん

⑤ 湿度　　⑥ 古い道具と昔のくらし

⑦ カビ　　⑧ 水の循環

⑨ 騒音　　　　⓪ 採光

問3　次の表は，ミシンで調子よく縫えない場合の状態と主な原因として考えられることの説明である。状態と主な原因の組合せで適当でないものを次の①〜⑤から一つ選びなさい。

	状態	主な原因
①	針棒が動かない	釜の中にほこりや糸が詰まっている
②	針が折れる	針止めねじが緩んでいる
③	上糸が切れる	上糸の調子が弱すぎる
④	縫い目が飛ぶ	針の付け方が正しくない
⑤	布が進まない	送り調節器の数字が0になっている

(☆☆☆◎◎◎◎)

【8】次の問いに答えなさい。

問1　現行の小学校学習指導要領(平成20年3月告示)の第6学年「F　表現運動」の「イ　フォークダンス」において，教師が児童に「マイム・マイム」と「コロブチカ」を説明することにした。それぞれの踊りと教師の説明a〜cの組合せとして正しいものを，下の①〜⑥から一つ選びなさい。

【教師の説明】

a　スウェーデンの踊りです。軽快なスキップやアーチくぐりなどをパートナーや全体でスムーズに隊形移動しながら踊ります。

b　ロシアの踊りです。パートナーと組んでスリーステップターンなどの軽快なステップで動きを合わせたり，パートナーチェンジをスムーズにしたりしながら踊ります。

c　イスラエルの踊りです。みんなで手をつなぎ，力強くステップを踏みながら移動して踊ります。

① 「マイム・マイム」−a　　「コロブチカ」−b
② 「マイム・マイム」−a　　「コロブチカ」−c
③ 「マイム・マイム」−b　　「コロブチカ」−a
④ 「マイム・マイム」−b　　「コロブチカ」−c
⑤ 「マイム・マイム」−c　　「コロブチカ」−a

⑥　「マイム・マイム」－c　　　「コロブチカ」－b

問2　現行の小学校学習指導要領(平成20年3月告示)の第3学年の「G走・跳の運動」の「ウ　幅跳び」を指導する際の教師の言葉がけa～dのうち，適当なものの組合せを，下の①～⑥から一つ選びなさい。

【教師の言葉がけ】

a　「短い助走から高い角度で跳び出すようにしよう。」

b　「調子よく踏み切るために，助走のはじめから踏み切りまで一定の同じリズムを意識しよう。」

c　「体が『く』の字ではなく『ん』の字になるように，かがみ込んで着地しよう。」

d　「力強い音が出るように両足で強く踏み切ろう。」

①　aとb　　②　aとc　　③　aとd　　④　bとc　　⑤　bとd

⑥　cとd

(☆☆☆○○○)

【9】次の問いに答えなさい。

問1　〈放送による問題〉

悠太さんがALTのブラウン先生に説明している英文を聞いて，次の(1)～(3)の質問に対する答えとして最も適当なものを，それぞれあとの①～④から一つずつ選びなさい。

---

(1)　What can Ms.Brown experience in Yuta's house?

①　She can serve *sasazushi* to her relatives.

②　She can play the *taiko* drums.

③　She can enjoy fireworks with his family.

④　She can try making Japanese traditional food.

(2)　What does Yuta want Ms.Brown to do?

①　He wants her to teach him how to play the *taiko* drums.

②　He wants her to take part in the *taiko* drum performance.

③　He wants her to practice the *taiko* drums by herself.

④　He wants her to show him a *taiko* drum performance.

---

(3) What time will Yuta go to the river to see fireworks?

① At six.　② At six thirty.　③ At seven.

④ At seven thirty.

問2　次の英文は外国語の授業で，児童に活動の導入や振り返りをして
いる指導者の発話の一部である。文中の空欄[　エ　]～[　カ　]に入
る最も適当な語を，それぞれ下の①～④から一つずつ選びなさい。

Look at the pictures. They are pictures of the school events from
April to March. Which of them was the most interesting for you? I
think Sports Day was. What do you think? Oh, you think so, too.
Well, why do you think so? I see. Because you worked together and
did your best, right? Nice! How [　エ　] the Music Festival? If you
think it was the most interesting, raise your hand. Oh, many students
think so, too. Why do you think so? I see. You enjoyed singing a
song with your classmates. [　オ　] has the same idea? Many
students do. I think you practiced the song very hard, so your chorus
was wonderful. I was really moved.

What's the best memory from your school life? Please make pairs
and talk about your memories with your partner. Please make eye
contact when you talk. Let's start talking.

You're doing well. Now, please change partners.

Good job, enveryone. You [　カ　] your　memories with your
friends.

エ　① about　② for　③ has　④ is
オ　① Does　② Is　③ What　④ Who
カ　① helped　② shared　③ meant　④ spoke

(☆☆☆◎◎◎)

165

【10】第4学年の国語科「文と文をつなぐ言葉」の授業で，児童に「つなぎ言葉のはたらき」について指導するとき，次の問いに答えなさい。

問1　次の黒板の例2の□に入るつなぎ言葉について学習しているとき，児童から，「例2の□には，『だから』と『しかし』のどちらも入ると思いますが，どうやって使い分ければよいのですか。」という質問がありました。あなたは，どのように説明しますか。例1を参考にして書きなさい。

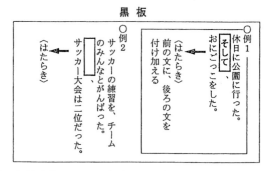

問2　「つなぎ言葉のはたらき」について理解しているかを確認するために，次のような小テストとテスト後に提示する模範解答を作成しています。接続詞を適切に用いて，小テストの模範解答を完成させなさい。

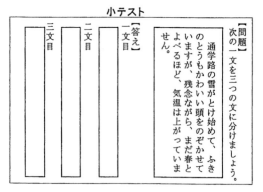

(☆☆☆◎◎◎)

【11】 第4学年の算数科「面積」の授業で，次の長方形の面積を計算で求める問題に取り組んだ。

[問題]　次の図の長方形⑤の面積を求めましょう。

(式)　2×3＝6

(答え)　6m²

この問題に取り組んだ児童が，次のように発言した。

児童A「⑤の長方形の面積をcm²の単位で表すとどうなるのかな」
児童B「1m²＝100cm²だから，600cm²だね。」

学級には，児童Bのように考えている児童が多くみられた。

問1　600cm²が6m²と同じ面積でないことを実感的に理解させるには，どのような手立てが効果的か書きなさい。

問2　1m²＝100cm²は誤りである。「1m²＝10000cm²」であることを正しく理解させるために，どのように指導したらよいか書きなさい。

(☆☆☆◎◎◎)

【12】 次の問いに答えなさい。

第6学年の理科「水溶液の性質」の授業で，炭酸水から出ている泡が何かについて調べることになった。炭酸水から出ている泡の様子を観察したところ，においのない気体であることがわかった。そこで，出ている気体について予想した。

〔予想〕
・水蒸気かもしれない。
・熱していないのに出ているのだから，水蒸気ではないだろう。
・酸素かもしれない。
・二酸化炭素だと聞いたことがある。
・窒素かもしれないよ。

　太郎さんの班は，炭酸水から出ている気体が二酸化炭素であると予想し，その予想を確かめる実験方法を考え，実験した。

【太郎さんの班】

〔実験方法〕

　①　図1のように，炭酸水から出ている気体を集める。

図1

　②　図2のように，集めた気体に火のついた線香を入れる。

図2

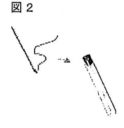

〔結果の見通し〕

　二酸化炭素は物を燃やす働きがないから，火のついた線香を入れると火は消えるはず。

〔結果〕

　線香の火がすぐに消えた。

【実験後の会話】

太郎さん：「同じ実験を2回したけれど，2回とも線香の火がすぐに消えた。だから炭酸水から出ている気体は，二酸化炭素だよ。」

先　　生：「この実験だけで，炭酸水から出ている気体が二酸化炭素だと確かめたことになるかな？」

太郎さん：「え？確かめたことにならないのですか？」

問1　太郎さんの班の実験だけでは，炭酸水から出ている気体が二酸

化炭素であると確かめたことにならない理由を，先生はどのように説明したらよいか。説明内容を書きなさい。

問2　この後，太郎さんの班は追加実験をして，炭酸水から出ている気体が二酸化炭素であることを確かめることができた。どのような実験をしたと考えられるか書きなさい。

(☆☆☆☆◎◎)

解答・解説

【1】問1　Ⅰ　①　　Ⅱ　①　　問2　ⓑ　③　　ⓓ　④　　問3　②
問4　③　　問5　①　　問6　④

〈解説〉問1　Ⅰ　第1段落の1文目，2文目ともに「天才」のイメージについて述べられている。1文目ではできることの視点で，2文目では才能の身に付け方の視点で述べ，2文目は「というイメージも持ちがちだ」と結んで，1文目と2文目が対比されている。したがって，並立の接続詞の「他方」が適切。　Ⅱ　空欄の後にくる内容は，前とは逆の内容が書かれているので，逆接の「しかし」が適切である。空欄直前の「というイメージも持ちがちだ」という言葉が，次に逆接の接続詞がくることを暗示させている。　問2　ⓑは「事態」。①は相対，②は携帯，③は形態，④は退治　ⓓは「境地」。①は愛嬌，②は盛況，③は余興，④は環境。　問3　臨機応変は，「機に臨み変に応ず」。1字目の臨と3字目の応の左下にそれぞれレが入る。状況に応じて適切な行動をとること。①は「故きを温めて新しきを知る」，③は「心を以て心に伝う」，④は「善を勧め悪を懲らす」で，いずれも，1字目と3字目の左下にそれぞれレが入る。②は「傍らに人無きが若し」，2字目の若と3字目の無の左下にそれぞれレが入るので，臨機応変と異なる。　問4　①は達人の平素の能力である。②も達人が平素発揮していた能力である。③は「思わぬ事態に見舞われた時の対処のしかたである」として紹介さ

れているできごとであり，臨機応変な対処の具体例として述べられているので適切。④の対処方法は書かれていない。　問5　挿入部分の内容は，創造性についての分野別の解釈の続きと読み取れる。創造性についての分野ごとの解釈をしているのは第2段落である。挿入部分は1文目で「創造性はもちろん芸術や科学の分野に限るものではない」と，第2段落の内容を受けた記述として読むことができ，さらに「創造的」の様相を別の分野に広げていることから，A段落の前が適切である。問6　①はC段落直前の段落に，「何もないところから一気にまったく新しいものを生む創造性は存在しない」とある記述と矛盾する。②はA段落に，「創造性は特別な才能を持った人が特別な分野で示す特別な能力ではなく」とある記述と矛盾する。③はC段落に，「常にブレークスルーを目指している」や「自分なりのしかたで現状を乗り越え，向上を目指した結果として創造的と人が認めるパフォーマンスが可能になる」とあり，「現状打破への挑戦を続けられる人」と挑戦するところにとどまっている部分に違いがある。④はA段落で述べられている内容をまとめたものであり，適切である。

【2】問1　(1)　②　　(2)　⑦　　(3)　B　④　　D　③　　(4)　①
　　　問2　(1)　②　　(2)　③　　(3)　②　　(4)　①　　(5)　④
〈解説〉問1　(1)　1996年のアトランタはアメリカでA，2000年のシドニーはオーストラリアでB，2008年の北京は中国でD，2012年のロンドンはイギリスでC，2020年の東京は日本でEである。　(2)　ここでは為替による経済への影響について説明している。　(3)　まず，bが輸出入ともに相手国にカナダとメキシコがあることから，アメリカとわかる。アメリカの最大の輸入相手国は中国だから，cは中国である。aは輸出入ともに主な相手国がアメリカと中国であることから，日本である。ドイツやフランスが相手国のeはイギリスとわかる。dはオーストラリアとなる。オーストラリアは現在，最大の貿易相手国が中国になっている。　(4)　再利用であるからリサイクルである。
問2　(1)　モンゴルの襲来は元寇のことであるので，執権・北条氏の

説明である。 (2) 後醍醐天皇は隠岐に流されたが，脱出をして天皇親政を復活させた。 (3) 発布，天皇が国の元首という部分から大日本帝国憲法である。 (4) 明治時代の政策であるので①である。②は後三条天皇が1069年に設置した延久荘園整理令である。③は律令制における班田収授法である。④は後醍醐天皇による建武の新政である。 (5) 資料Aの後醍醐天皇は建武の新政によって天皇親政を復活させた。資料Bで，260年あまり続いた幕府とは江戸幕府とわかることから，新政府における天皇は明治天皇である。

【3】問1 ①，⑥ 問2 ウ ⑥ エ ③ オ ②
問3 カ 1 キ 1 ク 8 問4 3 問5 コ 7 サ 5
シ 0

〈解説〉問1 ①〜⑥の数量を文字式で表すと，①は a〔kg/個〕$\times b$〔個〕$=ab$〔kg〕。②は a〔km〕$\div b$〔時間〕$=\dfrac{a}{b}$〔km/時間〕で，時速 $\dfrac{a}{b}$km。③は a〔人〕$\times\dfrac{b}{100}=\dfrac{ab}{100}$〔人〕。④は a〔円〕$\times\left(1-\dfrac{b}{10}\right)=\left(a-\dfrac{ab}{10}\right)$〔円〕。⑤は a〔cm〕$\times b$〔cm〕$\div2=\dfrac{ab}{2}$〔cm²〕。⑥は円周率 $=\dfrac{円周の長さ}{直径}=\dfrac{2b}{2a}=\dfrac{b}{a}$ より，円の面積$=$半径×半径×円周率$=a$〔cm〕$\times a$〔cm〕$\times\dfrac{b}{a}=ab$〔cm²〕。 問2 平均値$=(1\times2+2\times4+3\times9+4\times5+5\times6+6\times3+7\times1)\div30=112\div30=3.73\cdots$〔日〕。資料の値の中で最も頻繁に現れる値が最頻値。9人で最も多い3日が最頻値。中央値は資料の値を大きさの順に並べたときの中央の値。児童の人数は30人で偶数だから，日数の少ない方から15番目と16番目の児童の日数の平均値が中央値。3日以下には児童が2＋4＋9＝15〔人〕いて，4日以下には児童が15＋5＝20〔人〕いるから，日数の少ない方から15番目と16番目の児童の日数の平均値，即ち，中央値は(3＋4)÷2＝3.5〔日〕。最小値は1日。最大値は7日。資料の最大の値と最小の値の差が分布の

範囲で，7－1＝6〔日〕。　　問3　頂点の1つがAである三角形が正三角形になるのは△ACEのみ。1回投げて頂点CまたはEに止まる確率は$\frac{2}{6}$　続けてもう1回投げたとき，頂点CとEのうちで1回目に投げたときに止まらなかったほうに止まる確率は$\frac{1}{6}$　よって，求める確率は，$\frac{2}{6}\times\frac{1}{6}=\frac{2}{36}=\frac{1}{18}$　　　問4　$\triangle ABC=\frac{1}{2}\times AB\times CA=\frac{1}{2}\times15\times8=60$〔cm²〕　また，3辺の長さが$a$，$b$，$c$で，内接円の半径が$r$である三角形の面積$S$は$S=\frac{1}{2}r(a+b+c)$で与えられるから，△ABCの内接円の半径を$r$cmとすると　$\frac{1}{2}r(AB+BC+CA)=60$　⇔　$\frac{1}{2}r(15+17+8)=60$　これを解いて$r=3$。△ABCの内接円の半径は3cmである。

問5　この商品の原価をx円とすると，定価の2割引きの値段は$x\times\left(1+\frac{4}{10}\right)\times\left(1-\frac{2}{10}\right)=\frac{28}{25}x$〔円〕。これが90円の利益になったから　$\frac{28}{25}x=x+90$　これを解いて$x=750$　この商品の原価は750円である。

【4】問1　(1)　②　　　(2)　②　　　(3)　④　　　(4)　②　　　問2　(1)　①
(2)　カ　①　　キ　④

〈解説〉(1)　仕事の大きさをW〔J〕，力の大きさをF〔N〕，力の向きに動いた距離をs〔m〕とすると，仕事Wは，$W=F\times s$で表される。よって，求める仕事は，20〔N〕×0.15〔m〕＝3〔J〕　　(2)　今回は摩擦等を考えない理想的な状況であるから，左右でした仕事の量は等しくなるはずである。ゆえにAがされる仕事も3Jであり，求める長さをs〔m〕とすると，3〔J〕＝30〔N〕×s〔m〕⇔s＝0.1〔m〕＝10〔cm〕

(3)　てこに働く力には，(力点に働く力)×(支点から力点までの距離)＝(作用点に働く力)×(支点から作用点までの距離)という関係が成り立つ。よって求める長さをx〔m〕とすると，30〔N〕×0.4〔m〕＝15〔N〕×x〔m〕⇔x＝0.8〔m〕＝80〔cm〕。　　(4)　図1のAは，作用点である。栓抜きは，Xの部分を支えにしてYの部分で栓を開ける。
問2　(1)　ヒトのようにおなかの中で子どもを育ててから産む生物は「胎生」で，哺乳類だけである。卵で生まれる生物は，卵に殻がある

鳥類とは虫類，卵に殻がない魚類と両生類に分かれる。Dは卵に殻がなく親が肺呼吸であることから両生類だとわかる。Eは魚類である。
(2)　背骨のない無脊椎動物に分類されるのは，節足動物，軟体動物などである。この2つの分類をするために必要となる外骨格の有無の確認がカに入る。この分類によって，Fは昆虫類，Gは甲殻類やクモ類などと考えられる。Hは軟体動物などである。キは恒温動物と変温動物の分類である。卵に殻があって恒温動物のBは鳥類で，卵に殻があって変温動物のCはは虫類である。

【5】問1　③　　問2　④　　問3　②
〈解説〉問1　「われは海の子」の調名はニ長調なので，音名「一点ニ」が主音「ド」である。問1の第3・第4小節目の階名唱をすると，「ミーレミラソー」なので，リズムで判断すると③であることがわかる。歌唱共通教材は頻出項目なので，表記されている楽譜全体をよく確認し，調号・歌詞・階名・作曲者等知識として知っておくことが重要である。　問2　第6学年の歌唱共通教材は他に，「おぼろ月夜」「ふるさと」「越天楽今様」がある。「冬げしき」と「子もり歌」は第5学年，「まきばの朝」は第4学年の歌唱共通教材である。　問3は，バロック式ソプラノリコーダーで演奏するときの運指を尋ねている。①の音は「一点ロ(ロ)」，②の音は「嬰二点ハ(ハ)」で正解，③の音は「変一点ロ(ロ)」，④の音は，「二点ハ(ハ)」で正解と間違いやすい運指である。運指問題の中で難易度が高く頻出なのは，「変一点ロ(ロ)」，「嬰一点ヘ(ヘ)」，「二点ホ(ホ)」のサミングなどである。

【6】問1　(1)　⑤　　(2)　④　　問2　②，③
〈解説〉問1　(1)「どべ」は作品と同じ粘土を泥状にしたもので，接着に使用する糊のような役目を果たすものである。両方の接着面に針金等で引っかき傷を作り，筆などで「どべ」をたっぷり塗り，圧着する。焼成では，作品に水分が残っていると，焼成時に割れることがある。そのため，乾燥しやすくするためにかたまり部分に穴を開けたり，作

品を乾燥させたりしてから焼成する。　(2)　素焼きは800℃前後で焼成し，素焼きをした後に釉薬をかけ，1200℃から1250℃で本焼き(陶器)する。　問2　①は「特定の見方」，④は「テーマを決めて一斉に」が鑑賞活動として適当ではない。第3学年及び第4学年の鑑賞の活動では，児童が，自ら働きかけながら見付けたよさや面白さを，児童自身が気付くようにすることが重要である。

【7】問1　②　　問2　③，⓪　　問3　③

〈解説〉問1　照度に関しては，コンピュータを使用する教室等においては500〜1000lx程度が望ましいとされている。騒音レベルについては，教師の声の平均値が調査から64dBであることと，声を聞き取るには騒音との差が15dB必要とされていることから，基準が決められている。問2　学習指導要領(平成20年告示)の「内容の取扱い」で「C快適な衣服と住まい」の(2)のイについては，主として暑さ・寒さ，通風・換気及び採光を取り上げることと示されている。　問3　上糸が切れる原因としては，上糸のかけ方が正しくないこと，針のつけ方が正しくないこと，上糸調節装置のダイヤルをしめすぎていることなどが挙げられる。

【8】問1　⑥　　問2　②

〈解説〉問1　aはスウェーデンのグスタフス・スコールの説明である。例示されている踊りは，それぞれ特徴や動きが異なる。それらの違いを意識して覚えておくとよい。　問2　bは「同じリズム」としている点が誤りである。短い助走から踏み切りまでのリズムは「トン・トン・ト・ト・トン」と表されるなど「同じ」ではない。また，踏み切る動作を想起すれば，dの「両足で強く踏み切ろう」が誤りと分かる。

【9】問1　(1)　④　　(2)　②　　(3)　②　　問2　エ　①　　オ　④　カ　②

〈解説〉問1　質問内容に注意して英語による放送を聞くとよい。

(1)　悠太さんの家でブラウン先生が何を経験できるかを聞かれている。内容が一致するのは，④の「日本の伝統料理づくりに挑戦できる」である。　(2)　悠太さんがブラウン先生にしてもらいたいことを聞かれている。内容が一致するのは，②の「太鼓の演奏に参加してほしい」。take part in Aで「Aに参加する」という表現に注意。　(3)　悠太さんが花火を見に川へ行くのは何時かを聞かれている。　英文の内容と一致するのは，②の6時半。　問2　エ　様々な学校行事に触れた後で，音楽祭へと話題を移している場面。How about〜が適切。　オ　「同じ意見の人はいますか？」と聞いている場面だと推測できるので，④のWhoが適切。　カ　お互いに学校生活の思い出を発表しあった後のまとめなので，「友達と思い出を共有しましたね」となる②のsharedが適切。

【10】問1　○前の文から予想されることを表したいときは，「だから」を使います。反対に，前の文から予想されないことを表したいときは，「しかし」を使います。　　○前の事がらが原因・理由となり，あとの事がらが結果・結論となることを示すときは，「だから」を使います。反対に，前の事がらから予想される結果とは逆の結果となったことを示すときは，「しかし」を使います。　　○前の文の「練習をがんばったのだから，当然二位くらいにはなれるだろう」と予想していた通りの結果になったことを表したいときは，「だから」を使います。反対に，「がんばったのに，二位になるなんて予想に反していた。優勝できると思っていた。」など，予想外の結果になったことを表したいときは，「しかし」を使います。　から1つ　問2　一文目　通学路の雪がとけ始めました。　　二文目　そして(また，しかも)ふきのとうもかわいい頭をのぞかせています。　　三文目　しかし(けれども)残念ながら，まだ春とよべるほど，気温は上がっていません。

〈解説〉「つなぎ言葉」は文節や文をつなぐ働きをもつ。つなぎ言葉を適切に使うことで，文や文章が，相互にどのように関わるのかを明確にし，文相互の関係などをつかんだり，端的に示したりすることができるようになる。　問1　「だから」は順接の接続詞で，「しかし」は逆接

の接続詞である。文と文を「だから」あるいは「しかし」でつなぐことによって，文意が変わることになるのである。　問2「通学路の雪がとけ始めて」と「ふきのとうも〜」の文の前後の関係は，前の事柄に後の事柄を付け足す場合なので，つなぎ言葉としては添加の接続詞の「そして」「また」などが適切である。「〜のぞかせていますが」と「残念ながら〜」の文と文の前後の関係は，前の文の末尾に逆接の接続助詞の「が」が付いていて，後の文のはじめに「残念ながら」とあるので，逆接の接続詞の「しかし」「けれども」などがつなぎ言葉として適切である。

【11】問1　教室内にあるおよそ600cm²とおよそ6m²の実物を見つけさせ，比べさせる。　問2　1cm²の大きさである1辺が1cmの正方形が，1m²の大きさである1辺が100cmの正方形の中に全部で何個並ぶか考えさせる。
〈解説〉問1　（別解例）　ひもを使って縦20cm，横30cmの長方形と縦2m，横3mの長方形を作らせ，比べさせる。　問2　（別解例）　10000cm²の大きさである1辺が100cmの正方形と，1m²の大きさである1辺が1mの正方形が同じ大きさの正方形であることを考えさせることにより，1m²＝10000cm²であることを理解させる。

【12】問1　・物を燃やす働きがないのは，二酸化炭素だけではないから。・物を燃やす働きがない気体として，窒素も考えられるから。　から1つ　　問2　・集めた気体を石灰水に入れ，白く濁るか調べる実験。・二酸化炭素用気体検知管を使って，二酸化炭素の有無を調べる実験。
〈解説〉問1　実験により発生している気体は物を燃やす働きがないとわかるが，物を燃やす働きがない気体は二酸化炭素だけではない。発生している気体が窒素でも同じ結果となる。　問2　石灰水は水酸化カルシウムである。そこに二酸化炭素を吹き込むと炭酸カルシウムが生成し，白く濁る。石灰水は二酸化炭素を検出するためによく使われるので覚えておくとよい。

2019年度　　実施問題

【1】次の文章を読んで，あとの問いに答えなさい。(設問の都合で一部
省略してある)

　　私は大学教員として，大学生や院生を毎日見ている立場にある。
そこで最近感じていることが，情報化社会の強い影響である。とに
かく様々な情報をネットで集めて，その中でマイナス評価があると
敏感に反応し，それを避けて効率よく人生を進みたがる傾向が強く
なっているのだ。効率よく，という意味は，何らかの目的に対して
最小限の努力で達成するということで，それ自体はもちろん大変素
晴らしいことである。

　　しかしここで問題にしたいのは，その目的設定である。大学を卒
業するということだけを目的とすれば，卒業要件には関係の①ない
講義は学ぶ必要はないし，単位数も規定の最小限だけあればよい。
しかしそんな単純に割り切って考えてよいのだろうか。

A　今思いだしてみると，自分が学生の時，選択科目は最終的に興味
で選び，また空いている時間に他学部の講義を余計にいくつも⑧受
講した。私が行ってきたことは，②すべて無駄だったのだろうか。
今になってはっきり分かることは，こうした活動はほぼすべて私の
かけがえのない財産につながっている，ということだ。余分に受講
した心理学や生物学などのおかげで，だいぶ後に研究のヒントが浮
かび，まったく新しい論文発表をして高い評価を⑥いただいたこと
もある。これらはもちろん当時は思いもしなかったことで，後にな
って時間差で効用が出てきた例である。

B　目的についてはアリの行列の話が分かりやすい。アリは餌場と巣
の間を往復しているが，このときに全体の約2割のアリは餌運びを
サボっているのだ。それではこのサボっているアリは無駄か，とい
うと，決してそうではないのだ。外をウロウロしているうちに偶然

に新しい餌場を探し当てたり，また餌場と巣の間のより短いルート
を探し出したりする。つまり，©ある餌場からの餌の運搬，という
目的ではこのアリたちは確かに無駄かもしれないが，巣全体の存続，
という目的ではまったく無駄になっていないのだ。

C　世阿弥の『風姿花伝』には，「時に用ゆるをもて，花と知るべし」
とある。これは，物事はその時に有用なものを良しとする，という
意味である。つまり物事が無駄か有用かの判断は，その時代や環境
によって決まるもので，あくまでも相対的なものである，というこ
とを述べている。今それは無駄だから，ずっと無駄だ，という絶対
的なものと思わない柔軟さが必要だということだろう。

　大学ではふつう四年生から，正解というものが知られていない研
究の世界へと進んでいく。問題が与えられてその正解を求める，と
いうことに慣れている人にとっては，まったく異なる世界に飛び込
むことになるのだ。

D　そのため私は研究室の博士課程の指導では，基本的に自律的に研
究を進めてもらうようにしている。学生が困っている時は，もちろ
ん相談には③乗るが，このようにすべきという方向づけを与えるこ
とは絶対にしない。試行錯誤や失敗をすることが長期的に見てその
本人の力になるし，また予定調和でないオリジナルの結果が生まれ
るのである。そして何が失敗かは後になってみないと分からない。

　また，底の浅い武器だけ身につけて流行りのテーマで論文を書い
ていくのは危険である。一時の業績を上げる目的では有効であるが，
すぐに似たような論文がたくさん出てきて，ネタが尽きてしまう。
逆に，習得するのに時間がかかる深い手法を身につけた人の研究は，
なかなか真似されずにオンリーワンとなるし，長い間研究を続けて
いくことができるのだ。とにかく若いうちに⑥参入障壁の高い武器
を身につけることを忘れてはいけない。

　ただし，流行に乗りたくなる気持ちも理解できる。それでは，流
行に次々と乗って成功しているごく少数の研究者とはどのような人
たちなのだろうか。実は，そういう人たちに共通する特徴として，

流行にあまり左右されない　Ｉ　的な素養をしっかりと身に付けている，ということが挙げられる。したがって，やはり若いうちに地味だが重要な学問を身に付けておくことは大切なのである。

　多くの学問の基礎になるものの一つは，数学である。ここで，その数学の勉強法について重要なコツをお話ししたい。それは，答えをすぐに見てはいけない，ということである。問題を読み，少し考えて，解けなければ答えを見て覚える，ということを繰り返せば，問題集を早く解き終えて効率が良いように感じるかもしれない。しかしこの勉強法をしている人は将来伸びないと断言できる。

　教師の側から見れば，学生が悩んで立ち止まっていると，つい助けたくなってヒントや答えを教えたくなることが多い。確かに自分が若い頃はそうしていた時もあったが，しかしそれは正しい教育でないことに気がつき，今はすぐに教えないようにグッと我慢している。答えをすぐに教えてしまうと，学生の貴重な試行錯誤の時間を奪ってしまうのだ。うまくいかない時に，我々はああでもない，こうでもないと試行錯誤をする。実はこの過程こそが重要で，覚えたての知識が自分の知恵となって身に付く瞬間なのである。④単なる知識を，生きた知恵に変える変換装置が試行錯誤で，これがないと知識があっても使えるものにはならないのである。

　試行錯誤の際に無駄に見えることをするが，その回り道こそが重要であり，その際に教師は決して外から正解を教えてはいけないのだ。人は実際に何度も失敗することで様々なことを学んでいくものであり，こうして得た知恵をいくつ持っているかで将来の伸びが決まってくるといえるだろう。これはもちろん数学だけでなく，生活や仕事の様々な場面においても重要なことである。しかし今や効率化の名のもとに，この試行錯誤の時間が無駄だということで削られ，それが原因で長期的に見てかえって取り返しのつかない大いなる無駄を生みかねないのだ。とにかく⑥人材育成に関しては，何をするにも効率優先ではなく，とにかくひと手間かけよう，という姿勢が大切である。

（西成活裕「逆説の法則」より）

問1　―線部ⓐ「受講」と同じ構成の熟語を，次の①～⑥から一つ選びなさい。

① 披露　② 独立　③ 伝授　④ 地震　⑤ 匿名
⑥ 自習

問2　―線部ⓑ「いただいた」と同じ種類の敬語を使っている文を，次の①～④から一つ選びなさい。

① 約束の時間に先生がいらっしゃった。
② 提案に対する意見を先生にうかがった。
③ 先生と一緒に記念写真を撮りました。
④ 先生が話された内容を手帳に記録した。

問3　―線部ⓒ「ある」と同じ品詞の単語を，文章中の〜〜〜線部①～④から一つ選びなさい。

問4　―線部ⓓ「参入障壁の高い武器」とは，ここでは何を指すか，最も適当なものを次の①～④から一つ選びなさい。

① 時間をかけないと身につけられない深い手法
② 決して予定調和にはならないオリジナルの研究結果
③ 長期間同じ研究をし続けられるだけの忍耐力
④ 自分が乗るべき流行をしっかり見極められる素養

問5　　Ⅰ　に入る「すべてに広く行き渡る。」という意味の語を，次の①～⑥から一つ選びなさい。

① 実用　② 観念　③ 基本　④ 汎用　⑤ 一元
⑥ 普遍

問6　筆者の体験や引用，具体例が書かれた文章中のA～Dの段落について，次のような意図で書かれた段落を，あとの①～④から一つ選びなさい。

◇「その物事が無駄か有用か判断するための価値基準は，何を目的とするかによって決まる」ことを裏付けるため。

　　① Aの段落　② Bの段落　③ Cの段落　④ Dの段落

問7　―線部ⓔ「人材育成に関しては～大切である。」とあるが，筆者

がそう考えている理由として適切でないものを，次の①〜④から一つ選びなさい。

① そのときは無駄だったり非効率的だったりすることでも，後になって時間差で効果を及ぼすこともあるということを，筆者自身が身をもって体験したから。

② 覚えたての知識を，生きた知恵として定着させるためには，うまくいかない時にああでもない，こうでもないと思案する過程を与えることこそが重要だから。

③ マイナス評価に敏感に反応し，それを効率よく避けようとする若者たちには，手間がかかっても相談に乗り，進むべき方向性を与えてあげる必要があるから。

④ 時代や環境が変われば，有用とされるものも変わるので，今有用とされる知識だけではなく，流行に左右されない学問も身につけさせる必要があるから。

(☆☆☆◎◎◎)

【2】次の問いに答えなさい。

問1 次の(1)〜(3)に答えなさい。

(1) 政府の地震調査研究推進本部は，今後30年以内に70%〜80%の確率で南海トラフで地震が発生すると予測した。震源である南海トラフは何プレートと何プレートが接する区域か。資料を参考にしてあとの①〜⑤から一つ選びなさい。

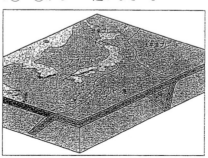

資料 日本付近のプレートの模式図（気象庁HPをもとに作成）

① ユーラシアプレートと北米プレート

② ユーラシアプレートとフィリピン海プレート

③ 北米プレートと太平洋プレート

④ 北米プレートとフィリピン海プレート

⑤ 太平洋プレートとフィリピン海プレート

(2) 次の表は自然災害から私たちの生活を守るための取り組みを類型化したものである。A～Cに入る語句の組合せとして正しいものを，下の①～⑥から一つ選びなさい。

A	・消防団が住民に早目の避難を呼びかけること	・地域での避難訓練に参加すること
B	・家族で災害時の避難場所を決めておくこと	・避難場所までの経路を確かめること
C	・土石流を防ぐために砂防ダムを造ること	・学校で児童生徒に防災教育を行うこと

① A：自助　　B：共助　　C：公助

② A：自助　　B：公助　　C：共助

③ A：共助　　B：自助　　C：公助

④ A：共助　　B：公助　　C：自助

⑤ A：公助　　B：自助　　C：共助

⑥ A：公助　　B：共助　　C：自助

(3) 次の文はハザードマップについて説明したものである。空欄（　A　）（　B　）に入る語句の組合せとして正しいものを，下の①～⑨から一つ選びなさい。

> 　ハザードマップとは，津波，地震，火山，風水害等の（　A　）による被害を予測し，その（　B　）を地図に示したものです。必要に応じて，予想される災害の発生地点，被害程度，さらには避難経路，避難場所などの防災情報を地図上に図示しています。
>
> （国土地理院「ハザードマップポータルサイト」より）

① A：都市型災害　　B：被害範囲

② A：都市型災害　　B：発生確率

③ A：都市型災害　　B：発生時期

④　A：自然災害　　　B：被害範囲

⑤　A：自然災害　　　B：発生確率

⑥　A：自然災害　　　B：発生時期

⑦　A：二次災害　　　B：被害範囲

⑧　A：二次災害　　　B：発生確率

⑨　A：二次災害　　　B：発生時期

問2　次の資料A～Dを見て，下の(1)～(4)に答えなさい。

資料A	資料B	資料C	資料D
白河の 清きに魚の すみかねて もとのにごりの 田沼こひしき 　　　　大田南畝	から衣 裾に取りつき 泣く子らを 置きてぞ来ぬや 母なしにして 　　　　防人	この世をば わが世とぞ思ふ 望月の 欠けたることも 無しと思えば 　　　藤原道長	小早川 加藤　小西が 世にあらば 今宵の月を いかに見るらん 　　　寺内正毅

(1)　資料Aの下線部で示された人物名として最も適当なものを，次の①～④から一つ選びなさい。

①　田沼意次　　②　徳川吉宗　　③　松平定信

④　水野忠邦

(2)　資料Bは防人歌の1つである。防人の説明として最も適当なものを，次の①～④から一つ選びなさい。

①　成人男性に課せられる兵役で，日本を隋や百済から守るため九州の防衛に3年当たる。

②　成人男性に課せられる雑徭で，日本を唐や新羅から守るため京都の防衛に1年当たる。

③　成人男性に課せられる兵役で，日本を唐や新羅から守るため九州の防衛に3年当たる。

④　成人男性に課せられる雑徭で，日本を隋や百済から守るため京都の防衛に1年当たる。

(3)　資料Cは，藤原氏の絶大な権力を物語っている。藤原氏が勢力をのばした要因の1つを，次の系図から読み取った内容として最も適当なものを，あとの①～④から一つ選びなさい。

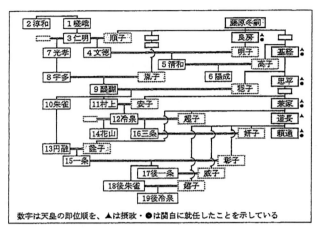

① むすめを将軍の后にし，その子を次の将軍に立てることで将軍の外戚として幕府内で勢力を拡大していった。

② むすめを天皇の后にし，その子を次の天皇に立てることで天皇の外戚として朝廷内で勢力を拡大していった。

③ むすめを天皇の后にし，その子を次の天皇に立てることで天皇の外戚として幕府内で勢力を拡大していった。

④ むすめを将軍の后にし，その子を次の将軍に立てることで将軍の外戚として朝廷内で勢力を拡大していった。

(4)　資料A〜Dで詠まれた当時の様子を年代の古い順に並べたとき，次の〔　　〕の歌で詠まれた当時の様子は何番目の次に該当するか，最も適当なものを下の①〜④から一つ選びなさい。

〔　泰平の　眠りを覚ます　上喜撰　たった四杯で　夜も眠れず　〕

① 1番目の次　　② 2番目の次　　③ 3番目の次

④ 4番目の次

(☆☆☆◎◎◎)

【3】次の(1)〜(5)の空欄に入る数値を答えなさい。

(1)　$y=\dfrac{1}{4}x^2$と$y=2x-1$において，xの値がkから5まで変化するときの変化の割合は等しくなる。このとき，kの値は[　ア　]である。ただ

し，$k \neq 5$とする。

(2)　次の図のように立方体を規則正しく積み重ねていく。このとき，10番目の立法体の総数は[　イウ　]個である。

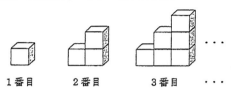

1番目　　　2番目　　　3番目　　・・・

(3)　ある小学校の運動会では，赤組，青組，黄組の3チームでリレーをする。リレーの前にたかしさん，ひろしさん，よしこさんの3人が，次のようにリレーの順位について予想した。

> たかしさん：「青組の順位は，赤組より上だろう」
> ひろしさん：「黄組の順位は，2位だろう」
> よしこさん：「赤組の順位は，黄組より下だろう」

　実際のリレーの結果は，3人のうち2人だけの予想が当たった。このときのリレーの結果は，赤組[　エ　]位，青組[　オ　]位，黄組[　カ　]位である。ただし，同着は考えないこととする。

(4)　次の図のような縦が20cm，横が40cm，高さが30cmの直方体の箱がある。この箱の面に沿って頂点AからGまで，①番は辺BF，②番は辺BC，③番は辺CD上を通り，それぞれが最短距離になるように糸をかけた。この3本の糸の中で最も短いのは，[　キ　]番で，長さは[　クケ　]$\sqrt{[　コサ　]}$cmになる。

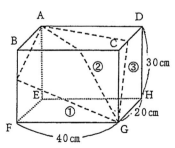

185

(5)　△ABCの辺AB，辺AC上にそれぞれ点E，点Fをとり，AE：EB＝2：1　AF：FC＝4：3とする。線分ECと線分FBの交点をGとするとき，△BGCと△FGCの面積の比は[　シ　]：[　ス　]である。

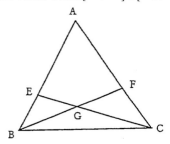

(☆☆☆◎◎◎)

【４】次の問いに答えなさい。

問1　次の図1は，ある日の天気図の一部を示したものである。また，下の表1は，気温と飽和水蒸気量の関係を示したものである。下の(1)～(4)に答えなさい。

図1

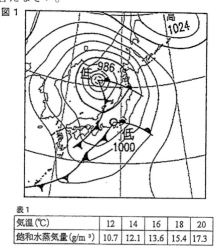

表1

気温(℃)	12	14	16	18	20
飽和水蒸気量(g/m³)	10.7	12.1	13.6	15.4	17.3

(1)　図1の石川県を通過している前線を何というか，次の①～④から一つ選びなさい。

186

① 温暖前線　　② 寒冷前線　　③ 閉塞前線

④ 停滞前線

(2)　北半球の低気圧のまわりでは，どのような風がふいているか，最も適当なものを次の①〜④から一つ選びなさい。

① 低気圧の中心に向かって反時計回りにふきこむような風がふく。

② 低気圧の中心に向かって時計回りにふきこむような風がふく。

③ 低気圧の中心から反時計回りにふき出すような風がふく。

④ 低気圧の中心から時計回りにふき出すような風がふく。

(3)　図1の金沢市付近の海面の気圧は何hPaか，最も適当なものを次の①〜④から一つ選びなさい。

① 986hPa　　② 990hPa　　③ 992hPa　　④ 1000hPa

(4)　この日の午前6時の気温は18℃，湿度は88％であった。この時の露点は何℃か，最も適当なものを次の①〜⑤から一つ選びなさい。

① 12℃　　② 14℃　　③ 16℃　　④ 18℃　　⑤ 20℃

問2　次の図2のように，なめらかなレール上のAから，0.15kgの球を静かに転がしたところ，球はB，C，Dを通って，Eに到達した。質量100gの物体にはたらく重力の大きさを1Nとして，下の(1)〜(4)に答えなさい。ただし，摩擦や空気の抵抗はないものとする。また，BC間は水平である。

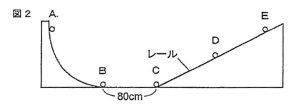

図2

(1)　0.15kgの球にはたらく重力の大きさは何Nか，最も適当なものを次の①〜④から一つ選びなさい。

① 0.15N　　② 1.5N　　③ 15N　　④ 150N

(2)　球がBC間を移動するのにかかった時間は0.2秒であった。球がBC間を移動するときの平均の速さは何m/sか，最も適当なものを次の①〜④から一つ選びなさい。

　　①　0.4m/s　　②　4m/s　　③　40m/s　　④　400m/s

(3)　球がBC間を移動しているときに，球にはたらいている力を矢印で正しく表しているものはどれか，最も適当なものを次の①～③から一つ選びなさい。

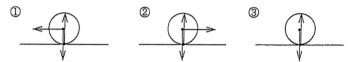

(4)　BからEまでの球の運動について，時間と速さの関係を正しく表したものはどれか，最も適当なものを次の①～④から一つ選びなさい。

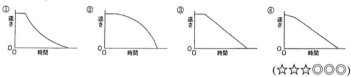

　　　　　　　　　　　　　　　　　　　　　　　　　　（☆☆☆○○○）

【5】次の楽譜は，第3学年の歌唱共通教材「茶つみ」の前半部分である。下の問いに答えなさい。

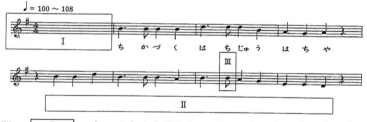

問1　　Ⅰ　　に当てはまる楽譜として正しいものを，次の①～④から一つ選びなさい。

問2　　Ⅱ　　に当てはまる1番の歌詞として正しいものを，次の①～④から一つ選びなさい。

　①　あれにみえるは　ちゃつみじゃないか

　②　のにもやまにも　わかばがしげる

③　こころのどかに　つみつうたう
④　ひよりつづきの　きょうこのごろを

問3　| Ⅲ |　の音を鍵盤ハーモニカで演奏する際におさえる鍵盤として正しいものを，下の①～⑨から一つ選びなさい。

(☆☆☆○○○○○)

【6】次の問いに答えなさい。

問1　次のA～Dの中で，「用具を用いる際の安全に配慮した指導」としてふさわしいものの組合せを，下の①～⑥から一つ選びなさい。

A　小刀をさやから出すときには，親指どうしを押し合いながら，ゆっくり抜く。

B　彫刻刀を使うときには，しっかりと版木を固定し奥から手前に向かって彫る。

C　電動糸のこぎりの刃を付け替えているときには，プラグを抜いておく。

D　段ボールカッターを使うときは，刃の進む方に手を置いて切る。

①　A－B　　②　A－C　　③　A－D　　④　B－C
⑤　B－D　　⑥　C－D

問2　次の| Ⅰ |　| Ⅱ |は，絵の具を使った表現技法である。それぞれの表現技法の名称として最も適当なものを，下の①～⑥から一つずつ選びなさい。

Ⅰ
絵の具を付けたブラシを網に付けてこする

Ⅱ
紙と紙の間に絵の具を挟み，偶然の形をつくり出す

①　マーブリング　　②　スパッタリング　　③　デカルコマニー
④　フロッタージュ　　⑤　ドリッピング　　⑥　コラージュ

(☆☆☆○○○)

【7】「食生活」について，次の問いに答えなさい。

問1　次の円グラフは，食品a〜cそれぞれの100g当たりに含まれる栄養素の量を示したものである。a〜cに当てはまる食品の組合せとして正しいものを，下の①〜⑥から一つ選びなさい。

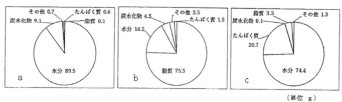

（単位　g）

① a：にんじん　　　b：マヨネーズ　　　c：真あじ

② a：にんじん　　　b：真あじ　　　　　c：マヨネーズ

③ a：マヨネーズ　　b：にんじん　　　　c：真あじ

④ a：マヨネーズ　　b：真あじ　　　　　c：にんじん

⑤ a：真あじ　　　　b：マヨネーズ　　　c：にんじん

⑥ a：真あじ　　　　b：にんじん　　　　c：マヨネーズ

問2　次に示す12歳男子の朝食の献立には，栄養のバランスを考えると不足している栄養素がある。その不足している栄養素を，A群の①〜⑥から一つ選びなさい。また，A群で選んだ栄養素を多く含む食品として最も適当なものを，B群の①〜⑥から一つ選びなさい。

(12歳男子の朝食の献立)

・米飯(180g)【米，水】

・みそ汁【みそ(大さじ2/3)，だし汁(200mℓ)，大根(50g)，ねぎ(10g)】

・卵焼き【卵(2個)，塩(0.5g)，植物油(小さじ1)】

・サラダ【きゅうり(1/4本)，トマト(1/4個)，ブロッコリー(小2房)，レタス(葉1枚)，しょうゆドレッシング(5mℓ)】

A群

① ビタミンA　　② ビタミンC　　③ 炭水化物　　④ 脂質

⑤ たんぱく質　　⑥ カルシウム

B群

① いちご　② バター　③ 鮭　④ 砂糖　⑤ ひじき
⑥ ピーマン

(☆☆☆○○○○)

【8】次の問いに答えなさい。

問1　次の表は，小学校学習指導要領(平成20年3月告示)における，第3
学年から第6学年の「保健」の内容の一部を抜粋したものである。
表の A ， B に当てはまる内容a～cの組合せとして正しいものを，
下の①～⑥から一つ選びなさい。

学年		内　容
3年	(1)「毎日の生活と健康」	毎日を健康に過ごすには、食事、運動、休養及び睡眠の調和のとれた生活を続けること、また、体の清潔を保つことなどが必要であること。
4年	(2)「育ちゆく体とわたし」	A
5年	(1)「心の健康」	不安や悩みへの対処には、大人や友達に相談する、仲間と遊ぶ、運動をするなどいろいろな方法があること。
	(2)「けがの防止」	けがの簡単な手当は、速やかに行う必要があること。
6年	(3)「病気の予防」	B

【内容】

a　心や体の調子がよいなどの健康の状態は，主体の要因や周囲の
環境の要因がかかわっていること。

b　地域では，保健にかかわる様々な活動が行われていること。

c　体をよりよく発育・発達させるには，調和のとれた食事，適切
な運動，休養及び睡眠が必要であること。

① A－a　B－b　② A－a　B－c
③ A－b　B－a　④ A－b　B－c
⑤ A－c　B－a　⑥ A－c　B－b

問2　第1学年の「器械・器具を使っての運動遊び」の「イ　マットを使
った運動遊び」において，「ゆりかご」と「かえるの足打ち」を指導
することとした。それぞれの運動遊びとふさわしい教師の言葉がけa
～cの組合せとして正しいものを，あとの①～⑥から一つ選びなさい。

【教師の言葉がけ】

a　「着いた手の少し前を見るようにしよう。」

191

b　「おへそを見るようにして体を丸めよう。」
c　「両手で腰を支えて，足をしっかり伸ばそう。」
① 　ゆりかご－a　　かえるの足打ち－b
② 　ゆりかご－a　　かえるの足打ち－c
③ 　ゆりかご－b　　かえるの足打ち－a
④ 　ゆりかご－b　　かえるの足打ち－c
⑤ 　ゆりかご－c　　かえるの足打ち－a
⑥ 　ゆりかご－c　　かえるの足打ち－b

(☆☆☆☆◎◎◎)

【9】次の問いに答えなさい。
　問1　〈放送問題〉
　　中学生の健さんのスピーチを聞いて，次の(1)～(3)の質問に対する答えとして最も適当なものを，それぞれあとの①～④から一つずつ選びなさい。

(1)　What did Ms. Suzuki do for the students who were in trouble?
　①　She talked a lot with them.
　②　She just listened to them.
　③　She told them her dream.
　④　She cheered them up.
(2)　Why did Ms.Suzuki's English get better?
　①　Because she learned about communication.
　②　Because she took English lessons.
　③　Because she used a lot of English.
　④　Because she enjoyed many fun activities.
(3)　What will Ken do to improve his English?
　①　He will take an English test.
　②　He will be an English teacher in the future.
　③　He will read English books.
　④　He will talk with the ALT in English.

問2　次の英文は外国語活動の授業で，指導者が児童とやりとりしな
がら活動の説明をしている内容の一部である。文中の空欄[　ア　]
～[　ウ　]に入る最も適当な語を，それぞれ下の①～④から一つず
つ選びなさい。

Let's play "Animal Sugoroku Game". Please make pairs and
[　ア　] your desks together.

First, put your erasers on the box marked "Start". Next, play rock,
paper, scissors. If you win, you can move your eraser to the next box.
If you lose, you can't move. If it is a tie, both of you can move. Also,
when you win and move, you have to point at the picture in the box
and say the name of the animal. [　イ　] example, if you reach the
box of "Cat", you have to say "Cat". Let's say it together. Good! If
either you or your partner can't say the word in English, please help
each other. The person who can reach the box marked "Goal" faster
is the winner. Do you have any questions? Are you ready?

All of you did a good job. You spoke in a clear voice and helped
each other well. Who won?
Let's [　ウ　] them a big hand.

ア	①	get	②	grow	③	lead	④	put
イ	①	At	②	By	③	For	④	On
ウ	①	give	②	pass	③	show	④	throw

(☆☆☆○○○)

【10】3学年の国語科の授業で，児童に「国語辞典の使い方」について指
導するとき，次の問いに答えなさい。

問1　「言葉の並び方の決まり」を教えます。次の⬜の四つの言葉
を，一般的な国語辞典に出てくる順番に並べかえなさい。

ポール　　放る　　ホール　　ボウル

193

問2　次の文章について，児童から，「『調べてみた』という言葉を国
　　語辞典で探しているのですが，見つかりません。」と言われました。
　　あなたは，児童にどのような助言をすればよいか，書きなさい。

> 　きのう，友だちと公園に遊びに行くと，きれいな花がさい
> ていた。
> 　家に帰ってから，その花を図かんで調べてみた。

(☆☆☆○○○)

【11】第4学年の社会科「県の様子」の授業で，地図帳を使って輪島市の
　　位置を見つける指導を行っている。
　　　地図帳の索引を引かせたところ，児童Aは「わじま　輪島〔石川〕
　　………35エ4」という表記を見つけて発表した。すると，児童Bが
　　「『35』は35ページだということはわかるが，『エ4』が何を意味してい
　　るのかわからない」と発言した。
　　　(A)「エ」と「4」の意味をそれぞれ理解させ，(B)輪島市の位置を見つ
　　けさせるために，どのような説明をしたらよいか書きなさい。

わ	
□わかさ　若狭〔福井〕……………………35イ7	
□わかさ　若桜〔鳥取〕……………………29イ1	
□わかさわん　若狭湾………………………35イ7	
□わかやま　和歌山〔和歌山〕…………29オ6	
□わかやまけん　和歌山県………………28ウ8	
□わき　和木〔山口〕………………………23オ5	
□わくや　涌谷〔宮城〕……………………47カ7	
□わけ　和気〔岡山〕………………………24ケ4	
□わこう　和光〔埼玉〕……………………41オ3	
□わじま　輪島〔石川〕……………………35エ4	
□わたらい　度会〔三重〕…………………37イ6	

(東京書籍「新編　新しい地図帳」をもとに作成)

(☆☆☆○○○)

【12】第4学年の算数科，「長方形の面積」の授業で，次の長方形の面積を求める問題に取り組んだ。

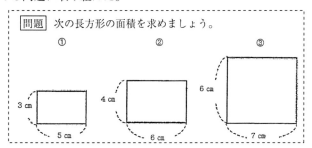

問題　次の長方形の面積を求めましょう。

① 3cm × 5cm
② 4cm × 6cm
③ 6cm × 7cm

この問題に取り組んだ後，ある児童は，次のように発言した。

> 「この3つの長方形は，まわりの長さが長くなれば，面積は大きくなっているよね。だから，他の長方形でも，まわりの長さが長くなれば，面積は大きくなるはずだよ。」

この児童の発言内容は，成り立たない場合もある。このことをどのように指導したらよいか，その指導方法を書きなさい。

(☆☆☆◎◎◎)

解答・解説

【1】問1　⑤　　問2　②　　問3　④　　問4　①　　問5　⑥　　問6　②　　問7　③

〈解説〉問1　「受講」は「講(義)を受ける」，⑤「匿名」は「名を匿(かく)す」と，述語・目的語の関係になっている熟語である。①「披露」，③「伝授」は，似た意味の漢字を並べた熟語である。②「独立」は「独り立つ」と，修飾語・被修飾語の関係になっている熟語である。④「地震」，⑥「自習」は，主語・述語の関係になっている熟語である。　問2　「いただいた」と②「うかがった」は謙譲語である。①

「いらっしゃった」と④「話された」は尊敬語，③「取りました」は
丁寧語である。　　問3　「ある」と④「単なる」は連体詞である。①
「ない」は形容詞，②「すべて」は副詞，③「乗る」は動詞である。
問4　直前に「習得するのに時間のかかる深い手法」とあり，それが
「参入障壁の高い武器」とほぼ同義であることを押さえる。
問5　「普遍」とは「すべてに広く行き渡ること，あらゆるものに共通
すること」という意味である。　　問6　Bの段落は「餌の運搬を目的に
するならサボっているアリの行動は無駄になるが，巣全体の存続を目
的とするなら無駄ではない」ことの具体例になっている。
　　問7　①は第3段落，②は第11段落，④は第9段落の内容である。

【２】問1　(1)　②　　　(2)　③　　　(3)　④　　　問2　(1)　③　　　(2)　③
(3)　②　　　(4)　③
〈解説〉問1　(1)　南海トラフは，フィリピン海プレートがユーラシアプ
レートに沈み込んでいる場所と考えられている。南海トラフがどこに
あるかを考え，それぞれプレートの名前を意識すれば，接するところ
がイメージしやすいはずである。　　(2)　A「消防団」「地域」という
部分がヒントになる。　B「家族」「経路を確かめる」という部分が手
掛かりになる。　C「砂防ダム」「防災教育」は個人や地域では難しい。
(3)　A　地震などはどのような災害なのかを考えてみる。　B　事前
に知っておくべきこととは何かを理解しておくとよい。
問2　(1)「白河」は白河藩主・松平定信のことである。つまり，この
狂歌は，あまりには潔癖すぎる寛政の改革に対する皮肉である。
(2)　663年に朝鮮半島で起こった白村江の戦いで百済を援軍し，唐と
新羅を相手に戦い，負けたことが背景にある。雑徭は国司の下で働く
ものである。京都の警備は衛士である。　　(3)　子供を「天皇」に立て
ることと「朝廷内」の勢力を拡大することがポイントである。
(4)　黒船が来航したときの狂歌である。Aは寛政の改革の時，Bの防
人は律令制下，Cの藤原道長は平安時代，Dは明治時代の日韓併合時で
ある。

【3】(1) ア 3 (2) イ 5 ウ 5 (3) エ 3 オ 2
カ 1 (4) キ ② ク 1 ケ 0 コ 4 サ 1
(5) シ 7 ス 6

〈解説〉(1) $y=2x-1$の変化の割合は，傾きに等しく2。また，関数$y=ax^2$について，xの値がpからqまで増加するときの変化の割合は，$a(p+q)$で求められるから，$y=\frac{1}{4}x^2$について，xの値がkから5まで変化するときの変化の割合は，$\frac{1}{4}(k+5)$で，$\frac{1}{4}(k+5)=2$ より $k=3$。

(2) n番目の立方体の総数は $1+2+\cdots+n=\sum_{k=1}^{n}k=\frac{1}{2}n(n+1)$ より，10番目の立方体の総数は$\frac{1}{2}\times10\times(10+1)=55$〔個〕 (3) たかしさんの予想が外れたとすると，ひろしさんの予想も加味すると，順位は1位から赤組，黄組，青組となり，よしこさんの予想も外れたことになり，題意に反する。よしこさんの予想が外れたとすると，ひろしさんの予想も加味すると，順位は1位から赤組，黄組，青組となり，たかしさんの予想も外れたことになり，題意に反する。よって，予想が当たったのは，たかしさんとよしこさんの2人で，さらに黄組の順位は2位ではないことから，順位は1位から黄組，青組，赤組となる。
(4) かけた糸が最短距離になるのは，展開図上で，かけた糸が直線になるときである。展開図上で考えると，①の最短の長さは，三平方の定理を用いて $\sqrt{AE^2+(EF+FG)^2}=\sqrt{30^2+(20+40)^2}=\sqrt{4500}=30\sqrt{5}$〔cm〕 同様に，②の最短の長さは $\sqrt{FG^2+(AB+BF)^2}=\sqrt{40^2+(20+30)^2}=\sqrt{4100}=10\sqrt{41}$〔cm〕 ③の最短の長さは $\sqrt{GH^2+(AD+DH)^2}=\sqrt{20^2+(40+30)^2}=\sqrt{5300}=10\sqrt{53}$〔cm〕
(5) △ABFと直線CEに関して，メネラウスの定理より $\frac{AE}{EB}\times\frac{BG}{GF}\times\frac{FC}{CA}=1 \Leftrightarrow \frac{2}{1}\times\frac{BG}{GF}\times\frac{3}{3+4}=1 \Leftrightarrow \frac{BG}{GF}=\frac{7}{6} \Leftrightarrow BG:GF=7:6$ 以上より，△BGC：△FGC＝BG：GF＝7：6

【4】問1 (1) ② (2) ① (3) ④ (4) ③ 問2 (1) ②
(2) ② (3) ③ (4) ③

〈解説〉問1　(1)　東北北部を通過しているのが温暖前線である。

(2)　低気圧の周りでは上昇気流が発生し，中心に向かって反時計回りに吹き込む風が吹く。　(3)　等圧線から金沢市の海面の気圧は1000hPaであることが分かる。　(4)　18℃で湿度が88％であるので，15.4×88÷100≒13.6〔g/m³〕。表1から16℃の③となる。

問2　(1)　100gで1Nだから，150gでは，1×(150÷100)＝1.5〔N〕
(2)　(80÷100)÷0.2＝4〔m/s〕　(3)　AB間では②，BC間では③，CE間では①である。　(4)　摩擦がないことが前提なので，BC間は等速運動になり，CE間は直線の坂道なので一定の減速となる。

【5】問1　④　　問2　②　　問3　⑧

〈解説〉問1，2　歌唱共通教材は，各学年4曲ずつで出題頻度も非常に高い。作詞者，作曲者，旋律，歌詞などを問われることが多い。すべての楽譜を確認しておきたい。　問3　Ⅲはシである。調号が♯ひとつの楽曲であるので，ファは黒鍵(③)を演奏するが，それ以外の音は白鍵を演奏する。

【6】問1　②　　問2　Ⅰ　②　　Ⅱ　③

〈解説〉問1　B　彫刻刀を使うときは，手前から奥に向かって彫る。

D　段ボールカッターに限らず，刃物を使用するときは，刃の進む方向には絶対に手を置かない。　問2　①のマーブリングは水面に水よりも比重の軽い絵の具などを垂らし，紙に染め移す技法。④のフロッタージュは凹凸のあるものに紙をあて，上から鉛筆やコンテなどで擦ることで紙の下の凹凸を写し取る技法。⑤のドリッピングは直接絵筆で描かず，絵筆から紙に絵の具を垂らす技法。さらに，垂らした絵の具をストローなどで吹き流し，さまざまな軌跡を描いたりする。⑥のコラージュは写真や絵，紐などのさまざまな素材をはり合わせ，それらを組み合わせてつくる技法である。

【7】問1 ①　　問2 A群 ⑥　　B群 ⑤

〈解説〉問1 マヨネーズは脂質が多いことからBであると判断しやすい。Cは他の2つと比較して，たんぱく質が多いことから「真あじ」であると判断できる。判断しやすい食材を先に確定するとよい。　問2 ビタミンAは緑黄色野菜に多く含まれ，トマトが該当する。ビタミンCは緑黄色野菜以外の野菜や果物に，炭水化物は米，脂質は植物性油脂及び動物性油脂，たんぱく質は肉や魚，卵，豆製品に多く含まれる。カルシウムは魚介類，大豆製品，乳製品，ひじきなどの野菜，海藻類に多く含まれる。ただし，鮭はひじきほど多くない。

【8】問1 ⑥　　問2 ③

〈解説〉問1 学習指導要領解説(平成20年6月)では，第4学年の「(2)　育ちゆく体とわたし」に該当する選択肢cについては，「食事については，特に，体をつくるもとになるたん白質，不足がちなカルシウム，不可欠なビタミンなどを摂取する必要があることについて触れるようにする」ことが示されている。第6学年の「(3)　病気の予防」に該当する選択肢bでは，「人々の病気を予防するために，保健所や保健センターなどでは，健康な生活習慣にかかわる情報提供や予防接種などの活動が行われていることを理解できるようにする」ことと示されている。問2 学習指導要領解説には，「ゆりかご」などは「マットに背中を順番に接触させるなどして，いろいろな方向に転がること」，「かえるの足打ち」などは「手で体を支えて逆立ちをすること」として示されている。教師の言葉がけとして考えられることは「小学校体育(運動領域)まるわかりハンドブック」などを参考にするとよい。

【9】問1 (1) ④　　(2) ③　　(3) ④　　問2 ア ④　　イ ③　ウ ①

〈解説〉問1 あらかじめ質問と答えを読んでおいて，注意して聞く部分を特定しておくとよい。　問2 ア put ～together で「～を合わせる，くっつける」となる。　イ for example で「例えば」となる。

ウ　give A Bで「AにBをあげる」となる。ここでは，「彼らに盛大な拍手を」という意味である。

【10】問1　放る→ボウル→ホール→ポール　　問2・「調べてみた」という言葉を，「調べて」と「みた」に分けて，それぞれ原形(終止形，元の形，言い切りの形　等)にする。　　・「調べてみた」という言葉を「調べる」「みる」という二つの言葉に分ける。

〈解説〉問1　一般的な国語辞典では，五十音順が同じ場合は清音→濁音の順になっているため，「ほうる」の後に「ボウル」,「ホール」の後に「ポール」がくる。また長音は「ほおる」「ぽおる」と置き換えるので，「ほうる」「ぼうる」の後に「ほおる」「ぽおる」がくる。

問2　この場合の「みる」は補助動詞であり，「調べる」とは別であることを理解させる。また国語辞典には動詞の終止形が載っていることを理解させ，「調べて」「みた」をそれぞれ言い切りの形にしたらどうなるかを考えさせる。

【11】A　カタカナは縦の線(経線)の間を，次の数字は横の線(緯線)の間を示している。　　B　輪島市は35ページのエ(列)と4(行)が重なるマスの中にある。

〈解説〉A・B　まず一緒に地図帳を見て，「エ」と「4」がどこにあるかを確認させる。もちろん，その二つが合わさる場所を見れば「輪島」があるのだが，エが何を示しているのか，4が何を示しているのかを「地理的」に説明することが大切である。

【12】一方の長方形が「周りの長さは長いが，面積は小さい」場合となる，2つの長方形を取り上げる。　　(例)　縦3cm，横5cm，面積15cm² と縦2cm，横7cm，面積14cm² の長方形

〈解説〉その他の例としては，「縦3cm，横6cm，面積18cm² と　縦2cm，横8cm，面積16cm² の長方形」や，「縦4cm，横7cm，面積28cm² と縦3cm，横9cm，面積27cm² の長方形」などがある。

2018年度　　実施問題

【1】次の文章を読んで，あとの問いに答えなさい。(設問の都合で一部省略してある)

　「雰囲気を楽しむ」ということは，世界中どこの人間でもしていることと思われるかもしれません。事実あるいは現象としてはそれでまちがいないのですが，ゲルノート・ベーメというドイツの現代哲学者によると，雰囲気を美の対象として楽しむということを意識的におこなったのは東アジア人，とりわけ日本人なのだそうです。

　西洋人も「雰囲気を楽しむ」ことをしないわけではありませんが，雰囲気を美的対象として意識することはありませんでした。西洋人が伝統的に意識的な美の対象としてきたのは，物体そのもの(たとえば花とか山)およびその属性(色，かたちなど)あるいは人間の心(喜び，悲しみなど)でした。西洋人にとって，雰囲気は物体そのものでも，その属性でもなく，物体のまわりに漠然と存在する副次的，二次的現象にすぎませんでした。ベーメによれば，十九世紀までの西洋絵画は厳格な写実描写かあるいは信仰など人間の内面の表現でした。雰囲気的なものはたとえたまたま描写されていても美的観賞の中心ではなく，あくまでも付随的な「つけたし」にすぎませんでした。

A　こうした伝統に大きな衝撃を与えたのは，東アジアの美術でした。東アジア人，なかでもとくに日本人は，朝もや，夕暮れなど漠然とした雰囲気を美的観賞の中心に据え，それを楽しんでいました。

　詩でも同じです。西洋の詩の焦点は，やはり物体およびその属性や人間の感情でした。これに対して，芭蕉の俳句などは西洋人には驚きをもってむかえられました。

　　　鐘消えて花の香は撞く夕@哉　　　芭蕉

　この句には，消えゆく鐘の音とそれに合わせるかのように地面か

ら立ちのぼるほのかな花の香り，などが詠われていました。しかし，鐘の音の美しさがたたえられているわけではありません。その音は消えつつあるのです。「花の香」と言いますが，どういう花なのかわからないし，どういう香りなのかもよくわかりません。また芭蕉は，うれしいとか悲しいといった自分の感情を表現しているわけでもありません。ただ「これが夕暮れの風景というものだ」と言うことによって，「夕暮れ」という漠然とした雰囲気全体の美しさをたたえているのです。

B　陶芸でも，観賞のしかたに大きなちがいがあります。西洋人は，設計したとおりに作品ができあがらないと，「失敗作」だとして廃棄してしまいます。しかし，日本人は歪（ゆが）みがあっても，釉薬（ゆうやく）がたれて部分的に色がちがっていても，「かえって趣がある」「わび，さびを感じる」などと，ⓑほとんどの西洋人には理解不能な評価をして楽しんできました。これもまた「雰囲気を楽しんでいる」のだと解釈できます。

　　赤い色が暑さや暖かさと，青い色が寒さや冷たさと，ⓒそれぞれ結びつけられることは，よく知られています。こうした色の連想を利用して，室内装飾デザイナーは「暖かい雰囲気」や「冷たい雰囲気」を演出し，照明デザイナーは照明器具を使って「やわらかい雰囲気」や「なめらかな雰囲気」を演出します。

　　これらの例のように，本来ある特定の感覚器官(たとえば視覚)で認識されているはずの現象が，連想などによってほかの感覚器官(たとえば触覚)でも認識されるという現象を「共感覚」と言います。

C　青い色のものを見て，自分にはこれが青とは思えない，と言っても通用しません。青いものが青いのは客観的事実だからです。　Ⅰ　，青い色のものを見て，自分には冷たい感じがするとは思えない，と言うことは通用します。　Ⅱ　，青い色に冷たい感じがするというのは，厳密な客観的事実ではなく，多くの人がそう感じるということにすぎず，そうは思わないという人がいても，その人がまちがっているとはいえないからです。

　　青いものを青いと認識することは客観的認識ですが，冷たいと認識することは，客観ではありませんが，そうかといって［　Ⅲ　］の純粋の主観でもなく，その中間の「相互主観的」あるいは「間主観的」認識といえます。

D　日常生活において西洋人が雰囲気を知覚できないわけはないのですが，西洋人が伝統的に学問の対象としてきたものは，彼らが「実在する」と考えたものだけでした。西洋の伝統的考え方では，「実在する」ということは，物体として客観的に存在するか，あるいは人間の心として，つまり主観として存在するかのどちらかでした。「雰囲気」というような現象は感覚的に知覚，認識はできても，ほんとうに存在するのかどうか疑わしいもので，そのようなものは学問の対象にはならなかったのです。

E　ベーメはこのことを，つぎのような例を使って説明しています。真っ暗な部屋の中で，「ブーン」という蚊の羽音が聞こえる。そうした状況では西洋人でも「いやな雰囲気」を感じるのですが，西洋人にとって重要なのは蚊の行動がもたらす結果であって，蚊が飛びまわっている「いやな雰囲気」というのは副次的現象にすぎません。蚊が人を刺して人がかゆみを感じるという「実在するもの」は学問の対象になりますが，そうした現象のまわりで発生する「いやな雰囲気」のような付随的・副次的な現象は，学問の対象にはなりえなかったのです。

　　なにが楽しい雰囲気で，なにがいやな雰囲気なのかは，人によって異なります。しかし，あるていどの予測はできます。つまり，「客観」ほど確実ではないけれども，「主観」よりは予測が容易です。「共感覚」を「相互主観的」あるいは「間主観的」なもの，と述べましたが，雰囲気もそうなのです。

　　　　　　　　　　　　(伊藤陽一「空気と雰囲気をデザインする」より)

問1　［　Ⅰ　］と［　Ⅱ　］に入る接続語の組合せとして最も適当なものを，次の①〜④から一つ選びなさい。

203

① Ⅰ　たとえば　　Ⅱ　ただし
② Ⅰ　ところで　　Ⅱ　だから
③ Ⅰ　しかし　　　Ⅱ　なぜなら
④ Ⅰ　あるいは　　Ⅱ　もし

問2　　Ⅲ　　に入る最も適切な四字熟語を，次の①～④から一つ選びなさい。

① 一石二鳥　　② 竜頭蛇尾　　③ 十人十色　　④ 海千山千

問3　一線部ⓐ「哉」のように，俳句の中で使うことによって句の表現を独立させ，余情や感動を表す働きをする言葉を何というか，次の①～④から最も適当なものを，一つ選びなさい。

① 置き字　　② 切れ字　　③ 反語　　④ 枕詞

問4　一線部ⓑ「ほとんどの西洋人には理解不能な評価」とあるが，筆者がそう考えているのはなぜか，その理由として最も適当なものを，次の①～④から一つ選びなさい。

① 歪みや部分的な色のちがいは，「美を表現するための物体・属性」でも，「作者の心情を表現するためのもの」として設計されたものでもないため，西洋人にとって美の対象にはならないから。
② いくら設計したとおりに作られたものであったとしても，作品の歪みや部分的な色のちがいを美的観賞の中心に据えることは，厳格な写実描写を重視してきた西洋人にとっては難しいことだから。
③ 伝統的に物体そのものを美的観賞の中心としてきた西洋人にとって，歪みや部分的な色のちがいに込められた作者の思いや感情は，形がなく目に見えないものであるため，美の対象とはならないから。
④ 西洋人は本来「雰囲気」を知覚・認識できないため，偶発的にできた歪みや部分的な色のちがいを見ても，そこに漂う「雰囲気」を理解できず，あくまで「つけたし」としか捉えられないから。

問5　一線部ⓒ「それぞれ結びつけられることは，よく知られています。」は，いくつの文節からできているか，次の①～④から一つ選

びなさい。

① 5つ　② 6つ　③ 7つ　④ 8つ

問6　次の段落は文章中のA～Eのどの段落の前に入るのが最も適当か，下の①～⑤から一つ選びなさい。

> 　雰囲気を本格的な美の対象とは考えなかったということは，雰囲気を学問の対象として考えてこなかったということに通じます。

① 段落A　② 段落B　③ 段落C　④ 段落D

⑤ 段落E

問7　筆者の考える「雰囲気」の説明として，適当でないものを，次の①～④から一つ選びなさい。

① 「雰囲気」とは，西洋人にとっては物体やその属性ではなく，そのまわりに漠然と存在する副次的現象であった。

② 「雰囲気」とは，西洋では伝統的に「実在するもの」ではないと考えられ，学問の対象にはなってこなかった。

③ 「雰囲気」とは，本来ある特定の感覚器官で認識されるべき現象が，ほかの感覚器官でも認識される現象である。

④ 「雰囲気」とは，客観的認識と純粋の主観の中間にある，「相互主観的」あるいは「間主観的」なものである。

(☆☆◎◎◎)

【2】次の問いに答えなさい。

問1　地図と資料を見て，次の(1)～(3)に答えなさい。

(1)　地図中のa～dは日本の東西南北端の島の位置を示している。日本南端の島cの名称として正しいものを，あとの①～④から一つ選びなさい。

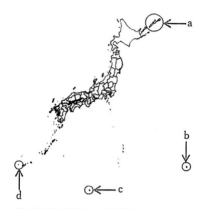

国土地理院が提供する白地図をもとに作成

① 択捉島　　② 与那国島　　③ 沖ノ鳥島　　④ 南鳥島

(2) 日本東端の島bの位置は東経153°59′11″, 北緯24°16′59″である。また, 日本西端の島dの位置は東経122°56′01″, 北緯24°26′58″である。日本における標準時は1つであるが, 日本の東端と西端では時差が生じている。実際にはどれだけの時差が生じているか。最も適当なものを, 次の①〜④から一つ選びなさい。

① およそ15分　　② およそ30分　　③ およそ1時間

④ およそ2時間

(3) 次の資料1は, 日本とその周辺の国や地域との貿易の様子を表したものである。地図中の島aの北に位置するロシア連邦について説明しているものとして最も適当なものを, 次の①〜④から一つ選びなさい。

資料1

(2016年)

番号	日本からの輸入額 (単位：10億円)	日本からの主な輸入品目	日本への輸出額 (単位：10億円)	日本への主な輸出品目
①	12,362	半導体等電子部品、科学光学機器、プラスチック、自動車の部分品、有機化合物	17,016	通信機、衣類・同付属品、電算機類(含周辺機器)、音響映像機器(含部品)、金属製品
②	4,268	半導体等電子部品、プラスチック、非鉄金属、自動車、有機化合物	2,495	半導体等電子部品、金属製品、鉄鋼、科学光学機器、魚介類・同調製品
③	554	自動車、自動車の部分品、ゴム製品、建設用・鉱山用機械、原動機	1,225	原油及び粗油、液化天然ガス、石炭、非鉄金属、魚介類・同調製品
④	5,021	鉄鋼、プラスチック、有機化合物、半導体等電子部品、科学光学機器	2,719	鉄鋼、石油製品、半導体等電子部品、非鉄金属、有機化合物

一般社団法人 日本貿易会「日本貿易の現状2017 (Foreign Trade2017)」より作成

問2　次の文は，日本における排他的経済水域(EEZ)について説明した
　　ものである。空欄(A ），(B)に入る数字の組合せとして最も
　　適当なものを，下の①〜⑨から一つ選びなさい。

> 　排他的経済水域(EEZ)では，海洋資源を沿岸国が排他的に利
> 用・管理することが認められており，日本では，領海の外側
> で沿岸から約(A)km以内までをこの水域としている。日
> 本には多くの離島があるため，排他的経済水域(EEZ)は国土面
> 積の約(B)倍にも上る。

① A：170 － B：10　　② A：170 － B：20

③ A：170 － B：30　　④ A：270 － B：10

⑤ A：270 － B：20　　⑥ A：270 － B：30

⑦ A：370 － B：10　　⑧ A：370 － B：20

⑨ A：370 － B：30

問3　次の資料A〜Cは，それぞれの時代の日本と外国の関係を示した
　　ものである。資料を見て，下の(1)〜(5)に答えなさい。

資料A	資料B	資料C
一 中国政府は，[ ]が山東省に持っている一切の権益を日本にゆずる。	一 日本は神国であるから，[ ]国から邪教([ ])を伝え広められるのは，たいへんよろしくない。	第3条 下田・函館のほか，神奈川，長崎，[ ]，兵庫を開港すること。…神奈川を開いた6か月後，下田を閉ざすこと。

(1)　資料Aの[ ]に当てはまる国名として最も適当なものを，次
　　の①〜④から一つ選びなさい。

　　① イギリス　　② アメリカ　　③ フランス　　④ ドイツ

(2)　資料Bの[ ]に当てはまる宗教名として最も適当なものを，
　　次の①〜④から一つ選びなさい。

　　① キリスト教　　② イスラム教　　③ 仏教

　　④ ヒンズー教(ヒンドゥー教)

(3)　資料Cの[ ]に当てはまる地名を，次の①〜④から一つ選び
　　なさい。

　　① 博多　　② 新潟　　③ 下関　　④ 堺

(4) 資料Cの<u>下田</u>の位置として最も適当なものを，次の地図の①～④から一つ選びなさい。

国土地理院が提供する白地図をもとに作成

(5) 資料A～Cに関係が深い人物名(資料A，Cは締結について，資料Bは発令について)の組合せとして最も適当なものを，次の①～⑧から一つ選びなさい。

① A：袁世凱　－　B：豊臣秀吉　－　C：ペリー
② A：袁世凱　－　B：織田信長　－　C：ペリー
③ A：蔣介石　－　B：織田信長　－　C：ハリス
④ A：蔣介石　－　B：豊臣秀吉　－　C：ハリス
⑤ A：蔣介石　－　B：織田信長　－　C：ペリー
⑥ A：蔣介石　－　B：豊臣秀吉　－　C：ペリー
⑦ A：袁世凱　－　B：豊臣秀吉　－　C：ハリス
⑧ A：袁世凱　－　B：織田信長　－　C：ハリス

(☆☆☆◎◎◎)

【3】次の問いの空欄に入る数値を答えなさい。

問1　次の資料は，小学生8名の算数のテストの得点を表したものである。テストの得点の中央値は，[　　]である。

87　69　95　92　58　56　75　100

問2　A地点からB地点までを，行きは分速80mで歩き，帰りは分速160mで走ると，行きに要した時間と帰りに要した時間には，1分の

違いがあった。

A地点からB地点までの道のりは，[　　]mである。

問3　1から5までの数が1つずつ書かれた5枚のカードがある。この中から，3枚のカードを順に取り出して百の位から1列に並べて3けたの整数をつくるとき，350より小さい整数となる確率は，$\dfrac{[\ ア\ ]}{[\ イ\ ]}$ である。

問4　次の図の長方形ABCDにおいて，点Gは辺CDの中点であり，点E，Fは辺ADを3等分している。線分BEと線分FGの交点をHとするとき，EH：HBを最も簡単な整数の比で表すと，[　ウ　]：[　エ　]となる。

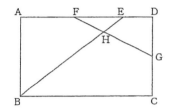

問5　次の図のような，底面の半径6.5cm，母線の長さ10cmの円錐がある。この円錐の側面積は，[　　]π cm^{2}である。

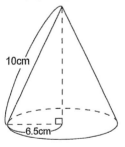

10cm

6.5cm

(☆☆☆◎◎◎)

【4】次の問いに答えなさい。

問1　図1のような装置で，銅粉を空気中で燃焼させた。図2は，銅の質量を変え，燃焼に用いた銅粉の質量と燃焼後にできた酸化銅の質量との関係を表したものである。あとの(1)〜(3)に答えなさい。

209

図1　　　　　　　　図2

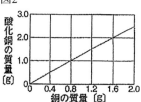

(1)　燃焼後にできた酸化銅の質量を測ったら，6.0gだった。燃焼に用いた銅粉は何gであったと考えられるか。最も適当なものを，次の①〜④から一つ選びなさい。

①　1.2g　　②　2.4g　　③　3.6g　　④　4.8g

(2)　図2から，銅と酸素が結びつく質量を最も簡単な整数の比で表すと，銅：酸素＝[　ア　]：[　イ　]である。空欄[　ア　]，[　イ　]に入る数値を答えなさい。

(3)　この実験の化学反応式として正しいものを，次の①〜④から一つ選びなさい。

①　$Cu+O \rightarrow CuO$　　　　②　$2Cu+O \rightarrow 2CuO$

③　$2Cu+O_2 \rightarrow 2CuO$　　④　$Cu+O_2 \rightarrow CuO_2$

問2　身近に見られる植物を共通の特徴にしたがって分類すると，図3のようになった。下の(1)〜(3)に答えなさい。

図3

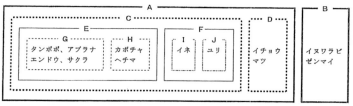

(1)　C，Dの植物は，それぞれ何植物というか。最も適当なものを，次の①〜④から一つずつ選びなさい。

①　被子植物　　②　裸子植物　　③　シダ植物

④　コケ植物

(2)　B，Eの植物のそれぞれの特徴として最も適当なものを，次の

①～⑧から一つずつ選びなさい。

①　花弁がある。

②　花弁がない。

③　雄花と雌花がある。

④　1つの花におしべとめしべがある。

⑤　発芽時の子葉が1枚である。

⑥　発芽時の子葉が2枚である。

⑦　種子をつくる。

⑧　種子をつくらない。

(3)　Gの4つの植物の中で，離弁花類はいくつあるか。次の①～⑤から一つ選びなさい。

①　1つ　　②　2つ　　③　3つ　　④　4つ　　⑤　なし

(☆☆☆○○○)

【5】次の楽譜は，2つの和楽器で演奏される「春の海」の一部である。下の問いに答えなさい。

問1　この曲の作曲者を，次の①～④から一つ選びなさい。

①　岡野貞一　　②　宮城道雄　　③　山田耕筰　　④　滝廉太郎

問2　この曲の原曲の演奏に用いられる　Ⅰ　に入る和楽器を，次の①～④から一つ選びなさい。

①　三味線　　②　しの笛　　③　尺八　　④　ひちりき

問3　この曲を教材として第5学年で鑑賞の活動を行うとき，指導事項として最も適当なものを，次の①～④から一つ選びなさい。

①　楽曲の気分を感じ取って聴くこと。

②　音楽を形づくっている要素のかかわり合いを感じ取り，楽曲の構造を理解して聴くこと。

③　曲想とその変化を感じ取って聴くこと。

④　音楽を形づくっている要素のかかわり合いを感じ取り，楽曲の構造に気を付けて聴くこと。

(☆☆☆◎◎◎◎)

【6】次の問いに答えなさい。

問1　第3学年で「感じたこと，想像したこと，見たことを絵や立体，工作に表す」活動における「創造的な技能」に関する指導事項として最も適当なものを，次の①～④から一つ選びなさい。

①　身近な自然物や人工の材料の形や色などを基に思い付いてつくること。

②　表したいことに合わせて，材料や用具の特徴を生かして使うとともに，表し方を考えて表すこと。

③　自分たちの作品や身近な美術作品や製作の過程などを鑑賞して，よさや面白さを感じ取ること。

④　感じたことや思ったことを話したり，友人と話し合ったりするなどして，表し方の変化，表現の意図や特徴などをとらえること。

問2　次の文は，のこぎりの使い方について述べたものである。

> ・切り始めは，のこぎりの(　A　)で(　B　)動かして引きみぞをつける。
>
> ・切り終わりは，のこぎりを(　C　)，ゆっくりと引く。

(1)　空欄の(　A　)～(　C　)に入る語句の組合わせとして最も適当なものを，次の①～④から一つ選びなさい。

①　A：刃先－B：ゆっくり－C：ねかせて

②　A：刃先－B：はやく　－C：立てて

③　A：刃元－B：はやく　－C：ねかせて

④　A：刃元－B：ゆっくり－C：立てて

(2)　次の図は両刃のこぎりの写真である。木材の繊維に沿って切るときに使う刃とその名称の組合せとして最も適当なものを，あと

の①〜④から一つ選びなさい。

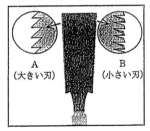

①　A－縦びきの刃　　②　B－縦びきの刃
③　A－横びきの刃　　④　B－横びきの刃

(☆☆☆◎◎◎)

【7】「衣生活」について，次の問いに答えなさい。

問1　次の表は，衣服に使われるおもな繊維のうち，綿，ポリエステル，毛についてその特徴を示したものである。表中のa〜cに入る繊維名の組合せとして最も適当なものを，下の①〜⑥から一つ選びなさい。

◎性能が良い　　○普通　　△性能が劣る

繊維名	ぬれたときの強度	防しわ性	吸湿性	適する洗剤	アイロンの温度	その他の特徴
a	○	◎	◎	中性	中	水の中でもむと縮む
b	◎	◎	△	弱アルカリ性	中	縮まない
c	◎	△	◎	弱アルカリ性	高	水をよく吸う

①　a：綿　　　　　　b：毛　　　　　　　c：ポリエステル
②　a：綿　　　　　　b：ポリエステル　　c：毛
③　a：毛　　　　　　b：綿　　　　　　　c：ポリエステル
④　a：毛　　　　　　b：ポリエステル　　c：綿
⑤　a：ポリエステル　b：毛　　　　　　　c：綿
⑥　a：ポリエステル　b：綿　　　　　　　c：毛

問2　2枚の布を縫い合わせる際，布と布が動かないように仮止めするために，まち針を打つ。まち針を打つ順番を1〜3で表す時，最も適当なものを，次の①〜④から一つ選びなさい。

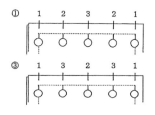

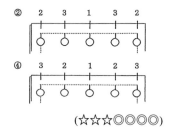

(☆☆☆◎◎◎◎)

【8】次の問いに答えなさい。

問1　次の表は，第3学年及び第4学年の「ゲーム」の内容を整理した
　　ものである。表のA～Cに当てはまるゲームの例示の組合せとして
　　最も適当なものを，下の①～⑥から一つ選びなさい。

型	ゲームの例示
ゴール型ゲーム	A
ネット型ゲーム	B
ベースボール型ゲーム	C

【ゲームの例示】

a　手やラケットでボールを打ったり，止まったボールを打ったり
　　して行うゲーム

b　プレルボールを基にした易しいゲーム

c　タグラグビーやフラッグフットボールを基にした易しいゲーム

① A－a　B－b　C－c　　② A－a　B－c　C－b

③ A－b　B－a　C－c　　④ A－b　B－c　C－a

⑤ A－c　B－a　C－b　　⑥ A－c　B－b　C－a

問2　次の表は，第5学年及び第6学年の「水泳」において，クロール
　　及び平泳ぎを指導する際の教師の声かけを整理したものである。表
　　のA～Cに当てはまる語句の組合せとして最も適当なものを，あと
　　の①～⑧から一つ選びなさい。

	手の動き	足の動き	呼吸
クロール	できるだけ手を前方に入れ遠くの水をつかみ，水を後ろに押すように A までしっかりかこう	ひざをできるだけ曲げず，親指が触れるように足を動かそう	前に出している手に耳をつけるようにして顔を横に上げ， C と息つぎをしよう
平泳ぎ	両手を前方に伸ばし，円を描くように左右に開き，水をかこう	足の親指を外側に開いて，足の B で水をけろう	両手のむねの前に水をかきこみながら顔を上げ， C と息つぎをしよう

214

① A：もも B：甲 C：パッ ② A：もも B：甲 C：スー
③ A：もも B：裏 C：パッ ④ A：もも B：裏 C：スー
⑤ A：むね B：甲 C：パッ ⑥ A：むね B：甲 C：スー
⑦ A：むね B：裏 C：パッ ⑧ A：むね B：裏 C：スー

(☆☆☆○○○)

【9】次の問いに答えなさい。

問1 〈放送問題〉

外国語活動の授業で，ブラウン先生が児童に自己紹介をしているときの英文を聞いて，次の(1)～(3)の質問に対する答えとして最も適当なものを，それぞれ下の①～④から一つずつ選びなさい。

---

(1) What day will Mr. Brown teach students English at school?

① Tuesday and Wednesday. ② Tuesday and Thursday.

③ Wednesday and Thursday. ④ Thursday and Friday.

(2) How long did Mr. Brown stay in Japan when he was nineteen years old?

① For three days. ② For three weeks.

③ For three months. ④ For three years.

(3) Why does Mr. Brown want to go to the library?

① To borrow a dictionary.

② To practice writing Japanese.

③ To teach students English.

④ To learn about Japanese culture.

問2 次の英文は外国語活動の授業で，指導者が児童とやりとりしながら話している内容の一部である。文中の空欄[ア]～[ウ]に入る最も適当な語を，それぞれあとの①～④から一つずつ選びなさい。

Let's play the "What am I?" quiz. There are four animals. I'm one of them. Now, I'll give you three hints. You have to listen to all three. So, please listen [ア] and guess what I am. Are you ready? Let's start! First hint; "I'm white and black." Second hint; "I'm a bird but I can't fly." Last hint; "I can swim very well." OK, [イ] your ideas with your partner.

Now, let's check the answer. Who knows the answer? Please raise your hands. Good idea! Do you [ウ] so, too? You all have the same idea. That's right. I'm a penguin. Good job.

[ア] ① carefully ② easily ③ finally ④ hardly
[イ] ① know ② put ③ share ④ take
[ウ] ① have ② hope ③ make ④ think

(☆☆○○○○○)

【10】第5学年の国語科「書写」の授業で，児童に「にょう」の部首がある文字について「字形を整えて書くこと」を指導している。

問1　次に示す文字は，児童の書いた「字形が整えられていない文字」である。字形を整えるポイントを説明しなさい。

問2　「しんにょう」以外の「にょう」の部首がある漢字を一つ書いて，その部首名を書きなさい。

(☆☆☆○○○)

216

【11】第3学年の算数科「分数」の授業で，次の問題に取り組んだ。

[問題]

次の図の色をぬったところのテープの長さは，何mでしょう。

 は，1mのテープを同じ長さになるように2つに分けた1こ分の長さを表しています。

[図]

このとき，ある児童は，次のように答えた。

色をぬったところのテープの長さは，$\frac{3}{4}$mです。

このように間違えた児童に対し，どのような指導をしたらよいか。次の(1)，(2)について指導方法を書きなさい。

ただし，本問では，分数を小数で表す指導及び小数を分数で表す指導については，扱わないこととする。

(1)　色をぬったところのテープの長さは，なぜ$\frac{3}{4}$mでは誤りなのか。

(2)　色をぬったところのテープの正しい長さを分数で表すには，どのように指導すればよいか。

(☆☆☆◎◎◎)

【12】第4学年の理科の授業(「単元「月の動き」：課題〈月も，太陽と同じような動きをするのかな〉)で，教師は次のような【記録カード】を児童に配付し，[予想]を書かせた後，あとのように説明を始めた。

【記録カード】

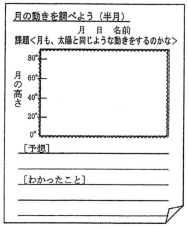

【説明の一部】

　　晴れの予報が出ている今日と明日は，半月がきれいに見えます。そこで，今日か明日のどちらかに半月の位置を観察して，【記録カード】に記録しましょう。

　　その記録を基に話し合えば，課題が解決できると思いますよ。

　　では，記録の仕方を説明します。

　　夕方に見えた半月の高さや位置を観察して，そのₐ月の絵を，【記録カード】の「月の高さ」の目盛がついている⬜︎の中にかき入れます。そのとき，♭周りの景色もかき入れて，その景色が月の位置の目印になるようにしましょう。

　　1〜2時間後にもう一度同じ場所で，見えた꜀月の絵を，位置をよく観察してかき入れなさい。

　　【説明の一部】で指示した下線a〜cの他に【記録カード】⬜︎の中にかき入れるように指示しなければならないのは，どのようなこと

か。2つ書きなさい。

(☆☆☆◎◎◎)

解答・解説

【1】問1　③　　問2　③　　問3　②　　問4　①　　問5　②
問6　④　　問7　③
〈解説〉問1　空欄Ⅰの前後では「客観的事実」と「厳密な客観的事実
ではな」いものという逆の事柄が述べられる。そのため，逆接の接続
詞が入る。また，空欄Ⅱを含む文章の文末が「からです」なっている
ことから，理由を表す接続詞が入ることがわかる。　問2　「十人十色」
とは，好み，考え方，性格などが人それぞれによって異なるというこ
と。　問3　切れ字には，他に「や」「けり」などがある。　問4　下
線部ⓑを含む段落で西洋人と日本人の美意識の相違に関して述べられ
ている。その内容を踏まえて考えるとよい。　問5　文節に分けると
「それぞれ／結びつけられる／ことは，／よく／知られて／います」
となる。　問6　問題で示されている段落は「雰囲気」を「学問」と
結びつけて論じる導入部分となる。したがって，「学問」をキーワー
ドとして適切な段落を探せばよい。　問7　③の内容は「共感覚」の
説明である。

【2】問1　(1)　③　　(2)　④　　(3)　③　　問2　⑦　　問3　(1)　④
(2)　①　　(3)　②　　(4)　②　　(5)　⑦
〈解説〉問1　(1)　日本の南端は，東京都の沖ノ鳥島で北緯20度25分に位
置する。なお，北端は①の北海道の択捉島(地図a)，西端は②の沖縄県
の与那国島(地図d)，東端は④の東京都の南鳥島(地図b)である。
(2)　東端と西端の経度の差は，153度59分－122度56分で，31度03分と
なる。経度は15度の差で1時間の時差が生じるので，およそ2時間の時

差が出る。　　(3)　ロシア連邦から日本への主な輸出品の1位が原油及び粗油，2位が液化天然ガスである。なお，①は輸出入額の大きさから中国，②は輸出入に半導体等電子部品が1位にあることから台湾，④は鉄鋼が1位にあることから韓国と考えられる。　　問2　排他的経済水域は，各国の海岸線から200海里以内である。1海里は1.852kmなので，1.852×200＝370.4〔km〕となる。日本の国土は約38万km²，排他的経済水域は447万km²である。日本は四方を海に囲まれているので，その分排他的経済水域も大きくなる。　　問3　資料Aは1915(大正4)年に大隈重信内閣が袁世凱政府に出した二十一か条要求の内容の一部，資料Bは1587(天正15)年に豊臣秀吉が出したバテレン追放令の内容の一部，資料Cは1858(安政5)年に調印された日米修好通商条約の内容の一部である。なお，(3)に関連して，日米和親条約では下田と箱館を開港したことをあわせておさえておくとよい。　　(4)　下田は静岡県伊豆半島の尖端に位置する。なお，①は浦賀(神奈川)，③は大阪，④は長崎である。　　(5)　Aは袁世凱政府に出され，Bは豊臣秀吉が発した。Cの調印に尽力したのは初代日本駐在総領事のハリスである。

【3】問1　81　　　問2　160　　　問3　ア　11　　　イ　20
　　　問4　ウ　1　　　エ　5　　　問5　65

〈解説〉問1　中央値は，資料の値を大きさの順に並べたときの中央の値であり，資料が偶数の場合は中央に位置する2つの平均となる。よって，中央値＝$\frac{75+87}{2}$＝81〔点〕となる。　　問2　A地点からB地点までの道のりをxmとすると，行きに要した時間は$\frac{xm}{分速80m}=\frac{x}{80}$〔分〕，帰りに要した時間は$\frac{xm}{分速160m}=\frac{x}{160}$〔分〕であり，行きに要した時間と帰りに要した時間には1分の違いがあったから，$\frac{x}{80}=\frac{x}{160}+1$となる。これを解くと，$2x=x+160$　$x=160$〔m〕となる。　　問3　1から5までの数が1つずつ書かれた5枚のカードから，3枚のカードを順に取り出して百の位から1列に並べて3けたの整数をつくるとき，百の位が1の整数は4×3＝12〔個〕つくることができる。百の位が2, 3, 4, 5

の整数もそれぞれ12個ずつつくることができるから，3けたの整数は全部で12×5＝60〔個〕つくることができる。このうち，350以上の整数は，百の位が4と5の整数の12×2＝24〔個〕と，354，352，351の3個の，全部で24＋3＝27〔個〕あるから，求める確率は$\frac{60-27}{60}=\frac{11}{20}$となる。　問4　題意より，FE＝$\frac{1}{3}$AD，FD＝$\frac{2}{3}$AD。辺BCの延長と線分FGの延長との交点をPとする。△FDG≡△PCGだから，PC＝FD＝$\frac{2}{3}$AD。平行線と線分の比についての定理より，EH：HB＝FE：BP＝FE：(BC＋PC)＝FE：(AD＋PC)＝$\frac{1}{3}$AD：$\left(AD+\frac{2}{3}AD\right)$＝1：5となる。問5　半径$r$，弧の長さ$\ell$のおうぎ形の面積は$\frac{1}{2}\ell r$で求められるから，問題の円錐の側面積＝$\frac{1}{2}×(2\pi×6.5)×10＝65\pi$〔$cm^2$〕となる。

【4】問1 (1) ④ (2) ア 4 イ 1 (3) ③ 問2 (1) Cの植物…① Dの植物…② (2) Bの特徴…⑧ Eの特徴…⑥ (3) ③

〈解説〉問1　銅0.8gを加熱すると，酸化銅が1.0gできることを基準に比を用いて考えればよい。　(3)　価数と係数を考えて答えるように注意したい。　問2　(1)　胚珠が子房に包まれているのが被子植物，胚珠がむき出しなのが裸子植物である。　(2)　Bはシダ植物，Eは双子葉類である。　(3)　離弁花類は花びらが離生する花のことを指す。ここではアブラナ，エンドウ，サクラが該当する。

【5】問1 ② 問2 ③ 問3 ②

〈解説〉問1　解答以外の作曲者も頻出なので，代表作を学習しておく必要がある。岡野貞一は「日のまる」「春がきた」など，山田耕筰は「赤とんぼ」「待ちぼうけ」など，滝廉太郎は「荒城の月」，「花」などがあげられる。　問2　「春の海」は他の楽器でアレンジ演奏されることもあるが，原曲は「尺八」と箏の組み合わせである。なお，「ひちりき」は雅楽で用いられる管楽器である。　問3　学習指導要領の

「鑑賞」の指導事項の問題。①は第1〜2学年，③，④は第3〜4学年の指導事項である。

【6】問1　②　　問2　(1)　④　　(2)　①
〈解説〉問1　小学校学習指導要領に関する問題と見てよい。なお，①は第1〜2学年の表現，③は第3〜4学年の鑑賞，④は第5〜6学年の鑑賞の指導事項である。　問2　(1)　切り始めは親指の関節やあて木をあて，切り終わりはゆっくりとのこぎりを動かし，切り落とす材料を支えるようにすると，材料が欠けるのを防ぐことができる。　(2)　両刃のこぎりは目の粗い縦びきと目の細かい横引きが一緒になっており，縦びきは木目に沿って切るときに，横びきは木目に対して直角や斜めに切るときに使用する。

【7】問1　④　　問2　③
〈解説〉問1　毛は水の中でもむと縮み，適する洗剤が「中性」であることに着目するとよい。綿はしわになりやすいため，アイロンの温度を「高」で使用するとよい。　問2　まち針を打つ順番は出題頻度が高い。両方の端　→　真ん中　→　端と真ん中の間の順に止める。また，縫う方向に対して直角に止めることもおさえておこう。

【8】問1　⑥　　問2　③
〈解説〉問1　ゴール型は敵陣にある所定の場所にボールを入れることで得点するスポーツ，ネット型は自陣と敵陣の間にネットがあり，敵がボールを返せないようにすることで得点するスポーツ，ベースボール型は野球のように一定のルールで打者走者をホームベースに返すことで得点するスポーツである。プレルボールはバレーボールに類似した球技で，げんこつでボールを地面に打ちつけ，ボールをバウンドさせて味方にパスしたり，相手ゴールにアタックしたりするスポーツである。　問2　クロールや平泳ぎの手足の動きは言葉だけでなく，図でもわかるようにしておくとよい。なお，一般的に長すぎる呼吸(息継

ぎ)はタイムロスの原因になるので，できるだけ短いほうがよいという
ことをおさえておくこと。

【9】問1 (1) ② (2) ③ (3) ④ 問2 ア ① イ ③
ウ ④
〈解説〉問1 英語のリスニング問題では，問題文が2回放送されることが
ほとんどなので，1回目で聞き取れない部分があっても慌てないよう
に。2回目で分からなかった部分に集中して聞くようにしよう。放送
の前に設問と選択肢に目を通しておくと，落ち着いて問題を聞くこと
が出来るだろう。 問2 エはlisten carefully「注意して聴く」，オは
share your ideas「考えを話し合う」となる。カはDo you think so, too？
「君もそう思う？」となるが，続く文にYou all have the same idea.「み
んな同じ考えですね」とあるのもヒントになるだろう。

【10】問1 しんにょうの「(右)はらい」が「中(首)の部分より右に出る」
ように書くと字形が整う。 問2 漢字…延 部首名…えんにょう
〈解説〉問1 文字の真ん中にある縦棒は，文字の中心線である。しんに
ょうを見ると中心線から左の幅と右の幅が異なり，また文字全体で見
てもバランスが悪くなっている。したがって，しんにょうの右の幅を
左の幅に合わせることで文字のバランスをとることが考えられる。
問2 別解として，きにょう(魅，魁)，そうにょう(趣，超)，ばくにょ
う(麺，麹)などが考えられる。

【11】まず，図を用いるなどして，色をぬったところのテープの正しい長
さは，1mより長いことを押さえ，$\frac{3}{4}$mは1mより短いことを確認し，
色をぬったところのテープの正しい長さを$\frac{3}{4}$mと表すのは誤りである
ことを指導する。次に，色をぬったところのテープの正しい長さは，
もとの長さは2mであるが，もとの長さが1mの場合と同様に，1mを2等
分した1こ分の長さに着目させ，$\frac{1}{2}$mが3こ分であるから，$\frac{3}{2}$mである

ことを指導する。

〈解説〉児童は，テープを1mずつ切り離して考えることができれば，正答できた可能性がある。したがって，指導する際は1mずつ切り離したテープを示すことで，四角1つは1mの半分，つまり$\frac{1}{2}$mであること，色をぬった部分は四角3つ分，つまり$\frac{3}{2}$mであることが理解できよう。

【12】　・それぞれの半月を観察した時刻　　・見た方位

〈解説〉観察した際には，その記録を正確に取る必要がある。観察をした際に，その月がその高さになったのは何時頃か，その時間帯にどの方角に見えたのかを正確に記録しておく必要がある。観察を行う際は，事物・現象に目的意識をもって積極的に関わることが重要である。

2017年度　　実施問題

【1】次の文章を読んで，あとの問いに答えなさい。(設問の都合で一部
省略してある)

　　アメリカ人は堂々と自己主張ができるのに，僕たち日本人はなぜ
うまく自己主張ができないのか。

　　それは，そもそも日本人とアメリカ人ではコミュニケーションの
法則がまったく違っているからだ。

　　アメリカ人にとって，コミュニケーションの最も重要な役割は，
相手を説得し，自分の意見を通すことだ。お互い⑦にそういうつも
りでコミュニケーションをするため，遠慮のない自己主張がぶつか
り合う。お互いの意見がぶつかり合うのは日常茶飯事なため，まっ
たく気にならない。

　　一方，僕たちは，自分の意見を通そうというより前に，相手はど
うしたいんだろう，どんな考えなんだろうと，相手の意向を気にす
る。そして，できることなら相手の期待を裏切らないような方向に
話をまとめたいと思う。意見が対立するようなことはできるだけ避
けたい。そうでないと気まずい。

A　つまり，僕たち日本人にとっては，コミュニケーションの最も重
　要な役割は，お互いの気持ちを結びつけ，良好な場の雰囲気を醸し
　出すことなのだ。強烈な自己主張によって相手を説き伏せることで
　はない。

　　だから自己主張のスキルを磨かずに育つことになる。自己主張が
苦手なのは当然なのだ。その代わりに相手の気持ちを察する共感性
を磨いて育つため，相手の意向や気持ちを汲み取ることができる。

B　心理学者のマーカスと北山忍は，アメリカ的な独立的自己観と日
　本的な相互協調的自己観を対比させている。

　　独立的自己観では，個人の自己は他者や状況といった社会的文脈

から切り離され，そうしたものの影響を受けない独自な存在とみなされる。そのため個人の行動は本人自身の意向によって決まると考える。

　それに対して，相互協調的自己観では，個人の自己は他者や状況といった社会的文脈と強く結びついており，そうしたものの影響を強く受けるとみなされる。そのため個人の行動は他者との関係性や周囲の状況に大いに左右されると考える。

　このような相互協調的自己観をもつ僕たち日本人は，個としての自己を生きているのではなく，関係性としての自己を生きている。関係性としての自己は，相手との関係に応じてさまざまに姿を変える。その場その場の関係性にふさわしい自分になる。相手との関係性によって言葉づかいまで違ってくる。欧米人のように相手との関係性に影響を受けない㋑一定不変の自己などというものはない。

　僕たちの自己は，相手から独立したものではなく，相手との相互依存に基づくものであり，間柄によって形を変える。㋒僕たちの自己は，相手にとっての「あなた」の要素を取り込む必要がある。だから相手の意向が気になる。相手の視線が気になるのだ。

Ｃ　個を生きているのなら，自分の心の中をじっくり振り返り，自分の言いたいことを言えばいい。相手が何を思い，何を感じているかは関係ない。自分が何を思い，何を感じているかが問題なのだ。自分の思うことを言う。自分が正しいと考えることを主張する。自分の要求をハッキリと伝える。それでいいわけで，実にシンプルだ。

　でも，（　㋓　）を生きるとなると，そんなふうにシンプルにはいかない。自分の意見を言う前に相手の意向をつかむ㋔必要がある。気まずくならないようにすることが何よりも重要なので遠慮のない自己主張は㋕禁物だ。相手の意見や要求を汲み取り，それを自分の意見に取り込みつつ，こちらの意向を主張しなければならない。

　このように関係性としての自己を生きる僕たち日本人は，たえず人の目を意識することになる。

　関係性を生きる僕たちの自己のあり方は，「人間」という言葉に

もあらわれている。

　哲学者の和辻哲郎は，「人間」という言葉の成り立ちについて疑問を提起している。「人」という言葉に「間」という言葉をわざわざ付けた「人間」という言葉が，なぜまた「人」と同じ意味になるのかというのだ。

　和辻によれば，辞書『言海』に，その事情が記されている。もともと人間という言葉は「よのなか」「世間」を意味していたのだが「俗に誤って人の意になった」。つまり，「人間」というのは，もともとは「人の間」，言い換えれば「人間関係」を意味する言葉だったのに，誤って「人」の意味に使われるようになったのだという。

　誤って使われたのだとしても，なぜまたそんな誤りが定着したのか。そこにこそ大きな意味があるのではないか。

　ここからわかるのは，日本文化には，「人＝人間関係」というような見方が根づいているということだ。

D　和辻は，そこのところをつぎのように説明する。もし，「人」が人間関係とはまったく別ものとしてとらえられているのであれば，「人」と「人間関係」を明確に区別すべきだろう。それなのに，日本語では「人間関係」や「よのなか」を意味する「人間」という言葉が「人」の意味で用いられるようになった。ここにこそ，日本的な「人」のあり方が示されている。

　僕たち日本人にとって，「人間」は社会であるとともに個人なのだ。

E　一定不変の自分というのではなく，相手との関係にふさわしい自分がその都度生成するのだ。相手あっての自分であり，相手との関係に応じて自分の形を変えなければならない。だからこそ人のことが気になる。人の目が気になって仕方がないのだ。

　(榎本博明「〈自分らしさ〉って何だろう？自分と向き合う心理学」より)

問1　一線部㋐「に」と文法的に意味・用法が同じものを，次の①〜

④から一つ選びなさい。

① 試合での活躍を賞賛され，彼はうれしそう<u>に</u>笑った。

② 明日，卒業後の進路のことを，先生<u>に</u>相談する。

③ 去年から丹精込めて育ててきた花がされい<u>に</u>咲いた。

④ ここ数日間の雨のせいで，春なの<u>に</u>外はまだ寒い。

問2　一線部⑦「<u>一定不変</u>」の対義語として最も適当な四字熟語を，次の①～⑥から一つ選びなさい。

① 永久不滅　　② 千載一遇　　③ 適材適所　　④ 有為転変

⑤ 天変地異　　⑥ 海千山千

問3　一線部⑦「<u>僕たちの自己は，相手にとっての「あなた」の要素を取り込む必要がある。</u>」とはどういうことか，最も適当なものを次の①～④から一つ選びなさい。

① 我々は常に，自分が相手からどう見られているかを意識し，その相手にふさわしい自分を作り上げている。

② 我々は常に「相手はどうしたいのか」を考え，その相手の期待を裏切らないような自分を作り上げている。

③ 我々は常に，相手に対し正面から向き合って意見を言えるような，相手と正反対の自分を作り上げている。

④ 我々は常に，相手に一人の人間として認めてもらえるように，特徴的な個性を持つ自分を作り上げている。

問4　（　⑤　）に入る最も適当な言葉を，次の①～④から一つ選びなさい。

① 協調性　　② 社会性　　③ 関係性　　④ 共感性

問5　一線部④の漢字で↓の指す部分は何画目にあたるか，次の空欄に入る数値を答えなさい。

　　　□画目

問6　一線部⑰の「<u>物</u>」と同じ読み方をするものを，次の①～④から

一つ選びなさい。

① 天は二<u>物</u>を与えず。　② 腹に一<u>物</u>ある。

③ 珠が放<u>物</u>線を描く。　④ 鋳<u>物</u>の鍋を買う。

問7　次の段落は文章中のA～Eのどの段落の前に入るのが最も適当か，下の①～⑤から一つ選びなさい。

> このように，日本文化のもとで自己形成をした僕たちの自分というのは，個としてあるのではなく，人とのつながりの中にある。かかわる相手との間にある。

① 段落A　② 段落B　③段落C　④ 段落D

⑤ 段落E

問8　本文の内容に合致するものとして最も適当なものを，次の①～④から一つ選びなさい。

① 日本人が自己主張が苦手なのは，良好な関係を保つために相手を説得する力を重視した結果，自己主張のスキルを磨かずに育つことになってしまったからである。

② 心理学者のマーカスと北山忍が対比させた二つの自己観のうち，社会的文脈と強く結びついているため，相手によって自己を左右されることがないのは，「相互協調的自己観」である。

③ 欧米人が日本人と比べて，相手の意向や視線を気にすることがないのは，「個としての自己」を生きており，本人自身の意向によって個人の行動を決めることができているためである。

④ もともと「人間」という言葉が「人」と「世間」の二つの意味を持っていた日本では，個人よりも両者の関係を重視する精神が根づいていった。

(☆☆◎◎◎)

【2】次の問いに答えなさい。

問1　次の資料A～Cは，それぞれの時代の幕府のしくみを簡略に表したものである。これを見て，あとの(1)～(5)に答えなさい。

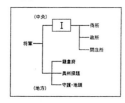
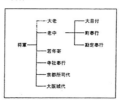
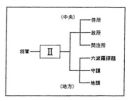

(1) 資料A～Cの幕府のしくみを，年代の古いものから順に並べたとき，正しく並んでいるものを，次の①～⑥から一つ選びなさい。

①　A　→　B　→　C　　②　A　→　C　→　B

③　B　→　A　→　C　　④　B　→　C　→　A

⑤　C　→　A　→　B　　⑥　C　→　B　→　A

(2) 資料Aの　Ⅰ　と資料Cの　Ⅱ　に当てはまる役職名の組合せとして最も適当なものを，次の①～⑥から一つ選びなさい。

①　Ⅰ：管領－Ⅱ：執権　　　②　Ⅰ：管領－Ⅱ：関白

③　Ⅰ：執権－Ⅱ：管領　　　④　Ⅰ：執権－Ⅱ：関白

⑤　Ⅰ：関白－Ⅱ：管領　　　⑥　Ⅰ：関白－Ⅱ：執権

(3) 資料Bの時代の日本と外国との関係について述べた文として最も適当なものを，次の①～④から一つ選びなさい。

①　イギリスは，中国での利権の確保のために日本と同盟を結んだ。

②　明が倭寇の取りしまりを求め，日本はその申し入れに応じた。

③　朝鮮と国交が回復し，将軍の代がわりごとなどに祝賀の使節が日本に派遣された。

④　高麗を従えた元が，日本を従えようと攻めてきた。

(4) 資料Cの時代の土地に関する政策やきまりについて説明した文として最も適当なものを，次の①～④から一つ選びなさい。

①　幕府や大名は，用水路をつくったり干拓をすすめたりするなど新田開発に力を注いだ。

②　全国の田畑の面積や土地のよしあしを調べ，予想される収穫量を石高という基準で表した。

③ 新しく開墾した土地であれば，三代までに限らず，いつまで
　 も自分のものにしてよいと認めた。

④ 将軍と御家人は，土地を仲立ちとした「御恩」と「奉公」の
　 主従関係を結んだ。

(5) 資料B中の「京都所司代」と同じ役割の役職・機関として最も
　 適当なものを，資料C中の次の①〜⑥から一つ選びなさい。

① 侍所　　② 政所　　③ 問注所　　④ 六波羅探題
⑤ 守護　　⑥ 地頭

問2　資料や地図を見て，次の(1)〜(4)に答えなさい。

(1) 次の資料1のA〜Cは，日本の三大工業地帯の製造品出荷額等の
　 推移を，資料2のア〜ウは工業生産額等の割合(2012年)を示したも
　 のである。中京工業地帯を表しているものとして最も適当な組合
　 せを，下の①〜⑨から一つ選びなさい。

［資料１］

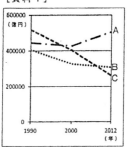

［資料２］

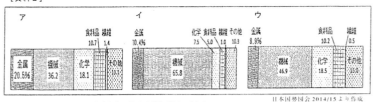

※ただし、資料１・２では次の都道府県のデータを合わせたものとする。
　京浜は東京、神奈川。中京は愛知、三重。阪神は大阪、兵庫。

日本国勢図会 2014/15 より作成

① A−ア　　② A−イ　　③ A−ウ　　④ B−ア

⑤　B－イ　　⑥　B－ウ　　⑦　C－ア　　⑧　C－イ

⑨　C－ウ

(2)　日本の三大工業地帯の特徴について述べた次の文のうち，京浜工業地帯の特徴を説明したものとして適当なものを，次の①～④から二つ選びなさい。ただし，解答の順序は問わない。

①　戦前から繊維や日用雑貨，食品などの工業が発展し，戦後は内陸部を中心に機械工業が発展している。

②　臨海部では，石油化学コンビナートや製鉄所，火力発電所，製粉工場などの大工場が立ち並んでいる。

③　この地域にあった繊維機械の会社が，これまで培ってきた技術を集結し，自動車生産が始まった。

④　膨大な情報が集まり新聞社や出版社が多く，印刷業が盛んになった。

(3)　地図中a～cの国は，2013年における日本の原油輸入相手国上位3カ国を表している。最も輸入量の多い国の記号と国名の組合せとして正しいものを，下の①～⑨から一つ選びなさい。

[地図]

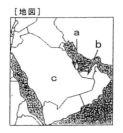

①　a－アラブ首長国連邦　　　②　a－カタール

③　a－サウジアラビア　　　　④　b－アラブ首長国連邦

⑤　b－カタール　　　　　　　⑥　b－サウジアラビア

⑦　c－アラブ首長国連邦　　　⑧　c－カタール

⑨　c－サウジアラビア

(4)　1973年，地図中a～cの国が加盟するOPECがいっきに原油価格を引き上げた。この影響を受けた日本経済の状況について述べた文として最も適当なものを，次の①～④から一つ選びなさい。

232

① 地価や株価が急激に上昇し，バブル経済になった。
② 国民所得倍増計画が出され，10％をこえる経済成長率を実現した。
③ プラザ合意により，円が急騰し円高不況にみまわれた。
④ インフレーションと景気停滞が併存するスタグフレーションに直面した。

(☆☆☆◎◎◎)

【3】次の問いに答えなさい。

問1　次の(1)〜(5)の空欄に入る数値を答えなさい。

(1) $\sqrt{190-n}$ が整数となる最も小さい正の整数 n の値は，[　　]である。

(2) 1円，5円，10円，50円，100円，500円の6種類の硬貨を同時に投げるとき，少なくとも1枚が表になる確率は $\dfrac{[\quad]}{[\quad]}$ である。

(3) 2けたの自然数がある。その数の一の位の数は，十の位の数の4倍より3小さく，十の位の数と一の位の数を入れかえてできる2けたの数は，もとの自然数よりも27大きくなる。もとの2けたの自然数は，[　　]である。

(4) ある市でドッヂボール大会を開催し，リーグ戦を行ったところ，試合数は全部で91であった。参加したチーム数は，[　　]である。(ただし，どのチームも他のチームと1回ずつ試合をすることとする。)

(5) 50人より少ない子どもが，1列に並んでいる。たかしさんは前から30番目，よし子さんは後ろから27番目である。たかしさんとよし子さんの間には11人いる。並んでいる全ての子どもの数は，[　　]人である。

問2　次の図のように長方形ABOCがあり，点Aの座標は(6，10)である。直線 $\ell：y＝ax＋4$ と y 軸の交点をD，直線 ℓ と辺ACとの交点をPとする。台形ABDPと台形DOCPの面積の比が，「1：2」になるとき，直線 ℓ の a 値は $\dfrac{[\quad]}{[\quad]}$ である。

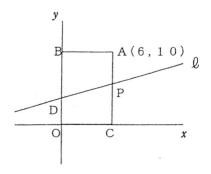

(☆☆☆○○○)

【４】次の問いに答えなさい。

問1　100gの水にとける物質の質量と水の温度の関係について，実験
をして調べた。下の(1)〜(4)に答えなさい。

【実験】

図1のように，40℃の水100gが入った2つのビーカーを用意し，ビー
カーAの水には硝酸カリウム，ビーカーBの水には塩化ナトリウ
ム(食塩)をそれぞれ溶けるだけ溶かして水溶液をつくった。

その結果，ビーカーAには，硝酸カリウムを64g溶かすことができ
た。

図2は，硝酸カリウムと塩化ナトリウムの溶解度と温度の関係を
表したものである。

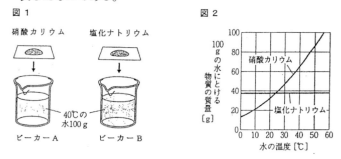

(1)　水のように，物質を溶かしている液体を何というか。最も適当

なものを，次の①～④から一つ選びなさい。

① 溶剤　　② 溶液　　③ 溶質　　④ 溶媒

(2)　ビーカーAの水溶液の質量パーセント濃度は[　　]％である。[　　]に入る数値を答えなさい。ただし，小数第1位を四捨五入すること。

(3)　ビーカーAの水溶液を10℃まで冷やしたとき，水溶液の中に結晶が現れた。現れた結晶の質量の範囲として最も適当なものを，次の①～④から一つ選びなさい。

①　10～15g　　②　20～25g　　③　30～35g　　④　40～45g

(4)　図2から，塩化ナトリウム水溶液を冷やしても塩化ナトリウムの結晶が現れにくいことがわかる。そこで，ビーカーBの水溶液の一部をスライドガラスの上にのせ，ゆっくり水を蒸発させると塩化ナトリウムの結晶が現れた。塩化ナトリウムの結晶の形として最も適当なものを，次の①～④から一つ選びなさい。

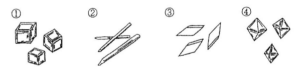

問2　1月のある日の20時に金沢市で星を観察した。図3のAは，このとき北の空に見えたカシオペア座の位置を示している。同じ日の何時間か後にカシオペア座を観察すると，星Xを中心に回転し，Bの位置に見えた。下の(1)～(4)に答えなさい。

図3

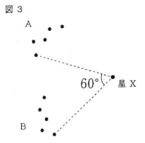

(1)　カシオペア座の星や星Xは，みずから光を出す天体である。こ

のような天体を何というか。適当なものを，次の①～④から一つ
選びなさい。

① 彗星　　② 惑星　　③ 恒星　　④ 衛星

(2)　図3の星Xの名称として最も適当なものを，次の①～④から一
つ選びなさい。

① アルタイル　　② デネブ　　③ 金星　　④ 北極星

(3)　カシオペア座が図3のBの位置に見えるのは，Aの位置に見えて
から何時間後か。最も適当なものを，次の①～④から一つ選びな
さい。

① 2時間後　　② 4時間後　　③ 6時間後　　④ 8時間後

(4)　観察した日から1か月後に，再び同じ場所で星を観察した。す
ると，カシオペア座は図3のAと同じ位置に見えた。観察した時刻
は何時か。最も適当なものを，次の①～④から一つ選びなさい。

① 18時　　② 20時　　③ 22時　　④ 24時

(☆☆☆◎◎◎)

【5】次の楽譜は，第4学年の歌唱共通教材「もみじ」の一部である。下
の問いに答えなさい。

問1　上の楽譜の 　Ⅰ　 に当てはまる歌詞を，次の①～④から一つ選
びなさい。

① まつをいろどる　　② あきのゆうひに
③ やまのふもとの　　④ こいもうすいも

問2　 Ⅱ の記号の名前を，次の①～④から一つ選びなさい。

① タイ　　② スタッカート　　③ スラー　　④ アクセント

問3 小学校第4学年にこの曲を教材として歌唱の指導を行うとき，指導事項として最も適当なものを次の①～④から一つ選びなさい。

① 歌詞の内容，曲想を生かした表現を工夫し，思いや意図をもって歌うこと。

② 互いの歌声や副次的な旋律，伴奏を聴いて，声を合わせて歌うこと。

③ 歌詞の表す情景や気持ちを想像したり，楽曲の気分を感じ取ったりし，思いをもって歌うこと。

④ 各声部の歌声や全体の響き，伴奏を聴いて，声を合わせて歌うこと。

(☆☆☆○○○○○)

【6】次の問いに答えなさい。

問1 次の文は，白い版画用紙に黒インクを用いた単色木版画について述べたものである。下の問いに答えなさい。

> ・彫った所が，刷ったときに（ A ）表れることを生かして，表したいものに合わせて彫る所を考える。
> ・平刀を使う際は，刃が版木に深く入ることを防ぐために（ B ）を（ C ）にして彫る。
> ・刷る際は，ばれんを（ D ）動かす。

(1) 空欄（ A ）～（ C ）に入る語句の組合せとして最も適当なものを，次の①～④から一つ選びなさい。

① A：白く － B：刃表 － C：下

② A：白く － B：刃裏 － C：下

③ A：黒く － B：刃表 － C：上

④ A：黒く － B：刃裏 － C：上

(2) 空欄（ D ）に入る語句として最も適当なものを，次の①～④から一つ選びなさい。

① 外側から中心へ円を描くように

237

②　手前から奥へ直線的に

③　中心から外側へ円を描くように

④　左から右へ直線的に(右利きの場合)

問2　次の文は，小刀の使い方について述べたものである。(　A　)，

(　B　)に入る語句の組合せとして最も適当なものを，下の①〜④

から一つ選びなさい。

・次の図の小刀は(　A　)用である。

・次の図の小刀を使用し，枝などの棒状のものを削るときは，

　(　B　)で小刀の背を押すようにして削る。

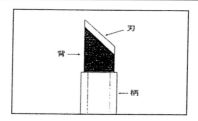

①　A：右利き　−　B：右手親指

②　A：右利き　−　B：左手親指

③　A：左利き　−　B：右手親指

④　A：左利き　−　B：左手親指

(☆☆☆◎◎◎)

【7】「消費生活」について，次の問いに答えなさい。

問1　買い物をするときに，商品についているマークでその商品につ

いての情報を知ることができる。次の文はあとの①〜④のどのマー

クの説明か，最も適当なものを一つ選びなさい。

　ライフサイクル全体を考慮して，環境保全に役立つと認定

された商品につけられる。

---

① ② ③ JAS ④ JIS

問2　代金の支払い方法について，次の文の（　A　）～（　C　）に入る語の組合せとして最も適当なものを，下の①～⑥から一つ選びなさい。

> 　代金を支払う方法には，おもに「前払い」，「即時払い」，「後払い」の3つの方法がある。「前払い」は，あらかじめ買っておいた（　A　）カードや商品券などで支払う方法で，「即時払い」は，商品と引き換えに現金や（　B　）カードで支払う方法である。「後払い」は，商品を先に手に入れ，後で代金を支払う方法で，公共料金の支払いや（　C　）カードによる支払いなどがこれにあたる。

①　A　クレジット　　　B　デビット　　　C　プリペイド
②　A　クレジット　　　B　プリペイド　　C　デビット
③　A　デビット　　　　B　クレジット　　C　プリペイド
④　A　デビット　　　　B　プリペイド　　C　クレジット
⑤　A　プリペイド　　　B　クレジット　　C　デビット
⑥　A　プリペイド　　　B　デビット　　　C　クレジット

(☆☆☆◎◎◎◎)

【8】次の問いに答えなさい。

問1　次の表は，第3学年及び第4学年の「体つくり運動」における「多様な動きをつくる運動」の内容を整理したものである。表の A ～ C に当てはまる運動例の組合せとして最も適当なものを，あとの①～⑥から一つ選びなさい。

運動	運動例
体のバランスをとる運動	A
体を移動する運動	B
用具を操作する運動	倒れないように輪を転がしたり、くぐり抜けたりすること
力試しの運動	C
基本的な動きを組み合わせる運動	短なわで跳びながら、歩いたり走ったりすること

【運動例】

a　重心を低くして相手を引っ張ること

b　友達と両手をつなぎながら，寝転んだり，転がったり，起きたりすること

c　無理のない速さでのかけ足を3〜4分程度続けること

① A−a　B−b　C−c　② A−a　B−c　C−b
③ A−b　B−a　C−c　④ A−b　B−c　C−a
⑤ A−c　B−a　C−b　⑥ A−c　B−b　C−a

問2　第5学年「陸上運動」の「短距離走・リレー」において，「スタンディングスタートから，素早く走り始めること」を指導する際の教師の声かけとして最も適当な組合せを，下の①〜⑥から一つ選びなさい。

【教師の声かけ】

a　「上半身の余分な力を抜いて，全力で走ろう」

b　「目線を落とし，低い姿勢で走り出そう」

c　「力が入らないように手は軽く握り，まっすぐ前を見よう」

d　「体を前に傾け，前足に体重をかけよう」

① aとb　② aとc　③ aとd　④ bとc　⑤ bとd
⑥ cとd

（☆☆☆○○○○）

【9】次の英文は外国語活動の授業で，指導者が児童とやりとりしながら話している内容の一部である。文中の空欄[　ア　]〜[　エ　]に入る最も適当な語を，それぞれあとの①〜④から一つずつ選びなさい。

I'll pass you a worksheet. Write your name [　ア　] your worksheet. Where do you want to go? And why do you want to go there? Walk [　イ　] the classroom and ask your friends. Please write down your friends' names and the countries they want to visit. You have three minutes to ask. Don't speak in Japanese. Do you have any questions? Are you ready to start? Now let's begin.

Time's [　ウ　]. Go back to your seats. How many friends did you ask?
Let's count. How about more than five? [　エ　] your hands. OK. You did a
good job.

ア　① by　　　② in　　　③ on　　　④ with
イ　① across　② along　③ around　④ straight
ウ　① end　　② finish　③ full　　④ up
エ　① Hold　② Put　　③ Raise　④ Take

(☆☆☆○○○)

【10】第3学年の国語科「修飾語」の授業で，児童に「修飾語を加えて，
　　文を詳しくすること」について指導するとき，下の問いに答えなさい。

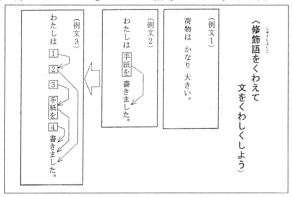

問1　例文1を用いて指導しているとき，次のように間違えた児童に対
　　し，どのような指導をしたらよいか。児童の間違いを正した上で，
　　正しい修飾語の係り方と役割について説明しなさい。

> 「大きい」という修飾語は，「荷物」に係り，「どのくらい」
> なのか分かるようにする役割です。

問2　例文2に修飾語を付け足して例文3を作り，児童に修飾語の係り
　　方について説明するとき，どのような文を作るとよいか。 1 〜 4
　　に適当な修飾語を，それぞれ一文節で書きなさい。

(☆☆○○○)

【11】第5学年の算数科「割合を表すグラフ」の授業で，A小学校の5月と6月のけが調べの結果をグラフにまとめた。それぞれの月の「すりきず」等の割合の大きさをよみとる学習の後，次の問題に取り組んだ。

> 5月と6月の「すりきず」の人数は，どちらが多いでしょうか。

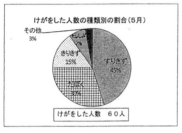

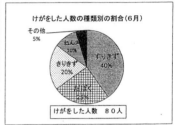

このとき，次のように間違えた児童に対し，どのような指導をしたらよいか。その指導方法を書きなさい。

> すりきずの割合は，5月が45％，6月が40％で，5月の割合の方が大きいから，すりきずの人数は，5月の方が多いと言える。

(☆☆☆○○○)

【12】第6学年の理科「人の体のつくりと働き」の授業で，「だ液はでんぷんを変化させるのだろうか」という学習課題を解決するために，児童が考えた実験方法が【方法A】である。

【方法A】
① 試験管に，ご飯つぶを湯にもみ出したものを入れる。
② 試験管に，だ液を入れる。
③ 試験管にヨウ素液を入れて，色の変化を確かめる。

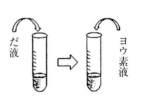

　教師は，児童の考えを認めた上で，【方法A】に修正を加えた【方法B】で実験を行うように指導した。

【方法B】
① 2本の試験管ア・イに，ご飯つぶを湯にもみ出したものをそれぞれ入れる。
② アだけに，だ液を入れる。
③ ア・イを湯につけて，約40℃になるようにあたためる。
④ ア・イにヨウ素液を入れて，色の変化を確かめる。

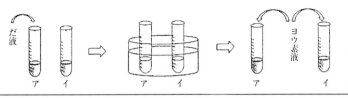

【方法B】で，次の(1)(2)のように指導した理由を，それぞれ書きなさい。
(1) ア・イの，2本の試験管を使って実験すること
(2) 試験管を，約40℃になるようにあたためること

(☆☆☆◎◎◎)

解答・解説

【1】問1 ②　　問2 ④　　問3 ①　　問4 ③　　問5 1
　　問6 ②　　問7 ⑤　　問8 ③
〈解説〉問1　—線部⑦と②は格助詞。①は助動詞「そうだ」の活用語尾。③は形容動詞「きれいだ」の活用語尾。④は接続助詞「のに」の一部。
　　問2　正答の「有為転変」は仏教用語に由来する四字熟語で，「世の中のことが，常に移り変わって，少しの間も同じ状態にとどまらぬこと」

という意味。　問3　「あなた」と括弧が付いていることの意味を捉える。―線部⑦の前段落に「関係性としての自己は，相手との関係に応じてさまざまに姿を変える」とあるのがヒントとなる。　問4　空欄㊁の直前に，逆接の接続詞「でも」がある。この段落では，前段落の「個を生きている」こととは対比的なことが語られる。これを端的に表しているのが，問3のヒントとなる箇所と同じ部分である。

問5　矢印の部分が1画目。その右側のはらいが2画目。最初に「リ」のように書くと覚えておけばよい。「必」は「心」に似ているが，「心」を書いてから一画足すのではない。　問6　―線部㋑は「きんもつ」と読む。①「にぶつ」，②「いちもつ」，③「ほうぶつせん」，④「いもの」。　問7　挿入する文章冒頭に「このように」とある。「この」が指し示すもの，つまり日本文化，特に「人のつながり」の重要性を述べた段落の直後が適切である。　問8　①は「良好な関係を保つために」以降が誤り。②は「「相互協調的自己観」である。」が誤り。④は「もともと「人間」という言葉が「人」と「世間」の二つの意味を持っていた」が誤り。

【2】問1　(1)　⑤　　　(2)　①　　　(3)　③　　　(4)　④　　　(5)　④

　　　問2　(1)　②　　　(2)　②，④　　　(3)　⑨　　　(4)　④

〈解説〉　問1　(1)　資料Aは室町幕府，資料Bは江戸幕府，資料Cは鎌倉幕府の政治機構である。　(2)　どちらも将軍を補佐する役目である。特に鎌倉幕府の将軍職は第4代以降は形骸的なものでしかなく，政治の実権は執権が握っていた。　(3)　①は明治時代の日英同盟，②は室町時代の日明貿易，④は鎌倉時代の元寇に関する出来事である。(4)　①は江戸時代，②は太閤検地以降の土地に関する政策。③は三世一身法についての説明。　(5)　六波羅探題は承久の乱の後，京都と西国御家人の監視を目的として設置された。　問2　(1)　阪神工業地帯は④，京浜工業地帯は⑨の組合せである。　(2)　②の「臨海部」についての説明と，④の「印刷業」が手がかりとなる。なお，①は阪神工業地帯，③は中京工業地帯の特徴である。　(3)　2013年における日本

の原油輸入相手国は，1位サウジアラビア，2位アラブ首長国連邦(地図中bの国)，3位カタール(地図中aの国)となっている。　(4)　石油危機に関しての説明が述べられているものを選ぶ。①は1990年前後の出来事。②は高度経済成長の内容であり，石油危機の前の出来事。③のプラザ合意は1985年の出来事である。

【3】問1　(1)　21　(2)　$\dfrac{63}{64}$　(3)　25　(4)　14　(5)　44

問2　$\dfrac{8}{9}$

〈解説〉問1　(1)　題意より，$\sqrt{190-190} \leqq \sqrt{190-n} \leqq \sqrt{190-1}$なので，$0 \leqq 190-n \leqq 189 \cdots$①　$\sqrt{190-n}$が整数となるためには，$190-n$の値が平方数になればよい。$13^2=169$，$14^2=196$より，①の範囲で最大の平方数は169だから，$\sqrt{190-n}$が整数となる最も小さい正の整数nの値は，$190-n=169$より，$n=21$　(2)　問題文の6種類の硬貨を同時に投げるとき，表と裏の出方は全部で，$2^6=64$〔通り〕。このうち，6種類の硬貨がすべて裏になるのは1通りだから，求める確率は，$\dfrac{64-1}{64}=\dfrac{63}{64}$　(3)　もとの2けたの自然数の十の位の数をx，一の位の数をyとすると，一の位の数は十の位の数の4倍より3小さいから，$y=4x-3 \cdots$①　また，十の位の数と一の位の数を入れかえてできる2けたの数は，もとの自然数よりも27大きくなるから，$10y+x=10x+y+27 \cdots$②　①，②をx，yの連立方程式として解いて，$x=2$，$y=5$　よって，もとの2けたの自然数は25。　(4)　参加したチーム数をnとすると，リーグ戦の試合数は${}_nC_2$で求められるから，${}_nC_2=91 \Leftrightarrow \dfrac{n(n-1)}{2 \cdot 1}=91 \Leftrightarrow (n+13)(n-14)=0$　$n>0$より，$n=14$　よって，参加したチーム数は14　(5)　たかしさんがよし子さんより前に並んでいるとすると，並んでいるすべての子どもの数は，$30+11+27=68$〔人〕で題意に合わないから，よし子さんはたかしさんより前に並んでいる。よって，並んでいるすべての子どもの数は　$30+27-(11+2)=44$〔人〕。　問2　直線ℓの切片が4だから，D(0, 4)。点Pは直線ℓ上の点だから，P(6, $6a+4$)。台形ABDP：台形DOCP$= \left\{\dfrac{1}{2} \times (BD+AP) \times AB\right\} : \left\{\dfrac{1}{2} \times (DO+PC) \times AB\right\} = 1 : 2 \Leftrightarrow$

(BD＋AP)：(DO＋PC)＝1：2　⇔[6＋{10－(6a＋4)}]：{4＋(6a＋4)}＝
1：2　⇔　(12－6a)：(8＋6a)＝1：2　これを解いて，$a＝\dfrac{8}{9}$

【4】問1　(1)　④　　(2)　39　　(3)　④　　(4)　①　　問2　(1)　③
(2)　④　　(3)　②　　(4)　①

〈解説〉　問1　(1)　液体に溶けている物質を溶質，溶質を溶かしている
液体を溶媒，溶質が溶媒に溶けている液体を溶液という。溶剤は，工
業分野で溶媒を指していう言葉。　　(2)　ビーカーAの水溶液の質量は，
$100＋64＝164$〔g〕。よって質量パーセント濃度は，$\dfrac{64}{164}×100＝39.02$
…より，小数第1位を四捨五入して39％となる。　　(3)　硝酸カリウム
は，10℃の水に20gだけ溶けることが図2のグラフよりわかる。したが
って現れた結晶の質量は，$64－20＝44$〔g〕。　　(4)　塩化ナトリウムの
結晶は立方体に近く，塩化ナトリウム型構造と呼ばれる。なお，硝酸
カリウムの結晶は②のような針状結晶となる。　　問2　(1)　自ら光を
発する星が，恒星と呼ばれる。　　(2)　北極星は，カシオペア座が回転
するときの中心にあり，1年を通じてその位置はほぼ動かない。
(3)　カシオペア座が動く角度は，1時間に15°である。　　(4)　地球は1
年で360°公転するので，1か月に約30°公転軌道上を移動する。つまり，
同じ20時に観察した場合，Aより30°下に見えるはずである。その30°
を埋めるには，2時間分だけBと逆側に進まなくてはならない。よって
20時より2時間前に戻る。

【5】問1　③　　問2　①　　問3　②

〈解説〉問1　各学年4曲ずつの歌唱共通教材については，作詞者，作曲者，
歌詞，旋律などの基本事項は完全に把握しておくこと。
　問2　タイは，同じ高さの音をつないで1つの音のように演奏すること
意味する音楽記号である。異なる高さの音を滑らかに演奏することを
意味するスラーと取り違えて覚えないように注意。　　問3　①と④は
第5学年及び第6学年，③は第1学年及び第2学年の指導事項である。

【6】問1 (1) ① (2) ③ 問2 ②

〈解説〉問1 (1) 木版画は凸版なので，版の凸部にインクが付着し，削られた部分が白く残る。 (2) ばれんは版木と刷り紙の間から空気を抜くように回転運動で圧をかけるのが基本である。 問2 小刀は利き手に持ち，利き手でないほうで材料をしっかり握り，材料を握った手の親指で小刀の背を押し，前に滑らせるように動かして削る。

【7】問1 ② 問2 ⑥

〈解説〉問1 正答の②はエコマークである。なお，①は安全基準に合格した乳幼児製品やスポーツ用品などを表すSGマーク。③は安全基準を満たす食品や林産物などを表すJASマーク。④は日本工業規格に適合した生活用品を表すJISマーク。 問2 プリペイドカードとして広く知られているものに，図書カードがある。また，デビットカードを利用すると，指定した銀行などの口座から直接支払うことが可能である。

【8】問1 ④ 問2 ⑤

〈解説〉問1 小学校学習指導要領解説体育編(平成20年8月，文部科学省)では，「多様な動きをつくる運動」の各運動を動きの構成によって分類し，運動例を示しているので確認しておくこと。たとえば，[運動例]のbは「体のバランスをとる運動」のうち「寝ころぶ，起きるなどの動きで構成される運動」の例である。 問2 「小学校体育(運動領域)まるわかりハンドブック 高学年(第5学年及び第6学年)」(平成23年3月，文部科学省)によると，「短距離走・リレー」では「スタンディングスタートから，素早く走り始めること」への指導として，「目線を落とす・低い姿勢で走り出す・体を前に傾け，前足に体重をかける」があげられている。aとcは「上体をリラックスさせて全力で走ること」への指導である。

【9】ア ③ イ ③ ウ ④ エ ③

〈解説〉ア write A on B 「BにAを書く」。 イ walk around 「歩き回る」。

ウ　Time's up.「タイムアップ。時間切れ」。　エ　raise one's hand(s)「手をあげる，挙手する」。出題されたのはすべて，中学校〜高等学校入学年次レベルの基礎的なイディオムである。このレベルの問題演習をこなしながら計画的に覚えておく必要があるだろう。

【10】問1　・この例文では，「大きい」は修飾語ではなく，「述語」です。
　　　　・この例文での修飾語は「かなり」で，「大きい」という「述語」に係り，「どのくらい」なのか分かるようにする役割です。
　　　問2　① 九州の　　② 祖父に　　③ 長い　　④ 一生懸命に
〈解説〉問1　修飾語は次に来る語句を修飾する。　問2　上記はあくまで解答例であり，問題としては文法的に正しい解答は許容される。

【11】まず，月ごとのけがをした種類別の人数は，その月のけがをした人数×けがをした人数の種類別の割合で求められることを確認する。そして，それぞれの月のすりきずのけがをした人数を比べるためには，すりきずの割合だけを比較して判断するのは誤りであり，それぞれの月のけがをした人数も考えなければならないことについて指導する。次に，月ごとのすりきずのけがをした人数を求める。5月は，60×0.45＝27で27人。6月は，80×0.4＝32で32人になることを確認する。そして，5月と6月のすりきずのけがをした人数の比較をさせる。これらのことから，すりきずの人数は，6月の方が多いと言えることを指導する。
〈解説〉解答参照。

【12】(1)　アにヨウ素液を入れたときの色の変化を，だ液が入っていないイと比較することによって，だ液がでんぷんを変化させるかどうかがはっきりと分かるから。　　(2)　試験管を人間の体温に近い温度にするため。
〈解説〉(1)　だ液を入れた場合のみでは，その変化がだ液を入れたときにしか見られないものなのかどうかを判断できない。　(2)　だ液に含

248

まれる酵素は，人間の体温と同程度の温度のときによく働く。酵素には，それぞれよく働ける最適の温度がある。

2016年度　　実施問題

【1】次の文章を読んで，あとの問いに答えなさい。(設問の都合で一部省略してある)

　ルネサンス期以降の西欧の絵画が，画家の視点を唯一不変のものとして，その視点から捉えられた世界を画面の上に再現しようとするのに対し，日本の絵画は視点を自由に移動させて，さまざまの視点から見た世界の姿を画面に並置するというやり方を用いる。しかしその多様な視点は，決して勝手に選ばれたものではなく，それぞれの対象に最もふさわしいものが選ばれる。例えば，都市の空間は上方から眺め下ろした時に最も良くその姿を示すし，人物は横から見た時に最も明瞭なシルエットを見せる。いずれの場合も，結果として平面的な拡がりが強調され，そのような部分の集積が画面を埋めることになる。西欧絵画が，もっぱら画面に対して垂直な奥行性を強調するのに対し，日本絵画がもっぱら画面に平行な平面性を特色とするのは，㋐そのためである。

　このような表現上の特色の差は，絵を描く時の基本的な態度，ないしは考え方の違いに由来するものと言ってよいであろう。すなわち，西欧においては，描く主体である画家の視点を絶対のものとして，すべてをその支配の下に従属させようとするのに対して，日本では，逆に描かれる客体である対象を尊重して，それぞれの対象の特性に応じた視点を採用し，それらを同一の画面のなかで共存させるのである。さらに言えば，そのことは，ひとつの中心を絶対的な価値とする西欧の　Ⅰ　世界観と，さまざまな価値の共存を認める日本の　Ⅱ　世界観との差異であると言ってもよいのかもしれない。

　いずれにしても，画家の視点を重視する西欧の表現形式は，画家の眼の前の三次元世界の幻影を創り出そうとするという意味において「写実性の原理」に基づいていると言うことができる。それに対して，

対象の特性を尊重する日本の絵画は，平面化された部分図の並置によって二次元の表面を覆うという意味で，「装飾性の原理」に基づいていると言ってよいであろう。

日本美術に見られるこのような「装飾性の原理」が最も豪奢華麗で洗練された表現を見せたのは，①いわゆる金碧障壁画が最盛期に達した桃山時代のことである。障壁画というのは，襖や屏風など，室内の間仕切りに絵を描いたもので，大画面であるだけに，その効果は絢爛たるものがあったであろう。

なお，この装飾形式の重要な特色である金地の使用については，眩いばかりのその装飾効果のほかに，日本人の美的感受性と深く⑦かかわりのある二つの造形的特質を指摘しておかなければならない。第一にそれは，金箔や金泥によって背景を覆うことによって，画面の奥行を閉ざし，平面⑦性を強調するという役割を担っていることであり，第二には「金雲」や「すやり霞」(横長に棚引く霞状のかたちで，先端部分が尖っている無地の装飾形)などのかたちで用いることにより，画面のなかで②不用なもの，余計なものを覆い隠して，主要な③モティーフだけを浮き立たせるという機能を果たしていることである。

例えば，※洛中洛外図は，町のなかのさまざまの場面を画面に並置したものであるが，それぞれの場面の間に，雲形をした金地の装飾部分が配されている。④すなわち，各場面は，金地雲形によって取り囲まれているかたちになり，それが全体の装飾的効果を高めると同時に，各場面を目立たせる効果も持つのである。金地によって余計なものを覆い隠すというこの切り捨ての美意識の最も洗練された見事な例のひとつは，尾形光琳の〈燕子花図屏風〉に見ることが出来るであろう。これは，あでやかに咲き誇るかきつばたの花を大画面に描き出したものだが，画面に登場するのは，文字通りかきつばただけであって，「写実性の原理」に基づく西欧絵画であったならば当然描かれるはずの池の水面や，岸や，空などは一切無視され，花以外は金地の背景一色で覆われている。つまり，重要なモティーフ以外のすべてのものを思い切って切り捨てることによって，光琳はきわめて単純でありなが

251

ら驚くべき豊麗さを持った画面を創り出しているのである。

　このような大胆な「切り捨ての美学」は，千利休の朝顔に④まつわ
るエピソードをわれわれに思い出させる。利休は，自分の家に珍しい
朝顔を栽培していて近隣の評判であった。豊臣秀吉がその評判を聞い
て，自分もぜひ見てみたいと望んだので，利休は秀吉を家に招いた。
だが，その約束の日の朝，利休は庭に咲いていた朝顔の花をすべて摘
み取らせてしまった。秀吉は庭に一輪の花もないのを見て大いに不満
であったが，利休によって傍らの茶室に招じ入れられると，その床の
間に一輪だけ，大輪の朝顔が活けられているのを見て機嫌を直したと
いうのである。

　日本人の感性のなかに深く根ざしているこの「切り捨ての美学」は，
やはり室町時代から桃山時代にかけて見事な達成を示した水墨画にお
いていっそう明瞭に表われている。もともと水墨画は，色彩を拒否し
て墨一色にすべてを託す点で本来厳しい「切り捨て」の精神に支えら
れているが，さらに構図の上でも，思い切って余白の部分を残すこと
によって，きわめて⑤深遠な表現を成就することが出来た。長谷川等
伯の〈松林図屛風〉などが，その代表的作品である。もとより，水墨
画そのものは中国よりもたらされたものであるが，朝靄（あさもや）のなかにしっ
とりとけぶる松林のたたずまいを幽遠な空間の暗示と深い情感をこめ
て描き出した〈松林図屛風〉は，きわめて日本的な特性を示している
と言って⑥よい。そしてそこに見られる余白の使い方は，余計なもの
を切り捨てていっそう味わい深い表現を生み出すという点において，
金碧障壁画における金地の場合と同じような造形的役割を果たしてい
る。濃彩の金碧障壁画と淡白な水墨画という一見正反対のもののよう
に見える，しかしいずれもきわめて日本的な表現形式のなかに，実は，
⑦ひとつの共通した日本的な美への感受性が息づいているのである。

（高階秀爾「増補　日本美術を見る眼」より）

　　※洛中洛外図…近世初頭に数多く作られた，京都の市街と郊外の
　　　　　　　　　景観や風俗を描いた屛風絵。

問1 下線部⑦「そのため」とは何のためか，最も適当なものを，次の①〜④から一つ選びなさい。

① 画家の視点を唯一不変のものとして，そこから捉えられた世界を画面上に再現しようとしているため。

② 視点を自由に移動させて，そこから見た世界の姿を画面に並置するというやり方を用いているため。

③ 画家が勝手に視点を選ぶのではなく，描かれるそれぞれの対象に最もふさわしい視点を選ぶため。

④ 都市の空間は上方から眺め下ろした時に，人物は横から見た時に，最も良くその姿を見せるため。

問2 　Ⅰ　，　Ⅱ　に入る言葉の組合せとして最も適当なものを，次の①〜④から一つ選びなさい。

① Ⅰ 立体的　Ⅱ 平面的

② Ⅰ 一元的　Ⅱ 多元的

③ Ⅰ 受動的　Ⅱ 能動的

④ Ⅰ 主観的　Ⅱ 客観的

問3 下線部⑦「かかわり」と同じ品詞の単語を，文章中の下線部①〜⑤から一つ選びなさい。

問4 下線部⑨の漢字で，の指す部分は何画目にあたるか，次の空欄に入る数値を答えなさい。

　　　　　　画目

問5 下線部⑤「すなわち」の本文中の働きとして最も適当なものを，次の①〜④から一つ選びなさい。

① 前後に述べた内容を比較させたり，どちらか選ばせたりする役割。

② 前に述べた内容に続いたり追加したりする文を，後に示す役割。

③ 前に述べた内容の原因や理由にあたる文を，後に示す役割。

④　前に述べた内容をまとめたり，詳細に説明したりする役割。

問6　下線部㋔「深遠」の意味として最も適当なものを，次の①～④から一つ選びなさい。

①　内容が奥深くて，容易にはかり知れないこと。

②　物寂しくひっそりとしており，古びた趣があること。

③　果てしなく長く続き，終わりが見えないこと。

④　複雑に入り組んでいて，なかなか解明できないこと。

問7　下線部㋕「ひとつの共通した日本的な美」に対する筆者の考えとして最も適当なものを，次の①～④から一つ選びなさい。

①　隙間なく装飾することで目を引く，華麗で洗練された美しさ。

②　色彩を抑え濃淡のみで表現された，幽遠で味わい深い美しさ。

③　不用なものを省くことで強調される，主題そのものの美しさ。

④　さまざまな場面の並置による，平面的な拡がりが持つ美しさ。

問8　この文章の特徴として適当でないものを，次の①～④から一つ選びなさい。

①　芸術作品や実話を例として豊富に提示することで，読者に分かりやすく伝えている。

②　文末を常体にして，さらに断定表現を多く用いることで，主張の説得力を高めている。

③　倒置法や体言止めを要所で用いることで，読者に作品の魅力を強く印象づけている。

④　対となるものを取り上げて比較をすることで，自分の考えをより明確に表現している。

（☆☆☆☆○○○○）

【2】次の問いに答えなさい。

問1　地図や資料を見て，次の(1)～(4)に答えなさい。

(1)　次の資料1の雨温図㋐～㋒は，地図中のA～Cの国の首都のものである。雨温図と国の組合せとして最も適当なものを，あとの①～④から一つ選びなさい。

［地図］

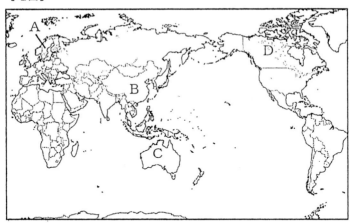

［資料1］

雨温図あ

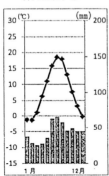

雨温図い

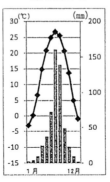

雨温図う

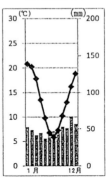

統計は、1981～2010年の平均値　　気象庁データより作成

① あ：A　－　い：B　－　う：C

② あ：B　－　い：A　－　う：C

③ あ：B　－　い：C　－　う：A

④ あ：C　－　い：B　－　う：A

(2)　次の①～④の文は，地図中のA～Dの国について述べた文である。

　AとCの国の説明として最も適当なものを，①～④からそれぞれ一

つずつ選びなさい。

①　この国の首都は，通勤時に市の中心部に出入りする自動車に税金を課している。

②　この国は，「世界の工場」とよばれ，経済特区では，外国企業への税金が低く抑えられている。

③　この国は，日本の約26倍の面積があり，牛乳・パン・野菜などの食品，穀物・原毛などの農産物が課税の対象になっていない。

④　この国では，2005年より米国との間でFTA(自由貿易協定)が発効している。

(3)　地図中のA～Dの国の中で，2014年4月現在，消費税(付加価値税)の標準税率が最も高い国を，次の①～④から一つ選びなさい。

①　A　　②　B　　③　C　　④　D

(4)　次の資料2は，日本の直接税の種類である。(　あ　)～(　え　)に入る税の組合せとして最も適当なものを，下の①～④から一つ選びなさい，

[資料2]

直	国税	(　あ　)、(　い　)、法人税
接	都道府県税	(　う　)、事業税
税	市町村税	(　え　)、事業所税

①　あ：固定資産税　－　い：相続税　－　う：所得税　－　え：自動車税

②　あ：固定資産税　－　い：所得税　－　う：相続税　－　え：自動車税

③　あ：所得税　－　い：相続税　－　う：自動車税　－　え：固定資産税

④　あ：所得税　－　い：自動車税　－　う：相続税　－

　　え：固定資産税

問2　次の資料Ⅰ～Ⅳに関するできごとについて，下の(1)～(5)に答え
　　なさい。

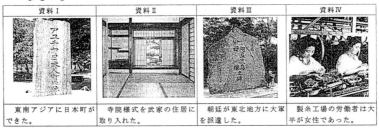

資料Ⅰ	資料Ⅱ	資料Ⅲ	資料Ⅳ
東南アジアに日本町ができた。	寺院様式を武家の住居に取り入れた。	朝廷が東北地方に大軍を派遣した。	製糸工場の労働者は大半が女性であった。

(1)　資料Ⅰの石碑にあるような日本町が，東南アジア各地に見られる
　　ようになることにつながった貿易として適当なものを，次の①～④
　　から一つ選びなさい。

　　①　勘合貿易　　　②　朱印船貿易　　　③　南蛮貿易

　　④　三角貿易

(2)　資料Ⅱは武家をにない手とする簡素で気品のある文化を代表する
　　建築物である。これを書斎としていた将軍の名前を，次の①～④か
　　ら一つ選びなさい。

　　①　足利義満　　　②　足利義詮　　　③　足利義政　　　④　足利尊氏

(3)　京都市にある資料Ⅲの石碑に刻まれた人物らを指導者として，律
　　令国家の支配に抵抗した人々を何とよんでいたか，適当なものを，
　　次の①～④から一つ選びなさい。

　　①　蝦夷（えみし）　　②　熊襲（くまそ）　　③　隼人（はやと）　　④　按司（あじ）

(4)　資料Ⅳが見られた頃の社会の様子について最も適当なものを，次
　　の①～④から一つ選びなさい。

　　①　農村では，問屋が農民に布を織らせ，製品を安く買い取る，問
　　　屋制家内工業が始まった。

　　②　都市で，米を買い占めた商人に対して貧しい人々が打ちこわし
　　　を起こした。

　　③　労働組合が結成され始め，労働条件の改善を求める労働争議が
　　　増加した。

④　京都の町衆とよばれる富裕な商工業者たちは自治的な都市運営を行った。

(5)　次の文は，資料Ⅳに関する産業等について述べたものである。文中の（　Ａ　）～（　Ｄ　）に入る語句の組合せとして適当なものを，下の①～④から一つ選びなさい。

日本では，軽工業が発展し，産業革命の時代をむかえました。

（　Ａ　）では，大工場がつくられ，国産の綿糸が輸入品をうわ回り，日清戦争後には，中国への輸出も増えていきました。（　Ｂ　）はおもにアメリカ向けの輸出産業として発展し，日露戦争後には世界最大の輸出国になりました。動力源としての（　Ｃ　）の採掘は，現在の福岡県や北海道で進みました。

重化学工業は，（　Ｄ　）後に官営の八幡製鉄所が建設されました。

①　Ａ：紡績業　－　Ｂ：製糸業　－　Ｃ：石油　－　Ｄ：日露戦争
②　Ａ：紡績業　－　Ｂ：製糸業　－　Ｃ：石炭　－　Ｄ：日清戦争
③　Ａ：製糸業　－　Ｂ：紡績業　－　Ｃ：石油　－　Ｄ：日露戦争
④　Ａ：製糸業　－　Ｂ：紡績業　－　Ｃ：石炭　－　Ｄ：日清戦争

（☆☆☆◎◎◎）

【３】次の問いに答えなさい。

問1　次の(1)～(3)の空欄に入る数値を答えなさい。

(1)　Ａ，Ｂ 2個のさいころを同時に投げるとき，少なくとも1個は5以上の目が出る確率は $\dfrac{[\quad ア \quad]}{[\quad イ \quad]}$

(2)　$\sqrt{11}$ の小数部分を a とするとき，$(a+1)(a+5)$ の値は，[　ウ　]になる。

(3)　方程式 $XY-3X-2Y=-1$ を満たす正の整数解を求めると，$X=3$，$Y=8$ と，$X=$[　エ　]，$Y=$[　オ　]になる。

問2　ある本を1日に17ページずつ読めば29日目に読み終わり，1日に30ページずつ読めば17日目に読み終わる。毎日25ページずつ読めば[　カキ　]日目に読み終えることができる。

問3　次の図のように，∠A＝126°である△ABCがあり，∠ACBを三等分する直線をCD，CE，∠ABCの外角∠ABHを三等分する直線をBF，BGとする。

　　CDとBFの交点をPとすると，∠CPBの大きさは，[　クケ　]°である。

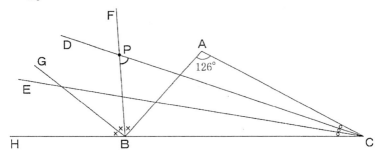

問4　次の図のように，軸が固定された3つの歯車A，B，Cがあり，歯の数は，それぞれ20，16，48である。Aの歯車が3分間で10回転する速さで回転し続けるとき，A，B，Cの歯車の矢印が次に同じように向き合うのは，[　コ　]分[　サシ　]秒後である。

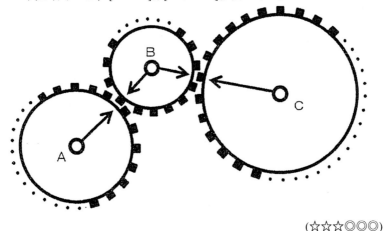

(☆☆☆○○○)

【4】次の問いに答えなさい。

問1　図1は地震計の記録であり，図2はこの地震の2種類のゆれが各地に届くまでに要した時間と震源までの距離との関係を示している。下の(1)～(5)に答えなさい。

図1

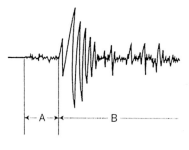

図2

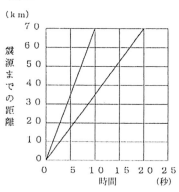

(1)　地震の規模は何で表すか，適当なものを，次の①～④から一つ選びなさい。

①　震度　　②　マグニチュード　　③　震央　　④　ジュール

(2)　図1のBのゆれを何というか，適当なものを，次の①～④から一つ選びなさい。

①　主要動　　②　流動　　③　初期微動　　④　波動

(3)　図1のAのゆれの性質について最も適当なものを，次の①～④から一つ選びなさい。

①　波の進行方向に疎密の状態で，図1のBの波に比べ遅く伝わる。

②　波の進行方向に対して横ゆれの状態で，図1のBの波に比べ速く伝わる。

③　波の進行方向に疎密の状態で，図1のBの波に比べ速く伝わる。

④　波の進行方向に対して横ゆれの状態で，図1のBの波に比べ遅く伝わる。

(4)　日本付近の地震や震源について最も適当なものを，次の①～④

から一つ選びなさい。

①　地震は日本海側で多く，震源は深い。

②　地震は太平洋側で多く，震源は浅い。

③　地震は太平洋側で多く，震源は深い。

④　地震は日本海側で多く，震源は浅い。

(5)　図2において，震源から50km離れている観測地点における図1のAのゆれが続いた時間は7秒であった。震源から180km離れている地点までのAのゆれが続いた時間について最も適当なものを，次の①～④から一つ選びなさい。

①　20秒　　②　25秒　　③　30秒　　④　35秒

問2　ケーキやカルメ焼きをつくるときに加える重そう(炭酸水素ナトリウム)について，加熱してその様子を調べた。図3は実験装置である。下の(1)～(4)に答えなさい。

図3

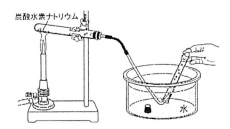

(1)　重そう(炭酸水素ナトリウム)を加熱するとき，図3のように試験官の口を少し下げる理由として最も適当なものを，次の①～④から一つ選びなさい。

①　気体が試験管内にたまるのを防ぐため

②　試験管がとけるのを防ぐため

③　加熱を止めた後の水の逆流を防ぐため

④　液体が加熱部に流れるのを防ぐため

(2)　加熱すると気体が発生した。発生した気体名とそれを確認する実験として最も適当なものを，あとの①～④から一つ選びなさい。

① 気体を集めた試験管に，線香の炎を入れたら激しく燃えたので酸素である。

② 気体を集めた試験管に，石灰水を入れたら白くにごったので二酸化炭素である。

③ 気体を集めた試験管に，線香の炎を入れたら消えたので窒素である。

④ 気体を集めた試験管の口に，マッチの火を近づけたら気体が燃えたので水素である。

(3) 重そう(炭酸水素ナトリウム)は加熱によりいくつの物質に分解されるか，適当なものを，次の①～④から一つ選びなさい。

①　2つ　　②　3つ　　③　4つ　　④　5つ

(4) 重そう(炭酸水素ナトリウム)を化学式で書いた場合，何種類の原子の記号が含まれているか，適当なものを，次の①～⑤から一つ選びなさい。

①　3種類　　②　4種類　　③　5種類　　④　6種類

⑤　7種類

(☆☆☆◎◎◎◎)

【5】次の楽譜は，第6学年の歌唱共通教材の一部である。下の問いに答えなさい。

問1　この曲の拍子を，次の①～④から一つ選びなさい。

①　4分の2拍子　　②　4分の3拍子　　③　4分の4拍子

④　8分の6拍子

問2　　Ⅰ　　の音をソプラノリコーダーで演奏するときの運指として適当なものを，あとの①～④から一つ選びなさい。

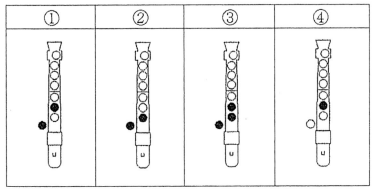

※○…開ける　●…閉じる

問3　この曲の1番の歌詞が表している内容として最も適当なものを，次の①～④から一つ選びなさい。

①　辺りがやわらかな日の光に包み込まれている様子

②　夕暮れ時にぼんやりと月がかすんで見える様子

③　すっかり夜も更け，辺りが満月のあたたかい光に照らされている様子

④　だんだん月の光が弱くなり，夜が明けていく様子

(☆☆☆☆○○○○○)

【6】次の問いに答えなさい。

問1　第3学年の「表現」の指導として最も適当なものを，次の①～⑤から一つ選びなさい。

①「造形遊び」において，材料や場所などの特徴を基に発想し想像力を働かせてつくることを指導する。

②「針金」をペンチなどを用いて適切な長さに切って使ったり，材料同士をしばったりするなどして，児童が表現したい方法に応じて活用できるよう指導する。

③「造形遊び」において，身近な自然物や人工の材料の形や色などを基に思い付いてつくることを指導する。

④　「水彩絵の具」を用い，色を重ねて塗ったり，混ぜたり，にじ
　ませたり，ぼかしたりして表し方を考えて表すことができるよう
　指導する。
⑤　厚紙などを切るための扱いやすいカッターナイフや，木の枝な
　どを少しずつ削ったりできるような児童の手に合った安全な小刀
　などを用いて，これらに十分に慣れることができるよう指導する。
問2　次の図A・Bは，動く仕組みをつくる際に用いられるものである。
　図A・Bの仕組みの名称を，下の①～⑥からそれぞれ一つずつ選び
　なさい。

　　　［図Ａ］　　　　　　　　　　　　［図Ｂ］

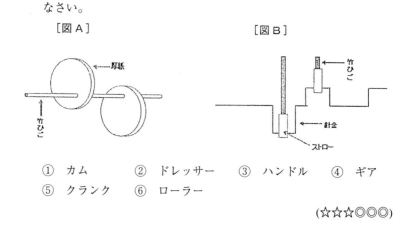

　　①　カム　　　　　②　ドレッサー　　③　ハンドル　　④　ギア
　　⑤　クランク　　　⑥　ローラー

　　　　　　　　　　　　　　　　　　　　　　（☆☆☆◎◎◎）

【7】「日常食の食事と調理の基礎」について，次の問いに答えなさい。
　問1　次の文は，日本の伝統的な食事(和食)，ご飯とみそ汁について述
　　べたものである。

　　　日本では昔から主食のご飯に，みそ汁とおかずを組み合わせて食
　　べてきました。米には（　Ａ　）という栄養素が多く含まれており，
　　体を動かすために必要なエネルギーのもとになります。みそ汁には
　　みそとだしが使われています。みそは大豆を加工した食品で（　Ｂ　）
　　という栄養素を多く含み，調味料として古くから親しまれています。
　　　だし汁はうまみ材料のうまみ成分を水に浸出させたものです。う
　　まみ材料には，煮干しや干ししいたけ，かつおぶし，こんぶなどが

あります。また，うまみ材料を2種類混合してうまみが強まるだし
もあります。混合だしの作り方は，鍋の水の中に(　C　)を入れ，
沸騰直前に取り出します。次に(　D　)を入れ，再び沸騰したら火
を消し，しばらくしたら上澄みをこします。

(1)　文中の(　A　)(　B　)に入る語句の組合せとして適当なもの
　　を，次の①～④から一つ選びなさい。

　　①　A：たんぱく質　－　B：脂質

　　②　A：炭水化物　　－　B：たんぱく質

　　③　A：たんぱく質　－　B：炭水化物

　　④　A：炭水化物　　－　B：脂質

(2)　文中の(　C　)(　D　)に入る語句の組合せとして適当なもの
　　を，次の①～④から一つ選びなさい。

　　①　C：こんぶ　　　　－　D：かつおぶし

　　②　C：煮干し　　　　－　D：かつおぶし

　　③　C：干ししいたけ　－　D：煮干し

　　④　C：かつおぶし　　－　D：煮干し

問2　次の図は包丁の各部分の名称を表したものである。AとBの部分
　　の名称の組合せとして適当なものを，下の①～④から一つ選びなさ
　　い。

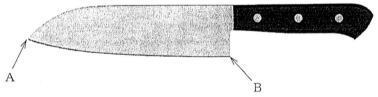

　　①　A：あご　－　B：切っ先　　②　A：刃先　　－　B：あご

　　③　A：刃先　－　B：刃元　　　④　A：切っ先　－　B：あご

問3　次の図のにんじんの切り方を，下の①〜④から一つ選びなさい。

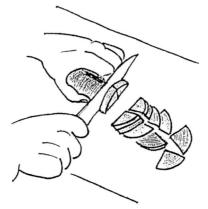

①　半月切り　　②　小口切り　　③　たんざく切り
④　いちょう切り

(☆☆☆◎◎◎)

【8】次の問いに答えなさい。

問1　次のa〜dは，高学年の器械運動「鉄棒運動」における児童のつまずきに対する支援の声かけである。このうち「前方支持回転」の声かけの組合せとして適当なものを，下の①〜⑥から一つ選びなさい。

【支援の声かけ】

a　「手首を返して上から押さえるようにしてみよう」
b　「1歩踏み込んでけり上げるようにしてみよう」
c　「前を見ることができるギリギリまで見てからあごを引こう」
d　「ツバメの姿勢から腰を大きく浮かせてみよう」

①　aとb　　②　aとc　　③　aとd　　④　bとc　　⑤　bとd
⑥　cとd

問2　次の表は，表現運動系の内容の構成である。 A ， B に入る語句の組合せとして最も適当なものを，あとの①〜⑥から一つ選びなさい。

低学年「表現リズム遊び」	中学年「表現運動」	高学年「表現運動」
表現遊び	表現	表現
リズム遊び	A	B
※簡単な B を含めて指導することができる。	※地域や学校の実態に応じて B を加えて指導することができる。	※地域や学校の実態に応じて A を加えて指導することができる。

①　A：創作ダンス　　　－　　B：リズムダンス

②　A：創作ダンス　　　－　　B：フォークダンス

③　A：リズムダンス　　－　　B：創作ダンス

④　A：リズムダンス　　－　　B：フォークダンス

⑤　A：フォークダンス　－　　B：創作ダンス

⑥　A：フォークダンス　－　　B：リズムダンス

(☆☆☆○○○)

【9】次の英文は，外国語活動の授業でのある活動において，指導者が児童とやりとりしながら話している内容の一部である。文中の空欄の[　ア　]～[　エ　]に入る最も適当な語を，それぞれ下の①～④から一つずつ選びなさい。

You can see many cards with pictures of flags on the blackboard. Let's play the Flag Quiz. The first one. What country? Two colors, yellow and red. I'll give you the next hint. One big star and four small stars. You can say it [　ア　] Japanese. Do you have any idea?

Yes, that's right. It's China.

OK, then [　イ　] your cards out on your desk. Please listen carefully, and if you know the answer, touch the card with your finger. Are you ready? OK. Let's start. What country is this? It has two colors, white and red. And it has a [　ウ　] in the center. [　エ　] knows the answer? Please tell me.

Yes, it's our country, Japan. Very good job.

[　ア　]　①　of　　　②　in　　　③　with　　　④　by

[　イ　]　①　open　　②　get　　③　spread　④　make

[　ウ　] ① triangle　② square　③ star　④ circle
[　エ　] ① how　② what　③ who　④ which

(☆☆☆○○○○)

【10】第6学年の国語科「熟語の成り立ち」の授業で，児童に「漢字二字の熟語」の成り立ちについて指導するとき，次の問いに答えなさい。
問1　次の①，②のような漢字の組合せ方について指導する場合，第6学年の児童に分かるような二字熟語の例を，それぞれ一つずつ書きなさい。ただし，楷書で書くこと。
①　上の漢字が下の漢字を修飾する関係にある組合せ
②　「〜を」「〜に」に当たる意味の漢字が下にくる組合せ
問2　「創造」という二字の熟語について，その組合せを児童にどのように説明するか，書きなさい。

(☆☆○○○○)

【11】第5学年の算数科「単位量当たりの大きさ」の授業で，次の問題に取り組んだ。

> ５年生が宿泊体験学習に行きました。
> 男子は、２つの部屋で泊まることになりました。
> Ａ室とＢ室では、どちらの方が混んでいるといえますか。
>
> | | Ａ室 | Ｂ室 |
> |---|---|---|
> | たたみの枚数 | １８ | １４ |
> | 男子の人数 | ９ | ６ |

このとき次のように，差で比較してBの部屋が混んでいると間違えた児童に対し，どのような指導をしたらよいか，書きなさい。

> 1人がたたみを1枚使うとすると，
>
> 　　A室　18−9＝9
>
> 　　B室　14−6＝8
>
> 残りのたたみは，8枚の方が少ないから，B室の方
> が混んでいる。

(☆☆☆○○○)

【12】第3学年の理科「太陽の光を調べよう」の授業で，本時のねらいを「鏡に当たってはね返された日光がまっすぐに進むことを理解する」として指導した。その中で，児童が，「図1のようにすれば，はね返した日光をつなぐことができるのではないか。」と発言したが，教師は図2のような実験の場を設定した。

図１　　　　　　　　　　　　　図２

　　図1ではなく図2のように場を設定した教師の意図を，図1と図2を比較して，次の①，②の二つの視点で書きなさい。なお，熱中症への安全配慮は十分に行っているものとする。

①　安全に実験をさせるための視点

②　本時のねらいに迫るための視点

(☆☆☆☆○○○)

解答・解説

【１】問1　②　　　問2　②　　　問3　③　　　問4　3　　　問5　④
問6　①　　　問7　③　　　問9　③
〈解説〉問1　直前にある「日本絵画がもっぱら画面に平行な平面性を特
色とするのはなぜか」が問われている。②と③が紛らわしいが，質問
を正しく捉えることができれば，正答できるだろう。　問3　「かかわ
り」は名詞であり，③が該当する。モティーフは「小説・音楽・絵画
などで創作の動機となった中心的な題材」といった意味である。
問4　この部首は「りっしんべん」と呼ばれ，心に関連する漢字に使
われる。2つの点を先に書くため，真ん中の直線は3画目にあたる。
問5　ここでの「すなわち」は「つまり」と同義語と捉えることがで
きる。　問6　辞書的な意味だと「内容が深くて簡単に理解できない
こと」である。まず，この意味で通じるかを確認すること。意味が通
じなければ，それぞれの選択肢の意味をあてはめて考えるとよい。
問7　この段落の最初の文を見ると，この段落では「切り捨ての美学」
について論じられていることがわかる。　問8　本文では，具体的な
芸術作品例が豊富にあげられている。また，「〜である」という断定
表現も頻繁に用いられている。さらに，「西欧」と「日本」の絵画技
法について対比を行っている。

【２】問1　(1)　①　　　(2)　A…①　　　C…④　　　(3)　①　　　(4)　③
問2　(1)　②　　　(2)　③　　　(3)　①　　　(4)　③　　　(5)　②
〈解説〉問1　(1)　雨温図の⑧は湿潤大陸性気候，⑩は亜寒帯冬季少雨気
候，⑦は1月に暑く，7月に寒いので南半球の気候であることが読み取
れる。　(2)　Aはスウェーデン，Cはオーストラリアである。なお，
②は「世界の工場」から中国，③は面積からカナダとわかる。
(3)　スウェーデンは25％，中国は17％，オーストラリアは10％，カナ
ダは5％である。　問2　(2)　書院造であるから，慈照寺銀閣を建立し

た足利義政が該当する。 (3) 蝦夷は中央政権からみて，東方，北方に住んでいた異端民族の呼称である。 (5) 紡績業と製糸業の違いを把握しておこう。紡績業は綿などの原料を紡いで糸をつくること，製糸業は繭などから糸をつくることを指す。

【3】問1 (1) $\frac{5}{9}$ (2) 7 (3) $X=7$，$Y=4$ 問2 20日目
問3 84° 問4 3分36秒後

〈解説〉問1 (1) 式を考えると，(少なくとも片方が5)＋(すくなくとも片方が6)－(両方が5と6)となる。つまり，$6×2＋6×2－2×2＝20$〔通り〕。全体は$6^2＝36$〔通り〕なので，$\frac{20}{36}＝\frac{5}{9}$となる。 (2) $3<\sqrt{11}<4$なので，整数部分は3，小数部分は$\sqrt{11}-3$と表せる。したがって，$(a+1)(a+5)＝(\sqrt{11}-3+1)(\sqrt{11}-3+5)＝(\sqrt{11}-2)(\sqrt{11}+2)＝11-4＝7$ (3) 与えられた方程式より，$X(Y-3)-2(Y-3)-6＝-1$
∴ $(X-2)(Y-3)＝5$となる。これより$X-2＝±1$ $Y-3＝±5$，$X-2＝±5$ $Y-3＝±1$(ともに，複合同順) ∴ $(X，Y)＝(3，8)$，$(1，-2)$，$(7，4)$，$(-3，2)$となり，整数解は$(3，8)$，$(7，4)$である。なお，別解として$Y＝3+\frac{5}{X-2}$とし，X，Yが整数であるためには$X-2＝±1$，$±5$と考えてもよい。 問2 当該本のページ数をxとすると，題意より$28<\frac{x}{17}≦29$，$476<x≦493$…①，$16<\frac{x}{30}≦17$，$480<x≦510$…②となり，共通範囲より$476<x≦493$となる。毎日25ページ読むと$\frac{476}{25}<\frac{x}{25}≦\frac{493}{25}$となり，$19.04<\frac{x}{25}≦19.7$…となる。したがって，20日目に本を読み終えることができる。 問3 図のようにして○＝α，×＝βとすると，内角と外角の関係などから
$$\begin{cases} 3\beta＝126+3\alpha \\ 126+2\alpha＝(90-\alpha)+\beta \end{cases}$$
よって，$$\begin{cases} \beta-\alpha＝42 \\ \beta-3\alpha＝36 \end{cases}$$
∴ $\alpha＝3$〔°〕，$\beta＝45$〔°〕

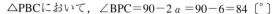

$\triangle$PBCにおいて，$\angle$BPC$=90-2\alpha=90-6=84$〔°〕

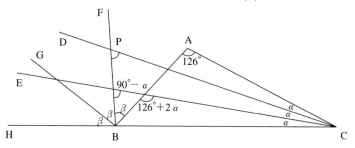

問4　歯車A，歯車B，歯車Cがそれぞれa，b，c回転すると考えると，題意の矢印が同じように向き合うためには，回転したときの歯車の延べ数を考慮すると，$20\times a=16\times b=48\times c$が成立する。$20a=16b=48c=k$とすると，$a=\dfrac{k}{20}$，$b=\dfrac{k}{16}$，$c=\dfrac{k}{48}$より，$a:b:c=\dfrac{k}{20}:\dfrac{k}{16}:\dfrac{k}{48}=12:15:5$　∴　歯車Aが12回転すると矢印が向き合うことになる。歯車Aは3分間(180秒)で10回転しているので，求める時間をxとすると，$x:180=12:10$となり，$x=\dfrac{180\times12}{10}=216$〔秒〕より，分36秒となる。

【4】問1　(1)　②　　(2)　①　　(3)　③　　(4)　②　　(5)　②

　　　問2　(1)　④　　(2)　②　　(3)　②　　(4)　②

〈解説〉問1　(2)　Aは初期微動，Bは主要動である。　(3)　初期微動は疎密の状態が伝わる縦波で，主要動は横波である。　(5)　Aのゆれが続く時間を初期微動継続時間といい，震源からの距離に比例する。したがって，$7\times\dfrac{180}{50}=25.2$秒となる。　問2　重曹(炭酸水素ナトリウム，NaHCO$_3$)を加熱したときの化学反応式は，$2\mathrm{NaHCO_3}\rightarrow\mathrm{Na_2CO_3}+\mathrm{H_2O}+\mathrm{CO_2}$となる。この反応で二酸化炭素が生じるが，石灰水に通じると白濁することで確認できる。

【5】問1　②　　問2　④　　問3　②

〈解説〉問1　1小節の中に4分音符3つ分の長さが入ることから，4分の3拍子であることがわかる。同様に8分の6拍子は，1小節の中に8分音符6つ分の長さが入る。　問2　ソプラノリコーダーの運指は出題頻度が

高いので，正確に理解することが大切である。①はド，②はシ，③は
ラである。　　問3　楽譜は第6学年の歌唱共通教材『おぼろ月夜』であ
る。問いのように，歌詞の意味を問われることも多いので十分注意し
たい。

【6】問1　④　　問2　イ　①　　ウ　⑤
〈解説〉問1　各学年で取り扱う材料や用具のうち，水彩絵の具が示され
　　ているのは第3学年及び第4学年である。なお，第1学年及び第2学年は
　　「土，粘土，木，紙，クレヨン，パス，はさみ，のり，簡単な小刀類」，
　　第5学年及び第6学年は「針金，糸のこぎりなど」が示されている。
　　問2　カムは回転運動を往復運動・揺動運動などに変換する機械構造。
　　クランクは往復運動を回転運動に，あるいは回転運動を往復運動に変
　　換するものである。

【7】問1　(1)　②　　(2)　①　　問2　④　　問3　④
〈解説〉問1　(1)　五大栄養素は「たんぱく質，脂質，炭水化物，ビタミ
　　ン，ミネラル」であり，米・パン・麺などはエネルギーになる「炭水
　　化物」，肉・魚・卵・大豆製品などは体をつくる「たんぱく質」であ
　　る。　(2)　混合だしは，水にこんぶを入れ沸騰直前に取り出し，次に
　　かつおぶしを入れ沸騰させる。　問2　包丁の各部分の名称は，手で
　　持つところを「柄」，物を切る部分を「刃」，刃のないほうを「むね」，
　　Aの刃の先端を「切っ先」，Bの部分は「あご」という。　問3　切った
　　断面の形がいちょうの葉のようなので，いちょう切りという。

【8】問1　②　　問2　④
〈解説〉問1　前方支持回転は，支持姿勢から体を前方に勢いよく倒して
　　回転し，上体を一気に起こし，手首を返して支持姿勢に戻る技である。
　　bは逆上がり，dは後方支持回転の技の声かけである。　問2　低学年
　　の「表現リズム遊び」は，「表現遊び」と「リズム遊び」で構成され
　　ている。「リズム遊び」には，中学年の「リズムダンス」と高学年の

「フォークダンス」へのつながりを考慮して，簡単なフォークダンスを軽快なリズムに乗って踊る内容に含めて指導することができることが内容の取扱いで示されている。

【9】ア　②　　イ　③　　ウ　④　　エ　③
〈解説〉ア　和訳すると「日本語で言ってもよいですよ」となるので，in Japaneseが正しい。　　イ　あとにoutがきていることから，spread out「広げる」という表現になることがわかる。その後の活動内容の説明を見ても，「答えを知っていたら，カードを指で触ってください」と書かれているので，空欄部分は「カードを机に広げる」という指示であることがわかる。　　ウ　日本の国旗について説明している部分なので，「真ん中に円がある」ということでcircleがあてはまる。　　エ　Who knows the answer?で「答えを知っている人は？」という表現である。

【10】問1　①　美人，親友 など　　②　握手，読書 など
問2　「創」と「造」の2つの漢字には，ともに「つくる」という意味があり，似た意味を持つ漢字を組み合わせてできた熟語である。
〈解説〉問1　①　前の漢字が後の漢字に意味を付け加える関係になっていればよいので，「総計」「朝日」「速読」などでもよい。　　②　「AをBする」という関係で「B＋A」という並びの熟語であればよいので，「立証」「返答」などでもよい。　　問2　「創る」「造る」はどちらも新しいものを作り出す，という似た意味を持つ漢字である。こういった熟語は他に「成立」「解答」「審査」などがあげられる。

【11】畳10枚で9人いる部屋と畳2枚で1人いる部屋を比較する。児童の考え方だと10－9＝1，2－1＝1となるが，畳と人数の差が同じでも，混み具合は同じでないことを指摘する。
次に，1人あたりの畳の枚数で比較させる。
○A室は18÷9＝2　　すなわち1人当たりの畳の枚数は2枚

○B室は14÷6＝2.33…　すなわち1人当たりの畳の枚数は2.33…枚

このことより，1人当たりの畳の枚数の少ないA室の方が混んでいることを確認しながら指導をする。

〈解説〉なお，部屋の畳数が同じであれば，差の少ない方が混んでいるのは明らかであろう。このことも指導するとよい。

【12】①　鏡を落として割ることを防ぐため，鏡を地面に固定した。

②　鏡に当たってはね返った光の道筋が見えるように，影のある場所で活動をさせた。

〈解説〉図1のように児童が鏡を持っていると，鏡を落とす危険性があるほか，鏡の位置や向きが安定せず，光が児童の顔や体に当たってしまったりする恐れがある。したがって，図2のように鏡を固定するといった工夫が必要になる。また，日なたでは光の道筋が見えないので，影のある場所で行う。

2015年度　　実施問題

【1】次の文章を読んで，あとの問いに答えなさい。(設問の都合で一部省略してある)

　現代社会の中での科学は，まず「役に立つ技術を生むための知識」とされているのではないでしょうか。この「役に立つ」という言葉に，科学者も社会も縛られているのです。もちろん「役に立つ」ことは大事ですが，その意味をていねいに考える必要があります。しかも，ァ科学と科学技術は決して同じものではありません。科学，科学技術，役に立つというような言葉を一つ一つていねいに考えることが必要だと思うのです。

　子どもたちの理科離れを憂い，大人の科学リテラシーの欠如を嘆く声は，新しい科学技術開発とそれが生み出す新製品，そこから生まれる経済成長を求めてのものになっています。その必要性を否定はしませんが，「自然科学」というように，科学の本来の姿は，自然と向き合うことであり，そこから自然観，人間観を生み出すことです。つまり，科学は一つの文化なのです。近年日本では，科学という言葉を単純に科学技術に置き換えてしまい，文化として存在する科学そのものを忘れる傾向があります。

　科学を文化とするなら，本を読み，絵を眺め，音楽を聴くのと同じように，誰もが科学と接することができて初めて，科学が社会の中に存在したことになるはずです。ここで，作家や画家や音楽家が自分の作品を世に出すときに，※コミュニケーターを求めたりするだろうかと考えてみると，今の科学のありようの不自然さが見えてきます。

　私は，ここに科学の問題があると考えています。現在の制度では，科学が社会へと出ていく方法は論文と決められています。論文は，分野を同じくしている専門家に理解されればよいのであり，そのために必要で十分な事柄を書くための作法もきめられています。もちろん論

文は重要な発信方法ですが，文化として科学が広く受けとめられることを考えた時には，あまりにも[　Ⅰ　]された対象への[　Ⅱ　]な形での発信と言わざるを得ません。

　どうしたらよいか。ここで比較してみたいのが音楽です。小説や絵は作品がそのまま受けとめられますが，音楽は楽譜の状態で理解することは一般の聞き手には難しく，演奏されることが必要です。ベートーヴェンがすばらしいと思えるのは，オーケストラ，ピアノなどさまざまな演奏家という「専門家」による表現があるからです。演奏家は楽譜を通して，音楽と同時に自分を表現します。私は，科学にもこの作業が必要なのではないかと思っています。コミュニケーターでなく表現者です。しかも，本来なら音楽も作曲家が演奏者でもある，シンガーソングライターが_ィ_ゲンテンでしょう。モーツァルトもベートーヴェンも演奏をしていました。科学者も本来は，_ゥそうあるべき_なのではないでしょうか。

　「科学の表現」，これは重要なテーマです。コミュニケーターと言ってしまうと科学の成果や社会でいかに役立つかを伝えることとなり，得てして広報となりがちです。論文という楽譜をいかに演奏するか，表現するか。私の属する生命誌研究館ではこの道を探っています。

　[　Ⅲ　]，文化としての科学の表現に対して，広く一般の人々が関心を持つようにするには，科学者はどうすればよいでしょうか。

　概して，人の話を聞く場合，大切なのはその内容と同じくらい，またはそれ以上にその人への関心であり，さらには信頼です。それがあれば少々難しいことでも耳を傾け，学ぶ気持になります。_ェ話上手_でなくても惹きつけられます。

　ここで思い出すことがあります。私が学生の頃は，湯川秀樹先生が日本で初めてノーベル賞を①受賞され，朝永振一郎先生もその候補としてあげられるなど，物理学が②輝いていた時代でした。ですから，朝永先生の講義をぜひ聞きたいと思い，憧れの気持で教室に③行きました。先生は文章がお上手ですし，みごとな講義をしてくださっているには違いないのですが，なにせお声が小さくボソボソっと話される

のです。でも，先生の話を聞きたい一心で耳を傾けました。

　朝永先生も湯川先生も生物学に強い関心を④持っていらしたので，大学院生になってからは，物理の難しい話でなくDNAや細胞についてのお話を_オする機会がありました。そのような時先生方は，常に新しい学問を学ぶ楽しさを感じておられるのがわかりました。科学に限らず，さまざまなことに関心を向けられている幅の広さが印象的で，_カこれが若者を惹きつける力なのだと感じたのを思い出します。

　教育とはまさに，こういうものでしょう。先生への信頼が基本です。最も大事なのは人間として語っているかどうかということです。それを考慮せずに，科学は難しい特別の分野とし，科学者・科学技術者は，普通の人と同じ考え方ができない，普通の言葉も話せない人としてしまうことには疑問を感じますし，それをしてはいけないと思います。

　まず専門家が言葉を大切にし，誰にも話が通じるようにしなければなりません。高度の専門的内容そのものを理解させるというより本質を語れなければなりません。それには，専門家が専門の中だけにあるのでなく，聞く側の人と人間としての共通基盤がなければならないと思うのです。しかも人間としての魅力を持っていたとしたら，それはすばらしいことでしょう。

　※コミュニケーター…内容をそのまま伝達する役割を果たす人

(中村桂子「科学者が人間であること」)

問1　下線部ア「科学と科学技術…ありません」とありますが，筆者は「科学」をどのようなものだと述べているか，最も具体的に説明している一文を探し，最初の六文字を，次の①～④から一つ選びなさい。

①　子どもたちの　　②　その必要性を　　③　つまり，科学

④　近年日本では

問2　[　Ⅰ　]，[　Ⅱ　]に入る語句の組合せとして最も適当なものを，次の①～④から一つ選びなさい。

①　Ⅰ　限定　　Ⅱ　特殊　　②　Ⅰ　拡散　　Ⅱ　難解

③　Ⅰ　隔離　　Ⅱ　安易　　④　Ⅰ　区別　　Ⅱ　平凡

問3　下線部イ「ゲンテン」と同じ漢字を含むものを，次の①〜④から一つ選びなさい。

① ゲンマイは健康に良い。　　② 川のゲンリュウを探す。

③ 計画をグゲン化する。　　　④ 作家の生ゲンコウを展示する。

問4　下線部ウ「そうあるべき」が指す内容として最も適切なものを，次の①〜④から一つ選びなさい。

① 音楽が楽譜の状態で理解されることは一般の聞き手には難しいのと同様に，科学も論文のままでは難しいので，コミュニケーターをおいて，科学がいかに役に立つかを伝えるべきであるということ。

② 音楽家にオーケストラ，ピアノなどさまざまな「専門家」による演奏があるように，科学者にも雑誌や新聞，インターネットなどさまざまな「専門家」の表現が必要であるということ。

③ 音楽家が自分で作曲した作品を自分自身で演奏することが基本であるように，科学者も自分で考えたり発見したことは自分自身で表現すべきであるということ。

④ 小説や絵では作品がそのまま受けとめられているように，科学についても論文の内容をそのまま受けとめてもらえるように，子どもの理科離れや大人の科学リテラシーの欠如に歯止めをかけるべきであるということ。

問5　[　Ⅲ　]に入る接続語として最も適当なものを，次の①〜④から一つ選びなさい。

① では　　② しかし　　③ 従って　　④ または

問6　下線部エ「話上手」と最も近い意味をもつ表現を，次の①〜⑥から一つ選びなさい。

① 芸は身を助く　　② 河童の川流れ　　③ 目から鼻へ抜ける

④ ぬれ手で粟　　⑤ 立て板に水　　⑥ 舌を巻く

問7　下線部オ「する」の動作主と同じ動作主となる語句を，文章中の下線部①〜④から一つ選びなさい。

① 受賞され　　② 輝いていた　　③ 行きました

279

④　持っていらした

問8　下線部カ「これ」が指す内容として最も適当なものを，次の①〜④から一つ選びなさい。

①　朝永先生のお声は小さくボソボソっと話されるのに，講義の内容が見事であるというギャップ。

②　日本で初めてノーベル賞を受賞したり候補になったりしたのに，気さくに話してくれること。

③　高名な両先生が物理学の難しい話ではなく，DNAや細胞についての生物学の簡単な話をしてくれること。

④　高名な両先生が常に新しい学問を学ぶ楽しさを感じたり，さまざまなことに関心を向けていたりしていること。

問9　「科学者」に対する筆者の考えとして最も適当なものを，次の①〜④から一つ選びなさい。

①　誰もが科学と接することができるように，科学者は自分の論文の内容を自分で表現し，さらに若者を惹きつけるために，話し方も磨いていくとよい。

②　誰もが科学と接することができるように，科学者は科学の本質を語れなければならないし，自分自身に関心をもってもらえるような，他人を惹きつける力も身に付けておくとよい。

③　文化としての科学が認められるように，科学者自身が好奇心や向学心旺盛な魅力的な人間として語り，論文の作法を理解する人々を増やしていくとよい。

④　文化としての科学が認められるように，科学者は作法を守って論文を書くだけでなく，高度な専門的内容であっても，いかに社会で役に立つかという視点から，聞く側がわかるように語るとよい。

(☆☆☆◎◎◎)

【2】次の問いに答えなさい。

問1　次のA〜Dの文を読み，下の(1)〜(5)に答えなさい。

A　源実朝が殺害されたのち，a承久の乱が起こった。

B　旧幕府軍が，鳥羽・伏見で新政府側とのb戦争を起こした。

C　c桓武天皇は，政治が混乱したので政治の立て直しをはかった。

D　足利義満は，中国や朝鮮半島の王朝とd貿易を始めた。

(1)　下線部aの後，鎌倉幕府が行ったこととして正しいものを，次の①〜④から一つ選びなさい。

①　鎮西奉行を設置した。　②　奥州総奉行を設置した。

③　問注所を設置した。　④　六波羅探題を設置した。

(2)　下線部bは，新政府側が旧幕府最後の将軍に官職や領地の返上を命じたことが原因の一つで起こったが，この将軍の名前として正しいものを，次の①〜④の中から一つ選びなさい。

①　徳川家茂　②　徳川慶喜　③　徳川吉宗

④　徳川家慶

(3)　下線部cが行った政治の立て直しとして正しいものを，次の①〜④から一つ選びなさい。

①　長岡京から平城京に都を移した。

②　源頼朝を征夷大将軍に任命した。

③　大宝律令を定めた。

④　天台宗など仏教の新しい宗派を支持した。

(4)　下線部dの相手国である，Ⅰ中国とⅡ朝鮮半島の王朝の組合せとして正しいものを，次の①〜④から一つ選びなさい。

①　Ⅰ：宋—Ⅱ：朝鮮(李朝)　②　Ⅰ：宋—Ⅱ：高麗

③　Ⅰ：明—Ⅱ：朝鮮(李朝)　④　Ⅰ：明—Ⅱ：高麗

(5)　A〜Dの文が，年代の古いものから順に配列されているものを，次の①〜⑧から一つ選びなさい。

①　A→C→B→D　②　B→D→C→A

③　C→A→D→B　④　D→B→A→C

⑤　A→B→D→C　⑥　B→C→A→D

⑦　C→D→B→A　　⑧　D→A→C→B

問2　地図と資料を見て，次の(1)～(5)に答えなさい。

(1)　次の地図中のa～dの線のうち，フォッサマグナ西縁として正しいものを，下の①～④から一つ選びなさい。

[地図]

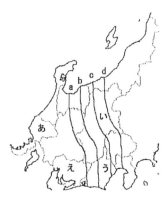

①　a　　②　b　　③　c　　④　d

(2)　下の資料1は地図中の県 あ～う の製造品出荷額等の割合を，資料2は地図中の県 あ～う の産業出荷額に占める米，野菜，畜産等の割合を示している。それぞれの県と資料1・2の組合せとして正しいものを，次の①～④から一つ選びなさい。

①　県あ―A―E，県い―B―F，県う―C―D

②　県あ―C―D，県い―A―F，県う―B―E

③　県あ―B―E，県い―C―D，県う―A―F

④　県あ―A―E，県い―C―D，県う―B―F

[資料1]　製造品出荷額等の割合　[%]

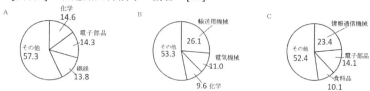

[資料2] 産業出荷額に占める米，野菜，畜産等の割合

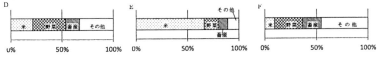

データで見る県勢2012より作成

(3) 県 え で行われている農業についての説明として最も適当なものを，次の①〜④から一つ選びなさい。

① 大都市への近さを生かして，ぶどう狩りやりんご狩りを行う観光農園が見られる。

② 夜間に照明を当て開花を遅らせ，出荷を遅らせる電照菊の栽培が行われている。

③ 夏の気温が高くなることを生かして，秋の早い時期に出荷できる早場米の産地である。

④ 温暖な気候と南向きの斜面を生かして，冬にみかんを出荷している。

(4) 県 え は，日本有数の自動車生産地である。下の資料3は日本・アメリカ・ドイツの自動車生産台数，資料4は日本・アメリカ・ドイツの自動車輸出台数を示している。日本の自動車生産台数と輸出台数を表すグラフの組合せとして正しいものを，次の①〜⑥から一つ選びなさい。

① AとD　② AとE　③ BとE　④ BとF

⑤ CとE　⑥ CとF

[資料3] 日本・アメリカ・ドイツの自動車生産台数

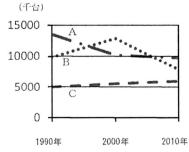

283

[資料4]　日本・アメリカ・ドイツの自動車輸出台数

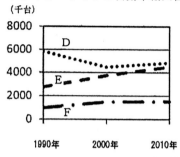

日本国勢図会2012/13より作成

(5)　県えでは，2014年にESDユネスコ世界会議が行われる。ユネスコについての説明として正しいものを，次の①～④から一つ選びなさい。

①　乳幼児期から青年期までの子どもたちの命と健やかな成長のために活動している。

②　「すべての人々が可能な最高の健康水準に到達すること」を目指している。

③　教育，科学，文化などの分野を通じて，平和の構築，貧困の削減などに貢献している。

④　全世界の働く人々のために，労働条件を改善し社会正義を促進している。

（☆☆☆◎◎◎）

【３】次の問いに答えなさい。

問1　次の(1)～(4)の空欄に入る数値を答えなさい。

(1)　$a^2 \times a^3 \div a = a^{[\quad]}$

(2)　$\dfrac{2}{3-\sqrt{5}}$ は分母を有理化すると，$\dfrac{3+\sqrt{[\quad ア \quad]}}{[\quad イ \quad]}$ になる。

(3)　濃度が8％の食塩水200gに14％の食塩水を混ぜて，12％の食塩水にするには，14％の食塩水を[　　]g混ぜるとよい。

(4)　ある自然数を7で割ると5余り，6で割ると4余り，4で割ると2余

る。この条件を満たす最も小さい自然数は[　　]である。

問2　次の図のような1周400mのトラックで兄と弟がマラソンの練習に取り組むことにした。トラックに沿って200m離れた地点X，Yがある。兄は，地点Xから右回りに秒速4m，弟は地点Yから左回りに秒速3mの速さで同時に走り始めた。

　兄と弟が，走り始めてから4回目に出会うのは[　　]秒後である。空欄に入る数値を答えなさい。

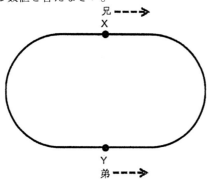

問3　半径12cmの5つの円が次の図のように接している。このうち，円A，B，C，Dの中心を直線でつなぐと正方形になる。円Pが4つの円の外側に接しながら1周回ったとき，円Pの中心の軌跡の長さは[　　]πcmである。空欄に入る数値を答えなさい。ただし，円周率をπとする。

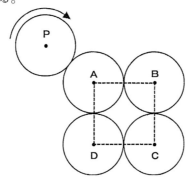

【4】次の問いに答えなさい。

問1　次の図のようなある金属でできた質量3150gの直方体をA，B，C
の面をそれぞれ下にして，スポンジの上に置き，スポンジのへこみ
方を調べた。100gの物体にはたらく重力の大きさを1Nとして，下の
(1)〜(4)に答えなさい。

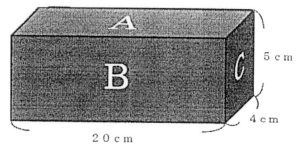

(1)　A，B，Cそれぞれの面を下にしたときのスポンジを押す力の大
きさとして最も適当なものを，次の①〜④から一つ選びなさい。

①　A面のときが最大　　②　B面のときが最大

③　C面のときが最大　　④　どの面のときも同じ

(2)　A，B，Cそれぞれの面を下にしたときのスポンジのへこみ方
(深さ)として最も適当なものを，次の①〜④から一つ選びなさい。

①　A面のときが最大　　②　B面のときが最大

③　C面のときが最大　　④　どの面のときも同じ

(3)　B面を下にしたときの圧力は何Paか，最も適当なものを，次の
①〜⑤から一つ選びなさい。

①　31.5Pa　　②　315Pa　　③　3150Pa　　④　31500Pa

⑤　315000Pa

(4)　ある金属とは何か，最も適当なものを，次の表の①〜④から一
つ選びなさい。

	物質名	密度(g/cm³)
①	金	19.3
②	鉄	7.87
③	銅	8.92
④	アルミニウム	2.70

問2　消化酵素について，次の(1)(2)の問いに答えなさい。

(1)　脂肪を分解する消化酵素の名称として正しいものを，次の①〜④から一つ選びなさい。

①　アミラーゼ　　②　ペプシン　　③　トリプシン
④　リパーゼ

(2)　消化酵素により脂肪は，脂肪酸とある物質の二つに分解される。ある物質の名称として正しいものを，次の①〜④から一つ選びなさい。

①　デキストリン　　②　ペプトン　　③　モノグリセリド
④　マルトース

問3　5Vの電圧で200mAの電流が流れる電気器具がある。次の(1)(2)の問いに答えなさい。

(1)　この電気器具の電気抵抗は[　　]Ωである。空欄に入る数値を答えなさい。

(2)　この電気器具を1分間使用したときの電力量は[　　]Jになる。空欄に入る数値を答えなさい。

(☆☆☆◎◎◎◎)

【5】次の楽譜は，第4学年の歌唱共通教材「とんび」の一部である。下の問いに答えなさい。

問1　(　　)に当てはまる歌詞を，次の①〜④から一つ選びなさい。

①　あおぞらに　　②　わをかいて　　③　そらたかく

　　④　たのしげに
問2　$\boxed{\rm I}$に入る音符の種類を，次の①〜⑤から一つ選びなさい。
　　①　付点2分音符　　②　2分音符　　③　付点4分音符
　　④　4分音符　　　　⑤　8分音符
問3　この曲の歌唱指導における【音楽表現の創意工夫】の評価方法
　として最も適当なものを，次の①〜④から一つ選びなさい。
　　①　「とんび」を形づくっている要素を聴き取り，それらの働きが
　　　生み出すよさや面白さなどを感じ取りながら，音楽を形づくって
　　　いる要素の関わり合いから，想像したことや感じ取ったことを言
　　　葉で表すなどして，楽曲の特徴や演奏のよさに気付いて聴いてい
　　　る状況を，学習カードの記述内容，発言の内容から評価する。
　　②　「とんび」を形づくっている要素を聴き取り，それらの働きが
　　　生み出すよさや面白さなどを感じ取りながら，歌詞の表す様子や
　　　曲想にふさわしい表現を工夫し，音楽表現についての考えや意図
　　　をもって学習している状況を，楽譜を記した学習カードの記述内
　　　容，発言の内容，歌声の聴取から評価する。
　　③　「とんび」の歌詞が表す様子や曲想に関心をもって進んで歌お
　　　うとしている状況を，積極的に発言しようとする姿，発言の内容
　　　に見られる学習内容への関心，友達の発言に対する反応，歌って
　　　いるときの表情や体の動きの観察，歌声の聴取から評価する。
　　④　フレーズごとの呼吸の仕方に気を付けて，「とんび」の歌詞の
　　　表す様子や曲想にふさわしい表現で歌っている状況を，歌声の聴
　　　取から評価する。

　　　　　　　　　　　　　　　　　　　　　　（☆☆☆☆◎◎◎）

【6】次の問いに答えなさい。
　問1　次の文は，「紙やすり」の使い方について述べたものである。
　　（　A　）〜（　C　）に入る語句の組合せとして最も適当なものを，あ
　　との①〜④から一つ選びなさい。
　　　・紙やすりの目は，下地を整えるときは（　A　），仕上げとして表

面をきれいにするときは(B)を使用する。

・紙やすりの目は，番号が(C)なるにしたがって，目が細かくなる。

① A：あらい目―B：細かい目―C：小さく

② A：あらい目―B：細かい目―C：大きく

③ A：細かい目―B：あらい目―C：小さく

④ A：細かい目―B：あらい目―C：大きく

問2 次の図A，Bは，厚い木などを切るときにしっかり押さえるための用具である。それぞれの用具の名称をあとの①～⑤から一つずつ選びなさい。

[図A]

[図B]

①　グルーガン　　②　バール　　③　ドレッサー　　④　万力
⑤　クランプ

(☆☆☆◎◎◎)

【7】「衣生活」に関する授業で，布(織物)を使って本を入れるバッグを作ることにした。次の問いに答えなさい。

問1　布(織物)を裁つ際の型紙の置き方とその理由として最も適当なものを，次の①～④から一つ選びなさい。

①　布端のみみを有効に使うために，布の縦の方向と，バッグの上下の方向を合わせて型紙を置く。

②　布端のみみを有効に使うために，布の縦の方向と，バッグの左右の方向を合わせて型紙を置く。

③　布の伸縮性の特徴を考慮して，布の縦の方向と，バッグの上下の方向を合わせて型紙を置く。

④　布の伸縮性の特徴を考慮して，布の縦の方向と，バッグの左右の方向を合わせて型紙を置く。

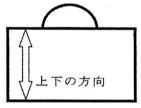
上下の方向

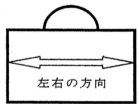
左右の方向

問2　次の文は，ミシンを使って，バッグを縫う作業について述べたものである。(　A　)～(　D　)に入る語句の組合せとして最も適当なものを，下の①～④から一つ選びなさい。

　　縫い始めは，布を押さえの下に置き，縫い始めの位置に(　A　)。縫う方向を変えるときは，針をさしたまま，押さえを上げ，布の向きを変えて押さえを下ろす。縫い終わりは，(　B　)，(　C　)の順に上げる。布を(　D　)に引き，糸を15cmぐらい残して切る。

①　A：押さえを下ろす―B：針　　　―C：押さえ―D：手前側
②　A：針をさす　　　―B：針　　　―C：押さえ―D：向こう側

③　A：押さえを下ろす—B：押さえ—C：針　　—D：向こう側

④　A：針をさす　　　　—B：押さえ—C：針　　—D：手前側

(☆☆☆◯◯◯)

【8】次の問いに答えなさい。

問1　第3学年の「浮く・泳ぐ運動」において，「伏し浮き」，「背浮き」の浮く運動を指導することにした。それぞれの浮く運動とふさわしい教師の声かけa～cの組合せとして最も適当なものを，下の①～⑥から一つ選びなさい。

【教師の声かけ】

a　「お腹をつき出す感じにするといいよ」

b　「あごを引くといいよ」

c　「手で膝を抱えるといいよ」

①　伏し浮き：a—背浮き：b　　②　伏し浮き：b—背浮き：a

③　伏し浮き：c—背浮き：a　　④　伏し浮き：a—背浮き：c

⑤　伏し浮き：b—背浮き：c　　⑥　伏し浮き：c—背浮き：b

問2　次の文は，第5学年「ボール運動」領域のゴール型の学習において，ゲームのルールや様式を簡易化し，得点が入りやすくするように工夫した例である。文中の空欄[　A　]，[　B　]，[　C　]に入る語句の組合せとして最も適当なものを，下の①～⑥から一つ選びなさい。

[　A　]側プレーヤー数が[　B　]側プレーヤー数を上回る状態をつくり出して状況判断を易しくしたり，コートの奥行きや横幅を広くしてコート上で動けるスペースを十分に確保したり，守備側のプレーを[　C　]するゾーンを設定して得点が入りやすくしたりする。

①　A：攻撃—B：守備—C：分担

②　A：守備—B：攻撃—C：分担

③　A：攻撃—B：守備—C：制限

④　A：守備—B：攻撃—C：制限

⑤　A：攻撃—B：守備—C：緩和

291

⑥　Ａ：守備—Ｂ：攻撃—Ｃ：緩和

(☆☆☆○○○)

【9】次の英文は，ある外国語活動において指導者が児童に対して行った活動内容の説明である。文中の空欄[　ア　]～[　エ　]に入る最も適当な語を，それぞれ下の①～④から一つずつ選びなさい。

Let's play an interesting game. The first student in each line comes here. I will show you three letters of the alphabet. Go [　ア　] to your line, tell the second student the letters you [　イ　]. The second student, please tell the third student the letters you heard. Then the last student in your line should [　ウ　] the letters from your alphabet cards, come to the front and put them [　エ　] the blackboard. Do you understand?

[　ア　]　①　front　　②　from　　③　back　　④　up
[　イ　]　①　wrote　　②　saw　　③　made　　④　had
[　ウ　]　①　look　　②　walk　　③　change　　④　choose
[　エ　]　①　on　　②　in　　③　out　　④　after

(☆☆○○○)

【10】第6学年の国語科「生活の中の敬語」の授業で，児童に相手と自分の関係を意識させながら，尊敬語と謙譲語の違いを指導する。その際に使う「言う」の尊敬語と謙譲語を使った例文として適当なものを，主語を明確にして一つずつ書きなさい。

(☆☆☆○○○)

【11】第2学年の算数科の授業で，次の問題に取り組んだ。
　どんぐりが何こかありました。4こもらったので，ぜんぶで12こになりました。どんぐりは，はじめ何こありましたか。
　「もらったと書いてあるから，『4＋12』をして16になる。」と間違えたAさんに，どのような指導をしたらよいか，次のテープの図を完

成させて，説明しなさい。

【図】

(☆○○○)

【12】第6学年の理科「てこの規則性」の単元において，てこの仕組みや
働きの学習後「身の回りからてこを利用した道具を見つけ，てこの仕
組みや働きについての理解を深めること」をねらいとした授業を行う。
ある児童が「はさみがてこを利用した道具だと聞いたことがあるけれ
ど，どうしてはさみがてこを利用した道具といえるのかが分かりませ
ん。」と発言した。この発言を受けて，はさみがてこの仕組みや働き
を利用した道具であることを理解させるための手立てを二つ書きなさ
い。

(☆☆☆○○○)

解答・解説

【1】問1　②　　問2　①　　問3　④　　問4　③　　問5　①
問6　⑤　　問7　③　　問8　④　　問9　②
〈解説〉問1　科学と科学技術の違いについて論じている部分を探してみ
る。新しい科学技術に関して，[その必要性を否定はしませんが，「自
然科学」というように，科学の本来の姿は，自然と向き合うことであ
り，そこから自然観，人間観を生み出すことです]と主張している。
問2　論文に対して「言わざるを得ません」と表現しているので，あ
まりいい意味で使われていないことが読み取れる。ここではⅠは「分

293

野を同じくしている専門家に理解」から，Ⅱは「必要で十分な事柄を
書くための作法」から①の限定と特殊があてはまる。　問3　「ゲンテ
ン」は原点で，①「ゲンマイ」は玄米，②「ゲンリュウ」は源流，③
「グゲン」は具現，④「ゲンコウ」は原稿である。　問4　この指示語
は「表現者」や「演奏者」のことについて述べている。この第5段落
の中で音楽と科学を例にしながら，科学者も自身で表現すべきだと筆
者は考えているのである。　問5　問題提起の段落であるから，問い
かけの「では」があてはまる。　問6　すらすら話すことのたとえで
ある「立て板に水」が最も近い。　問7　話をしたのは筆者であるか
ら，「行きました」が同じである。　問8　指示語は「科学に限らず，
さまざまなことに関心を向けられている幅の広さ」を指している。こ
の内容に関連があるのは④である。　問9　最終段落に合致している
ものを探す。①は「論文」や「話し方」について述べられていないの
で誤り。③は「論文」について言及していないので誤り。④は「社会
で役に立つかという視点」が誤りである。

【2】問1　(1)　④　　　(2)　②　　　(3)　④　　　(4)　③　　　(5)　③
　　　問2　(1)　③　　　(2)　④　　　(3)　②　　　(4)　①　　　(5)　③
〈解説〉問1　(1)　承久の乱は後鳥羽上皇が起こした乱のことである。乱
を平定した後，鎌倉幕府は朝廷を監視する必要があると考え，六波羅
探題を設置した。　(2)　旧幕府最後の将軍という部分から徳川慶喜と
いうことが分かる。　(3)　桓武天皇は794年に平安京に遷都した。平
安時代に関連する内容を考えると④になる。　(4)　足利義満であるか
ら日明貿易である。この貿易は朝貢貿易という形で行われた。また，
朝鮮王国は1392年に李成桂によって建国された。

(5)　平安時代のC，鎌倉時代のA，室町時代のD，明治時代のBの順番
になる。　問2　(1)　フォッサマグナの西側の縁は糸魚川－静岡構造
線とされている。なお，東側の縁は不明である。　(2)　Bの「輸送用
機械」，Cの「情報通信機械」，Eの「米」が目立つので，まずはこの3
つから考えてみるとよい。　(3)　愛知県についての説明である。愛知

県では電照による菊の栽培がおこなわれている。 (4) 生産台数では，Aが日本，Bがアメリカ，Cがドイツで，輸出台数ではDが日本，Eがドイツ，Fがアメリカである。 (5) ユネスコとユニセフを混同してしまうことがあるので注意が必要である。ユネスコは教育・科学・文化を通じて世界平和を維持し，各国の文化交流を促すことを目的としている。一方でユニセフは発展途上国などの児童の援助を目的としている。

【3】 問1 (1) 4 (2) ア 5 イ 2 (3) 400 (4) 82
問2 200 問3 80

〈解説〉問1 (1) $a^2 \times a^3 \div a = a^{2+3-1} = a^4$

(2) $\dfrac{2}{3-\sqrt{5}} = \dfrac{2(3+\sqrt{5})}{(3-\sqrt{5})(3+\sqrt{5})} = \dfrac{2(3+\sqrt{5})}{3^2-\sqrt{5}^2} = \dfrac{2(3+\sqrt{5})}{9-5}$

$= \dfrac{2(3+\sqrt{5})}{4} = \dfrac{(3+\sqrt{5})}{2}$

(3) 濃度8％の食塩水200g に濃度14％の食塩水xgを混ぜるとする。
混ぜた後の食塩水の濃度は12％，量は$(x+200)$gなので，
$0.08 \times 200 + 0.14 \times x = 0.12 \times (x+200)$ $\quad$ $16 + 0.14x = 0.12x + 24$
$0.02x = 8$ $\quad$ $x = 400$〔g〕

(4) 求める自然数をnとする。
nを7で割ると5余るので，$n = 7x + 5$ …① （ただし，xは0以上の整数）
nを6で割ると4余るので，$n = 6y + 4$ …② （ただし，yは0以上の整数）
nを4で割ると2余るので，$n = 4z + 2$ …③ （ただし，zは0以上の整数）
①と②より，
$7x + 5 = 6y + 4$
$7x - 6y + 1 = 0$ …④
④を満たす整数x，yの組の1つは $(x, y) = (11, 13)$ より，
$7 \times 11 - 6 \times 13 + 1 = 0$ …⑤
④－⑤より，
$7(x-11) - 6(y-13) = 0$

したがって，6と7は互いに素なので，整数kを用いて，

$x-11=6k$，$y-13=7k$　と表すことができるので，

$x=6k+11$　…⑥

$y=7k+13$　…⑦

⑥を①に代入して，

$n=7(6k+11)+5$

$n=42k+82$

同様に⑦を②に代入しても同じ結果$n=42k+82$ が得られる。

nは自然数なので，$k≧-1$について調べていけばよいので，

$k=-1$　のとき，$n=42×(-1)+82=40$　　これは①，②は満たすが③を満たさないので不適。

$k=0$　のとき，$n=42×0+82=82$　　これは①，②，③とも満たす。

以上より，問題の条件を満たす最小の自然数は，82となる。

問2　兄と弟が1回目に出会うまでに兄と弟の進む距離の合計は200m(トラック半周)なので，兄と弟が1回目に出会うまでにかかった時間をx秒とすると，$4x+3x=200$　$x=\dfrac{200}{7}$〔秒〕

兄と弟が1回目に出会ってから2回目に出会うまでの兄と弟の進む距離の合計は400m(トラック1周)なので，兄と弟が1回目に出会ってから2回目に出会うまでにかかった時間をy秒とすると，$4y+3y=400$　$y=\dfrac{400}{7}$〔秒〕

以後は，$\dfrac{400}{7}$〔秒〕ごとに1回出会うので，4回目に出会うまでにかかる時間は，

$\dfrac{200}{7}+\dfrac{400}{7}+\dfrac{400}{7}+\dfrac{400}{7}=\dfrac{1400}{7}=200$〔秒〕

問3　円Pの中心の軌跡は下の図の太線のようになる。

つまり，半径24cm，中心角150°の扇形の弧を4倍すればよいので，

$4×2\pi×24×\dfrac{150}{360}=4×2\pi×24×\dfrac{5}{12}$

$=80\pi$〔cm〕

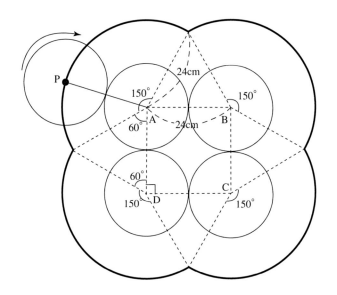

【4】問1 (1) ④ (2) ③ (3) ③ (4) ② 問2 (1) ④

(2) ③ 問3 (1) 25 (2) 60

〈解説〉問1 (1) 金属の質量は変わらないので，スポンジを押す力はど
の面を下にしても同じである。 (2) スポンジのへこみ方は圧力が大
きいほど大きくなる。同じ力が働いているときは，接触面の面積が小
さいほど圧力は大きくなる。 (3) $\dfrac{31.5N}{0.2m \times 0.05m} = 3150Pa$

(4) この金属の密度を求めると，$\dfrac{3150}{5 \times 4 \times 20} = 7.875$〔g/cm³〕となり，
鉄の密度とほぼ同じである。 問2 すい液などに含まれる消化酵素
によって，脂肪酸とモノグリセリドに分解される。

問3 (1) $\dfrac{5}{0.2} = 25$〔Ω〕となる。 (2) $5 \times 0.2 \times 60 = 60$〔J〕となる。

【5】問1 ③ 問2 ① 問3 ②

〈解説〉問1 「とんび」は，葛原(くずはら)しげる作詞 梁田貞(やなだ
ただし)作曲である。歌唱共通教材については，歌詞とともに，作詞

者・作曲者も覚えておくこと。　問2　1小節の中に4分音符4つ分の長さがいる4分の4拍子の曲である。すでに4分休符が書かれているので付点2分音符が入る。共通教材は，楽譜を使って出題されることも多い。　問3　学習指導要領を良く理解することが大切である。特にA表現の「(1)　歌唱の活動を通して，次の事項を指導する。」「イ　歌詞の内容，曲想にふさわしい表現を工夫し，思いや意図をもって歌うこと。」に注目すること。また，「評価基準の作成，評価方法等の工夫改善のための参考資料　小学校　音楽」(国立教育政策研究所)も参照しておくとよい。なお，共通教材に関する出題については，自分の受験する都道府県の出題形式に慣れておくとよい。

【6】問1　②　　　問2　図A…⑤　　図B…④

〈解説〉問1　紙やすりには「番手」と呼ばれる番号がついており，番号が小さいほど目が粗くなる。あらい目のものは大まかな荒れを研磨するのに用い，細かい目のものは主に仕上げ用に使用する。

　　問2　図A　クランプは鎹(かすがい)の類で，材料を固定する工具。接着作業の圧着と保持にも用いられる。締め具。工作台に固定して使う。図B　万力は工作物を挟んで締め付け，固定させる工具。バイスともいう。

【7】問1　③　　　問2　②

〈解説〉問1　布(織物)は，たて糸と横糸で織られており，その織り方の構造から斜め方向に引っ張った時の伸びがもっとも大きく，横方向に引っ張った時もやや伸びる。バッグはある程度の重さのものを入れても変形しないよう，丈夫な作りになっていなければならないため，布の伸縮性を考慮して，伸びない縦方向とバッグの上下の方向を合わせて型紙を置くとよい。　問2　しるし通りにきれいに縫うためには，まず縫い始める位置をきちんと決めなければならない。まず縫い始めの位置に針を刺し，そのあと押さえを下げて縫い始める。ミシンは一方向にしか進まないため，縫う方向を変えるためには布を回転させる

必要がある。そのためには，縫う方向を変えたい位置(角)に針を刺し
たまま押さえを上げ，縫いたい方向に針が進むよう，布を回転させる。
縫い終わりは，針，押さえの順に上げ，針が折れることのないよう，
針に糸が通っている方向，つまり，向こう側に布を引き，糸を15cmぐ
らい残して切る。

【8】問1 ② 問2 ③
〈解説〉問1 ②が正解であるが，cはダルマ浮きの声かけとして適切であ
る。 問2 得点が入りやすいのは，攻撃側の人数が守備側の人数よ
りも多い場合である。また，守備側の守る範囲を制限することでパス
コースが増えるなど，得点が入りやすくなる。

【9】ア ③ イ ② ウ ④ エ ①
〈解説〉語彙の難易度は高くないので全体の流れをきちんと追うことが出
来れば難なく正答できるだろう。以下，訳例を示す。「これからおも
しろいゲームをします。それぞれの列の最初の児童がここに来ます。
私はあなた達に3つのアルファベットを見せます。あなた達の列に戻
り，自分が見た文字を2番目の児童に伝えます。2番目の児童は3番目
の児童に伝えて下さい。それから，列の最後の児童は，アルファベッ
ト・カードの中から自分たちの文字を選び，前に来て黒板に貼って下
さい。理解しましたか。」

【10】尊敬語の例文…校長先生が私たちにがんばれとおっしゃった。(尊
敬語) など 謙譲語の例文…私たちは会議で市長に意見を申し上げ
た。(謙譲語) など
〈解説〉「言う」の敬語表現は尊敬語は「おっしゃる」，謙譲語は「申す，
申し上げる」，丁寧語は「言います」であることを示す例文を作ると
よい。なお，「敬語の指針」(文化審議会答申，平成19年)を参照してお
きたい。

【11】【図】

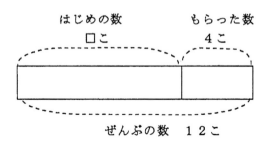

はじめの数　　　　　　もらった数
□こ　　　　　　　　　　4こ

ぜんぶの数　　１２こ

【説明】

　まず，はじめにどんぐりがいくつかあり，4個もらうと全部で12個になったことを問題文やテープ図から確認する。

　次に，はじめの個数は，全部の個数12からもらった個数4を返すと求まることから，(全部の数)−(もらった数)＝(はじめの数)　ということばの式を導く。

　式に表すと，12−4＝8となり，はじめにあった個数は8個となることを指導する。　　など

〈解説〉「ぜんぶで12こになりました」とあるので，Aさんのように求め方が4＋12＝16となると，はじめの数が16ことなってしまい「ぜんぶで12こ」より多くなってしまうのでおかしい。

「4こもらって」とあるのではじめの数から4こ増えて12こになるようにテープに書き込むと，

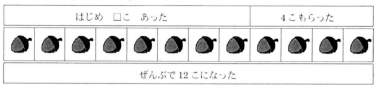

はじめ　□こ　あった　　　　　　　4こもらった

ぜんぶで 12 こになった

(はじめの数)＝(全部の数)−(もらった数)なので

はじめの数を求める式は　　12−4＝8

つまり　はじめ8個あった。

と求めるとよい。

300

【12】【手立て】・既習の「支点・力点・作用点」を示した図と，はさみ
の絵を並べて提示し，はさみにも支点・力点・作用点があることを確
認させる。　・実際にはさみで厚紙を切らせ，切りやすい刃の位置を
見つけさせることにより，作用点が支点に近いほど，小さい力で切る
ことができることを実感させる。　　など

〈解説〉はさみのてこの規則性は，力点・支点・作用点の順に並んでいる
ことを図示することで，児童が視覚的に理解できるようになる。また，
薄い紙だと実感できにくいが，厚紙を用いることで，てこの規則性を
実感できるであろう。

2014年度　　実施問題

【1】次の文章を読んで，あとの問いに答えなさい。(設問の都合で一部
省略してある)

　科学研究の世界には，今でも大小いろいろと未解決の難問題が存在
している。私はいくつかの大学で「太陽物理学」などについて講義し
てきたという経験があるが，その際，未解決のいろいろな問題を_aテ
キシュツしてみせて，「これらの解決は若いあなた方の手に残されて
いるのだ」と，しばしば強調した。ところが後で聞いたのだが，この
ような講義というのは，学生に受けがよくないのだそうである。

　未知の問題を目の前にさらけ出してみせれば，学生諸君は，自分た
ちの手でそれらの問題を解決してやろうと，目をかがやかせることだ
ろうと私は考えたのである。もうこの方面の研究は終わり，すべてが
解決ずみで，あなた方にはすることは何もありませんよ，というよう
な講義では，学生たちには未来への希望もないだろう——こう考えて，
私は物理的内容に重きをおき，できるだけ数式を使わず，このような
未解決の問題を提示してみたのである。

　[　①　]，こうした私の努力が不評判だというので，すっかり驚い
てしまった。評判のよくない理由は，学説や理論が完成した"エレガ
ント"にまとまったものでないので，講義を聴いていても安心できな
いからなのだそうだ。なるほど，力学とか，電気力学，量子力学とい
った類の学問は，いちおう完成されているから，理論的な構成もきち
んとできあがっており，数学的な理論をみごとに展開することもでき
る。これらの学問はたしかにエレガントなものだ。

　けれども，このようなできあがってしまった体系を，いくらきれい
だ，みごとだといって学んでみたところで，[　(1)　]にはなっても，
そこから新しい研究課題を見つけだすことは，ほとんど不可能なこと
なのである。それにもかかわらず，このようなきれいにまとめられた

理論体系のほうが安心できるというのは，いったいどういうわけなの
だろうか。

　創造とは，未完成の分野で新しい事実を見つけたり，新しい理論体
系を打ちたてたりすることである。できあがったみごとな理論体系を
[　(1)　]するだけなら，そこには独創力は全然必要ないのである。独
創性の要求されないところには，新しい研究の成果が生まれてくる可
能性は全然ない。

　独創の世界は，たしかに[　Ⅰ　]を強いられるところである。周囲
の人びとと同じ思考に明け暮れ，そこから一歩でも外へ踏みでること
に不安を感じている人びとに，独創を期待することは無理である。日
本のように，他人から離れられないで同じ思考の土壌の中にのめりこ
んでいることを安全と考えている世界では，独創は[　Ⅱ　]なことな
のであろう。

　独創力について語る場合に問題となるのは，知識の[　(2)　]である。
独創の世界においても知識があるに越したことはないが，これは不可
欠の条件ではないと，私は考える。知識の[　(2)　]には，万全，すな
わちこれですべてということはないからである。意見は論理的思考の
結果，導かれるものであるから，自分の意見が持てないようなところ
には，独創の働く余地はなく，創造への道も開けてこないのは当然の
ことである。

　私たちの大部分が非常な読書家であるのに，読書の結果が豊富な知
識をもたらすだけで，あいかわらず感覚的思考の世界から脱け出るこ
とができずにいるという事実は，考えてみればふしぎなことである。
あることについて議論が始まったような場合に，誰それの本の中にこ
んなことが書いてあった，どこそこにはこういう主張が見られたとい
うｂ発言が非常に多く聞かれるのは，せっかくの読書が，読者の論理
を通して，その人の考えの中に批判的に取り入れられていないことを
示している。

　読書とは，あくまでも自分の意見や考え方を検証したり，ちがった
角度から批判的に眺めたりするためにすることだと私は考える。時に

は，著者との対話も考えられよう。だから，自分の考えを検証するという②<u>篩</u>にかけられないかぎり，いくらたくさん読書をしても，結局は自分のためには何も役立っていないことになってしまう。

　私たちが読書について議論する時，多くの場合「この本は読んだ」「あの本も読んだ」という形で話が展開するだけのことが多いのは，自分と著者とに対する批判，検証などが読書においてなされていないことを示しているのである。狭い文献考証にしばしば陥り，基本になされるべき研究からはずれていきやすい傾向を持つのも，ゆえなしとはしないのである。

　知識の[　(2)　]を重視するがために，日本ではつい文献考証主義的な風潮が出てくることになる。一冊の本，あるいはひとつの論文を書くということは，思考や研究の結果得られた"自分"の体系を語るということであろう。

　ところが，知識を尊び，文献考証を大事とする世界では，豊富な知識と膨大な引用文献とで自分をカムフラージュすることが，人びとから畏敬をかちとることとなる。

　テレビ番組で，知識を競い合うものが数多く作られ，人気があるらしいのは，こうしたことがあるからであろう。

　研究を始めるに当たって，まず文献をさがそうという考えは，まちがってはいない。私が恐れるのは，この考えにすっかり溺れてしまうことである。そこからは，物知りを尊ぶという思考しか生まれてこないからである。

（桜井邦朋「日本人の知的風土」より）

問1　次の漢字の問いに答えなさい。

(1)　文章中の下線部aと同じ漢字を含むものを，次の①〜④から一つ選びなさい。

_a<u>テキ</u>シュツ　　①　環境に<u>テキ</u>オウする。

　　　　　　　②　ケイ<u>テキ</u>を鳴らして車が通る。

　　　　　　　③　間違いをシ<u>テキ</u>する。

　　　　　　　④　彼にヒッ<u>テキ</u>する者はいない。

304

(2)　文章中の下線部bの漢字で，太字の部分(➡の指す部分)は何画目にあたるか，答えなさい。

問2　[　①　]に入る最も適当な接続語を，次の①〜⑤から一つ選びなさい。

①　したがって　　②　ところが　　③　つまり　　④　あるいは
⑤　たとえば

問3　[　Ⅰ　]，[　Ⅱ　]に入る語句の組合せとして最も適当なものを，次の①〜⑥から一つ選びなさい。

①　Ⅰ　高度な思考　　　　　　Ⅱ　"理想的"
②　Ⅰ　他との共同作業　　　　Ⅱ　"不快"
③　Ⅰ　極度の緊張　　　　　　Ⅱ　"魅惑的"
④　Ⅰ　孤独な闘い　　　　　　Ⅱ　"危険"
⑤　Ⅰ　長時間の集中　　　　　Ⅱ　"逆説的"
⑥　Ⅰ　精緻な作業　　　　　　Ⅱ　"順調"

問4　[　(1)　]，[　(2)　]に入る言葉で最も適当なものを，それぞれ次の①〜④から一つずつ選びなさい。

(1)　　①　想像　　②　分割　　③　鑑賞　　④　装飾
(2)　　①　量　　　②　質　　　③　定着　　④　期限

問5　下線部②「篩にかけられ」とありますが，「篩にかける」と最も近い意味をもつ表現を，次の①〜⑥から一つ選びなさい。

①　手塩にかける　　②　天秤にかける　　③　試行錯誤
④　離合集散　　　　⑤　取捨選択　　　　⑥　一網打尽

問6　筆者の考えとして最も適当なものを，次の①〜④から一つ選び
なさい。

①　研究とは，新しい事実の発見を目指して独創的な思考を必要と
するものなので，読書においても単純に知識の豊富さだけを問題
にするのではなく，自分の意見を検証する目的で行うべきである。

②　研究を始めるに当たって，まず文献をさがして読書することは
まちがってはいないので，批判的な読書をして豊富な知識を蓄え
たうえで，周囲と同じ思考に留まることなく一歩外へ踏み出して
いけばよい。

③　研究について議論する際は，今までの自分の意見や考え方を検
証する読書の経験を生かしながら，「この本は読んだ」「あの本も
読んだ」という形で，豊富な知識と引用文献を紹介することこそ
が重要である。

④　科学研究の世界に存在する未解決の問題を解決するためには，
知識があるに越したことはないのだから，読書によって豊富な知
識を蓄えて自分の意見を持ってから，論理的思考を行い創造への
道を開いていくべきだ。

(☆☆☆○○○○○)

【2】次の文章を読み，あとの問いに答えなさい。

　7世紀末から8世紀の日本は，中央集権的な_a律令国家を目指し，中
国の諸制度を導入する中で，貨幣を発行した。その後，貨幣の発行は
途絶え，16世紀まで国家が貨幣を発行せず，人々は_b渡来銭を使用し
た。しかし，貨幣需要の高まりとともに私鋳銭などが増加し，貨幣の
質にばらつきが生じ貨幣の流通は混乱した。その後，_c江戸幕府は寛
永通宝を発行し，金貨・銀貨・銅貨による三貨制度が整った。

　明治政府は，1871年「新貨条例」を制定し，貨幣単位を「円・銭・
厘」とした。1881年には松方正義が大蔵卿に就任し，中央銀行設立の
必要性を訴え，_d日本銀行は1882年10月に誕生した。

[貨幣博物館HPより一部修正]

問1　下線部aについて，このころの国の様子や政府の対応について正しく述べられているものを，次の①～④から一つ選びなさい。

① 収穫物の一部や布・特産品を納める租庸調などの税のほか，兵役の義務が課せられた。

② 地方には，土地の管理や年貢の取り立てなどを行う地頭をおいた。

③ 中国の作品に影響を受け，墨一色で表現する水墨画が描かれるようになった。

④ 政府は，唐にならって和同開珎を鋳造し，それがすぐに全国各地で流通するようになった。

問2　下線部bについて，12世紀後半になって政治の実権を握った平清盛は，当時の中国との貿易を積極的に行い，銭を大量に輸入した。このときの中国の王朝名を，次の①～④から一つ選びなさい。

① 唐　　② 宋　　③ 明　　④ 隋

問3　下線部cについて，このときの社会情勢として正しいものを，次の①～④から一つ選びなさい。

① 5代将軍徳川綱吉は，出費が相次ぐ幕府の経済を立て直すため，金の含有率を高めた元禄小判を大量に発行した。

② 東日本では金の貨幣，西日本では銀の貨幣が多くつかわれ，三都では，金銀の交換や金貸しによって経済力をもつ組頭が現れた。

③ 農業の発達に伴って，農具や肥料を購入するなど，農民にも貨幣が必要になり，自給自足に近かった農村でも貨幣を使う機会が増えた。

④ 享保の改革では倹約令を出すとともに，旗本や御家人の生活難を救うため，札差からしていた借金を帳消しにした。

問4　下線部dについて，次の(1)(2)に答えなさい。

(1) 現在その役割から，日本銀行は次の図のように「(a)銀行」，「(b)銀行」，「(c)銀行」と呼ばれる。(a)～(c)にあてはまる語句の正しい組合せを，あとの①～④から一つ選びなさい。

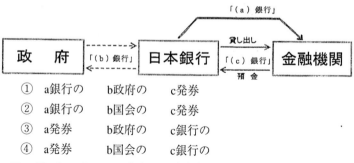

① 　a銀行の　　b政府の　　c発券

② 　a銀行の　　b国会の　　c発券

③ 　a発券　　　b政府の　　c銀行の

④ 　a発券　　　b国会の　　c銀行の

(2)　デフレーションのとき，日本銀行が行う金融政策として最も適当なものを，次の①〜④から一つ選びなさい。

①　国債を金融機関から買う。

②　金融機関の預金準備率を上げる。

③　公共料金を値上げする。

④　減税する。

(☆☆☆○○○○)

【3】次の地図中の⑤〜⑧は，国際連合食糧農業機関(FAO)が認定する世界農業遺産に認定された地域のある国を示している。地図や資料を見て，あとの問いに答えなさい。

地　図

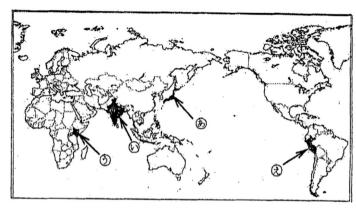

問1　次の文①～④は⑧～②の国の伝統的な農業等について述べたものである。この中で②の国について述べられたものを一つ選びなさい。

①　農家は，ばれいしょ畑の周りに溝を掘り，そこに溜めた水を昼間の日射で温め，気温の下がる夜間に畑に流す。これは，海抜4000mの厳しい環境に適したシステムである。

②　農業生産システムに「朱鷺と暮らす郷づくり認証制度」を導入し，水田とその周囲に，生きもののための生育環境を作り出す「生きものを育む農法」を拡げている。

③　マサイ・ダバド族は，先住民の間で古くから伝わる慣習や伝統，知識をもとに，長く牧畜農業を営んできた。

④　カシミール地方では固有のサフラン栽培が2500年以上も受け継がれており，現在17000家族が取り組んでいる。

問2　下の資料のa～dは，地図中⑧～②の国における農林水産業活動の対経済活動総人口比を示したグラフである。正しい組合せを，次の①～④から一つ選びなさい。

	a	b	c	d
①	⑧	⑰	②	⑨
②	⑧	⑨	⑰	②
③	⑰	②	⑧	⑨
④	②	⑨	⑧	⑰

資料　農林水産業活動の対経済活動総人口比

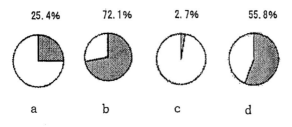

| 25.4% | 72.1% | 2.7% | 55.8% |
| a | b | c | d |

世界国勢図絵2010/11版より作成

問3　ⓐ～ⓔの国について述べた文として正しいものを，次の①～④から一つ選びなさい。

① ⓐ国では，稲作が中心であったが，食生活の変化にともなって米の消費量が減り，1990年頃より政府が減反政策を始めた。

② ⓑ国では，1960年代から緑の革命が進められ，70年代後半には食料穀物の自給を達成したが，一方で地域間格差や階層間格差が拡大した。

③ ⓒ国では，植民地時代からバナナなどのプランテーション農業が盛んになり，最近ではヨーロッパ向けにその輸出が増加している。

④ ⓔ国では，高度差を生かした農業が見られ，肥沃なパンパで小麦やとうもろこしの栽培，肉牛の飼育がさかんに行われている。

(☆☆☆◎◎◎)

【4】次の空欄に入る数値を答えなさい。

問1　3mのロープを，一人に$\frac{2}{3}$mずつ分けると，ロープは[　ア　]人に分けられて，$\frac{1}{[　イ　]}$m残る。

問2　定価の40％引きの価格を表示して売っていた商品を，閉店1時間前，表示価格のさらに30％引きの価格にして売った。この商品は，定価の[　　]%引きの価格で売ったことになる。

問3　時速18kmで進む船が，川上のA地点から川下のB地点まで往復している。川の流れの速さを時速12kmとすると，この船が往復したときの平均の速さは，時速[　　]kmになる。

(☆☆☆◎◎◎◎)

【5】次の図のように，4点A，B，C，Dは円周上にあり，ACとBDの交点をE，ADとBCのそれぞれの延長線の交点をFとする。∠DCF＝70°，∠CFD＝35°，∠AEB＝85°とする。下の空欄に入る数値を答えなさい。

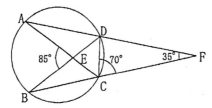

問1　∠CADの大きさは[　　　]°である。

問2　弧ADと弧BCの長さの比は[　　　]：[　　　]である。ただし，弧はいずれも小さい方の弧を表すものとする。

(☆☆☆○○○○)

【6】石川県の自然に関連する次の問いに答えなさい。

問1　1984年に羽咋市で発見された「ホクリクサンショウウオ」は，2012年3月30日に「石川県指定希少野生動植物種」の指定を受けているが，この「ホクリクサンショウウオ」と同じ両生類に属している生き物として，適するものを，次の①〜⑤から二つ選びなさい。

①　ヤモリ　　②　ミミズ　　③　イモリ　　④　カエル
⑤　トカゲ

問2　冬の石川県では，雪が降ることが多い。これは，次の図のように，冬にシベリアからふく季節風は冷たく乾燥しているが，水温が高い日本海上空であたためられると，上昇気流が発生し，海上の湿った空気が上昇して雲ができるためである。雲ができる過程で起きる現象とそのときの空気の温度変化で最も適当なものを，あとの①〜④から一つ選びなさい。ただし，膨張及び収縮のときは熱の出入りがないものとする。

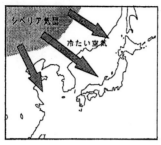

図

① 空気が膨張し，温度が上がる。

② 空気が膨張し，温度が下がる。

③ 空気が収縮し，温度が上がる。

④ 空気が収縮し，温度が下がる。

問3　次の空欄に当てはまる数値を答えなさい。ただし，小数第1位を四捨五入すること。

　　ある冬の日，室内で気温と露点を調べたら，気温20℃，露点12℃であった。次の表を用いて湿度を計算すると[　　]％である。

気温（℃）	10	12	14	16	18	20
飽和水蒸気量（g／m³）	9.4	10.7	12.1	13.6	15.4	17.3

（☆☆☆◎◎◎）

【7】試験管にアルミニウムを入れ，うすい塩酸を注いだところ，Xという気体が発生した。また，別の試験管には石灰石を入れ，うすい塩酸を注いだところ，Yという気体が発生した。次の問いに答えなさい。

問1　気体Xと気体Yを別々の試験管に集め，性質を調べるためにいろいろな実験を行った。このときの記述として正しいものを，次の①〜⑥から二つ選びなさい。

① 気体Xの入った試験管の口に火のついたマッチを近づけると音を出して燃えた。

② 気体Xの入った試験管に石灰水を入れ，軽く振ると白く濁った。

③ 気体Xのにおいをかぐと刺激臭がした。

④　気体Yの入った試験管に火のついた線香を入れると線香の火が激しく燃えた。

⑤　気体Yの入った試験管に火のついた線香を入れると消えた。

⑥　気体Yを軽いポリエチレンの袋に入れると，空気中で浮いた。

問2　次図のように，水上置換法により，ペットボトルAには気体Xを，ペットボトルBには気体Yを，それぞれ半分くらいずつ集めた。両方のペットボトルにふたをし，水から取り出してよく振ると，ペットボトルの形はそれぞれどうなるか，最も適当なものを下の①～④から一つ選びなさい。

図

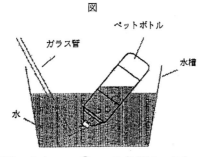

①　Aの方だけへこむ　　②　Bの方だけへこむ

③　どちらもへこむ　　　④　どちらもふくらむ

問3　問2でよく振ったあとのペットボトルA，Bの中の液体を別々の試験管にとり，緑色のBTB溶液を入れたときの色の組合せとして正しいものを，次の①～⑥から一つ選びなさい。

①　A　青　　B　黄　　　②　A　青　　B　緑

③　A　黄　　B　青　　　④　A　黄　　B　緑

⑤　A　緑　　B　青　　　⑥　A　緑　　B　黄

（☆☆☆◎◎◎）

【8】次の楽譜は，第5学年の歌唱共通教材の一部である。下の問いに答えなさい。

げ　に　こはるびの　の　どけしや

問1　この曲の表す季節として最も適当なものを，次の①〜④から一つ選びなさい。

①　春　　②　夏　　③　秋　　④　冬

問2　この曲の1番の歌詞の表す内容として最も適当なものを，次の①〜④から一つ選びなさい。

①　どっぷりと日がくれた里の風景

②　早朝の入り江の風景

③　のどかな昼間の田園風景

④　見わたすかぎり白一色の風景

問3　① に入る音符を，次の①〜⑥から一つ選びなさい。

(☆☆○○○○○)

【9】次の問いに答えなさい。

問1　学習指導要領の図画工作では，発達の段階を踏まえて扱うべき材料や用具が示されている。その組合せとして最も適当なものを，次の表の①〜④から一つ選びなさい。

	低学年	中学年	高学年
①	木，紙，粘土，はさみ，のり，水彩絵の具	木切れ，小刀，糸のこぎり	針金，釘，金づち
②	木，紙，粘土，はさみ，のり，クレヨン	水彩絵の具，板材，金づち	針金，釘，糸のこぎり
③	木，紙，粘土，はさみ，のり，水彩絵の具	木切れ，小刀，針金，釘	板材，糸のこぎり
④	木，紙，粘土，はさみ，のり，水彩絵の具	木切れ，小刀，針金，釘	板材，糸のこぎり

問2　次の電動糸のこぎりの使い方A〜Dと刃の向きa，bについて，組合せとして最も適当なものをあとの①〜⑧から一つ選びなさい。

電動糸のこぎりの使い方

A 刃の上側を先に止め，次に下側を止める。スイッチを入れ，板をゆっくりと押しながら切る。

B 刃の上側を先に止め，次に下側を止める。スイッチを入れ，板を素早く押しながら切る。

C 刃の下側を先に止め，次に上側を止める。スイッチを入れ，板をゆっくりと押しながら切る。

D 刃の下側を先に止め，次に上側を止める。スイッチを入れ，板を素早く押しながら切る。

刃の向き（左側を手前とする）

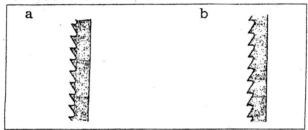

① A—a ② A—b

③ B—a ④ B—b

⑤ C—a ⑥ C—b

⑦ D—a ⑧ D—b

(☆☆◎◎◎◎)

【10】「生活と環境」について，次の問いに答えなさい。

問1 生活と環境のかかわりについて，循環型社会を推進していく取り組みの一つとして「リデュース」がある。この考え方として最も適当なものを，次の①〜④から一つ選びなさい。

① 必要な分だけ買う。

② まだ使える不要品を人にゆずる。

③ こわれたら新品を買うのではなく，修理して使う。

④ 資源ゴミの分別収集に協力する。

問2　次のa～dの環境保全に関する説明文で，正しい文の組合せを，下の①～⑥から一つ選びなさい。

a　グリーンコンシューマーとは，商品を購入するときに，価格や利便性だけでなく，できるだけ環境のことを考えて商品や店を選ぶ消費者のことである。

b　夏の日差しをさえぎるために，つる性の植物でグリーンカーテンを作るなど，暑さを和らげる対策でエネルギー消費・CO_2削減を目指して，植物を買い育てることをグリーン購入という。

c　グリーンマークは，環境への負荷を少なくし，環境緑化を図るために，古紙を使用した紙製品につけられている。

d　容器包装リサイクル法は，容器包装廃棄物に対して，消費者ではなく，市町村・事業者の二者が責任を分担することによってリサイクルを促進し，再生資源の十分な利用を図る目的で制定された。

① a—b　　② a—c　　③ a—d　　④ b—c　　⑤ b—d
⑥ c—d

(☆☆☆○○○)

【11】次の英文は外国語活動の授業の中での指導者による活動の説明内容である。文中の空欄[　ア　]～[　エ　]に入る最も適当な語を，それぞれ下の①～④から一つずつ選びなさい。

Let's play a new game. Make [　ア　] and face each other. Put one eraser [　イ　] you and your partner. I will say the [　ウ　]of the year, so repeat after me. Now "April" is the key word. When I say the key word, try to [　エ　] the eraser before your partner. Are you ready?

[　ア　]　① circles　② pairs　③ lines　④ groups
[　イ　]　① in　② at　③ after　④ between
[　ウ　]　① month　② day　③ date　④ week
[　エ　]　① find　② count　③ take　④ enjoy

(☆☆○○○○)

316

【12】小学校4年生の国語「漢字辞典の使い方」の授業で，漢字辞典を利用して漢字の読み方や意味，使い方を調べる方法を指導する。次の問いに答えなさい。

問1　「連」を使って，部首索引で漢字の読み方を調べる方法の手順を書きなさい。

問2　漢字辞典を利用して漢字を調べる方法をすべて学習した後，自分で漢字の意味を調べる活動に入った際，Aさんが「部首がわからないので探すことができない。」と相談してきた。Aさんに対して，どのように指導するか，書きなさい。

(☆☆☆○○○○○)

【13】小学校6年生の算数「場合の数」の授業で，次の問題に取り組んだ。下の問いに答えなさい。

　6年生4つの組でバスケットボールの試合をします。どの組もほかのすべての組と1回ずつ試合をすると，全部で何試合になるか調べましょう。

問1　Bさんは次のように答えた。この答えの誤りに気づかせるために，どのような手立てが効果的か，書きなさい。

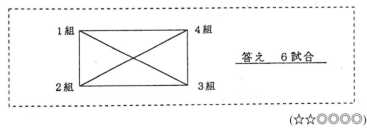

	1組	2組	3組	4組
1組		○	○	○
2組	○		○	○
3組	○	○		○
4組	○	○	○	

答え　１２試合

問2　Cさんは次のように考えた。この考え方のよさを書きなさい。

1組　　4組
2組　　3組

答え　6試合

(☆☆○○○○)

317

【14】 小学校3年生の理科「身近な自然の観察」の授業で，校庭にある植物を観察させたところ，太郎さんは次のような記録カードを提出した。

　　太郎さんの記録カードに〔先生から〕の欄を使って指導するとき，どのように記入するか，良い点とさらに伸ばしたい点をそれぞれ一つずつ書きなさい。

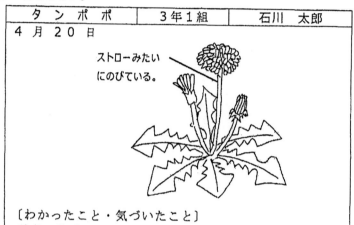

| タ　ン　ポ　ポ | 3年1組 | 石川　太郎 |

４ 月 ２０ 日

ストローみたい
にのびている。

〔わかったこと・気づいたこと〕
・黄色い花が３つさいていて、とてもきれいでした。
・前に見たときよりも、せがのびていて、大きくなっていました。
・葉の形はぎざぎざしています。

〔先生から〕

(☆☆☆◎◎◎)

【15】 小学校4年生の体育の授業「跳び箱運動の台上前転」で，Ｄさんは「跳び箱の横に落ちるかもしれない」という恐怖心から，練習が滞っている状況が見られた。そこで，「跳び箱の横に落ちる恐怖心を和らげる運動の場」の工夫例を簡潔に2つ書きなさい。ただし，他者の補助はないものとする。

(☆☆☆◎◎◎)

解答・解説

【1】問1 (1) ③ (2) 4 問2 ② 問3 ④ 問4 (1) ③
(2) ① 問5 ⑤ 問6 ①

〈解説〉問1 (1) 該当箇所は「摘出」である。選択肢の漢字はそれぞれ，
①適応，②警笛，③指摘，④匹敵である。 (2) はつがしらの書き順
には注意しなくてはならない。 問2 前後の段落の繋がりを考える。
筆者にとってよいと思われる講義を行ってきたところ，不評判で「驚
いてしまった。」と書かれているので，空欄には逆接が入る。

問3 Ⅰ 該当箇所の直後の文と逆の意味の言葉が入らなくてはなら
ない。周囲の人びとと同じで，そこから出ないことが書かれている。
Ⅱ 該当箇所の直前の「安全」と逆の言葉が入ればよい。

問4 (1) 該当箇所の直後の「新しい研究課題を見つけだすこと」の
逆でなければならない。直前の「きれいだ，みごとだ」という言葉か
らも「鑑賞」が最もふさわしくなる。 (2) 該当箇所の直後の文には，
「知識があるに越したことはない」と書かれているので，該当箇所に
入るのは，「量」だとわかる。 問5 「篩にかける」とは，多くの中
からよいものや基準に適ったものを選び出すことの意味である。
①「手塩にかける」とは，気を配って世話をすることの意味である。
②「天秤にかける」とは，選択に当たって，2つの物事の優劣や損得
を比べることの意味である。 ③「試行錯誤」とは，試みと失敗を繰
り返しながら次第に見通しを立て，解決策を見いだしていくことの意
味である。 ④「離合集散」とは，離れたり集まったり，一緒になっ
たり別れたりすることの意味である。 問6 ② 批判的な読書では
なく，読書は，自分の考えを検証するためだ，と述べている。
③ 逆の事柄である。 ④ 第7段落において，知識があるに越した
ことはないが，不可欠の条件ではない，と述べている。

【2】問1　①　　問2　②　　問3　③　　問4　(1)　③　　(2)　①

〈解説〉問1　②　　地頭は，鎌倉時代，源頼朝が各地の荘園や公領においた職である。御家人が任命された。　　③　　水墨画は，日本では宋や元の影響を受けて，鎌倉時代から室町時代にかけて発達し，雪舟が完成させた。　　④　　和同開珎は，708年に鋳造された本格的な貨幣である。711年に蓄銭叙位令を出すなどしたが，地方にはあまり広まらなかった。　　問2　①　　唐は618～907年。隋の有力な地方長官だった李淵が，隋末の大乱の中で長安を占拠し，煬帝が殺されたと聞いて建国した。②　　宋は960～1279年。宋は安史の乱以降の混乱を収めて中国を統一した。　　③　　明は1368～1644年。明は，モンゴル族の元に代わって中国を支配した漢民族の王朝である。洪武帝は，元末の紅巾の乱で勢力を伸ばした後，地主層に支持されて南京で建国した。　　④　　隋は581～618年。北朝の北周を倒して581年に隋を立てた楊堅は，589年に南朝も合わせて統一帝国を作った。　　問3　①　　元禄小判はそれまでに流通していた慶長小判よりも金の含有率の低いものであった。②　　三都では，両替商が発達し，特に大阪では，本両替が発達した。④　　倹約令は，寛政の改革の下で1787年に老中の松平定信が出した。問4　(1)　a　日本では日本銀行が唯一の「発券銀行」である。b　政府の預金管理，政府への貸付を行うことから「政府の銀行」と呼ばれる。　　c　金融組織の中核として位置付けられている。(2)　デフレーションとは，商品流通量に対して通貨量が相対的に減り，物価が下がり，貨幣価値が上がることである。

【3】問1　①　　問2　④　　問3　②

〈解説〉問1　②　　日本の佐渡市で取り入れられているシステムである。③　　タンザニアやケニアに関する記述である。　　④　　インドに関する記述である。　　問2　㋐　　日本がcであることはすぐにわかるだろう。また，1番人口比の高いbに着目すると，バナナやコーヒーなどを中心とした農業が盛んな㋒となることがわかる。　　問3　①　　米の減反政策は1969年から実施された。　　③　　プランテーション農業とは，ヨー

ロッパの植民地政策として始められた，輸出を目的とした企業的農業
である。　④　アンデス農業は，収穫の危険を分散する農業方法とし
て知られている。ジャガイモなども多く栽培されている。

【4】問1　ア　4　　イ　3　　問2　58　　問3　10
〈解説〉問1　ア，イ　$3÷\dfrac{2}{3}=\dfrac{9}{2}=4\dfrac{1}{2}$　　$3-\dfrac{2}{3}×4=3-\dfrac{8}{3}=\dfrac{1}{3}$
　　問2　$1-(1-0.4)×(1-0.3)=0.58$　　問3　川は下るときには，船の時
速に川の流れの時速が足されるが，上るときには引かなくてはならな
い。よって，下りの速度は，$18+12=30$〔km/h〕　上りの速度は，
$18-12=6$〔km/h〕　川の長さをxとすると，往復の平均速度は，$2x÷$
$\left(\dfrac{x}{30}+\dfrac{x}{6}\right)=2x÷\dfrac{x}{5}=10$〔km/h〕となる。

【5】問1　25　　問2　10：9
〈解説〉問1　∠CAD＝∠DBC(弧CDが共通)求めるべきこの角度をxとす
る。…①　　∠ADB＝∠ACB(弧ABが共通)この角度をyとする。…②
$x+y＝$∠EAD＋∠ADE＝∠AEB＝$85°$(三角形の外角の定理)…③
∠ADC＝∠CFD＋∠DCF＝$35°+70°=105°$(三角形の外角の定理)
AとBを結ぶ直線を引く。円に内接する四角形の対角の和は$180°$なので，
∠ABC＝$180°-$∠ADC＝$75°$　∠DCB＝$180°-$∠DCF＝$180°-70°=$
$110°$　∠ABE＝∠DCE，これをzとする。…④　①，②，④より，$x+$
$z=75°$　$y+z=110°$　これらを解くと，$y=x+35°$　　これを，③に代入
すると，$x+(x+35°)=85°$　$2x+35°=85°$　$2x=50°$　$x=25°$　　よって，
∠CAD＝$25°$　問2　弧の長さの比は，角度の比と同じになる。問1より，
∠ABE＝$75°-25°=50°$
∠BAC＝$180°-($∠AEB＋∠ABE$)=180°-(85°+50°)=45°$(三角形の内角
の和)　よって，弧AD：弧BC＝$50：45=10：9$

【6】問1　③，④(順不同)　　問2　②　　問3　62
〈解説〉問1　両生類は，脊椎動物で，魚類と爬虫類の中間に位置する変
温動物である。　①　ヤモリは，爬虫類である。　②　ミミズは環形

動物である。　⑤　トカゲは，爬虫類である。　問2　冬にシベリア高気圧内に発生する気団のことをシベリア気団という。発源地では安定しているが，日本海上に移動すると，不安定になる。雪を降らせた後，山脈を越えて吹き降りると，乾燥し，太平洋側に晴天をもたらす。

問3　$10.7 \div 17.3 \times 100 = 61.8 \fallingdotseq 62$

【7】問1　①，⑤(順不同)　　問2　②　　問3　⑥

〈解説〉問1　①　塩酸にアルミニウムを入れると，水素が発生する。水素は色も匂いもない軽い気体で，燃えやすい。アルミニウムが塩酸に溶けると，塩化アルミニウムが生成される。　⑤　塩酸に石灰石を入れると，二酸化炭素が発生する。二酸化炭素は色も匂いもなく，それ自身燃える性質も他のものが燃えるのを助ける性質もない。

問2　二酸化炭素は水によく溶け，炭酸水と呼ばれる。

問3　BTB溶液は，酸性では黄色，中性では緑色，アルカリ性では青色を示す，試験薬である。　A　水素は水に溶けにくいので，中性の緑を示す。　B　炭酸水は弱酸性である。

【8】問1　④　　問2　②　　問3　②

〈解説〉問1　〔第5学年〕の共通教材は，「こいのぼり」(文部省唱歌)，「子もり歌」(日本古謡)，「スキーの歌」(文部省唱歌)林柳波作詞　橋本国彦作曲，「冬げしき」(文部省唱歌)である。楽譜は「冬げしき」で「こはるび」は初冬の穏やかな日を意味する。「冬げしき」という曲名からも推測できる。　問2　1番の歌詞は「さ霧消ゆる　湊江(みなとえ)の　舟に白し　朝の霜　ただ水鳥の　声はして　いまだ覚めず　岸の家」である。　問3　曲を知っていれば①か②と判断でき，1小節の中に4分音符3つ分の長さがはいる4分の3拍子の曲であり，すでに2分音符が書かれているので4分音符がはいる。共通教材は，楽譜を使って出題されることが多い。

【9】問1　③　　問2　⑥

〈解説〉図画工作科で取り扱う材料・用具についての問題。学習指導要領の〔指導計画の作成と内容の取扱い〕には，各学年(2学年ごとのまとまり)で取り扱う材料・用具が記されている。ただし，「必要に応じて，当該学年より前の学年において初歩的な形で取り上げたり，その後の学年で繰り返し取り上げたりすること。」とあるように，実践の際には児童の状況に応じて柔軟に取り扱うようにしよう。電動糸のこぎりは，高学年であつかうが，児童がけがをしないよう安全指導を徹底したい。また，問題中にはないが，刃の取り付け時には必ずコンセントを抜くこと。

【10】問1　①　　問2　②

〈解説〉問1　リデュース(Reduce)は，縮小すること，抑制することを意味する。特に環境用語としては，環境負荷や廃棄物の発生を抑制するために無駄な消費・生産を抑制あるいは行わないことを指す。資源を大切にする循環型社会を作るという観点から，リサイクル・リユースとともに3Rと呼ばれる。　問2　b　製品やサービスを購入する際に，その必要性を十分に考慮し，省エネルギー型のものやリサイクル可能なものなど，環境に配慮したものを優先的に選択することを「グリーン購入」という。　d　容器包装廃棄物の排出量を減らし，分別収集による容器包装廃棄物の再商品化(再資源化，再生利用など)を促進し，廃棄物全体の減量と有効利用，環境保全を図るために定められた「容器包装リサイクル法」では，国や地方公共団体，事業者・消費者の役割と責務が規定されている。

【11】ア　②　　イ　④　　ウ　①　　エ　③

〈解説〉ア　face each other「(2人で)向かい合う」なので②が適当。　イ　「1つの消しゴムをあなたとパートナーの間に置く」ので，④が適当。　ウ　6文目にAprilと月の名称があげられているので，①が適当。　エ　パートナーよりも先に，1つの消しゴムを「取る」ので③である。

【12】問1　「連」の部首は「辶(しんにょう)」なので，画数は三画である。部首索引で三画を探すと，「辶」のついた漢字の出ている最初のページが分かる。そのページを開き，「連」の部首を除いた部分の画数は七画であるから，「辶」の部首の中の七画の漢字を探せば，「連」が見つかる。(「しんにょう」は「しんにゅう」でも可)　　問2　漢字の音か訓の読み方が分かっていれば，音訓索引を使って探す方法を指導する。また，漢字の読み方が分からないときは，総画索引を使って探す方法を指導する。

〈解説〉問1　漢字辞典の部首索引は，部首を画数順に並べ，漢字を部首によって引けるようにした索引である。「辶」は，三画である点に注意する。　　問2　漢字辞典は，部首索引が基本ではあるが，部首索引以外にも，音訓索引や総画索引がある。いずれかで引くことができればよい。

【13】問1　・この表中の対戦をすべて書き出させる。　・この表で1組と2組の試合を表しているものに印をつけさせる。　など
問2　・1組と2組，2組と1組といった重なりの対戦が省かれる。・1組と1組等の同じクラスの対戦が省かれる。　・対戦の落ちが生じにくい。　など

〈解説〉問1　Bさんの表を用いた考え方では，勝ち負けを記す際に，いずれかを基準として見た場合に，何勝何敗しているかということがわかりやすいが，全部で何試合あるか，ということについては，重複して考えてしまいがちである。　問2　Cさんの考え方では，線の本数を考えればよいので，試合の重複がしにくい。例えば，1組と2組が試合をする場合の線が1本しかないので，どの組を基準にして考えるなどをしなくてもよい。

【14】 ・花の色が黄色であることをしっかり観察できましたね。
・葉の形をよく見て「ぎざぎざしている」と書いているところがいい
ですね。 ・ものさしでタンポポの高さや葉の大きさをはかって書い
ておくといいですね。 ・花の色だけでなく，葉の色もかいておくと
いいですね。 など
〈解説〉具体的な数値や色がされていることや，言葉での表現などの絵だ
けでは表現しきれない点が書かれている点をよい点，同様に足りない
部分を伸ばしたい点とする。模範解答の他に，「ストローみたい」と
身近なものに例えている点や，具体性には欠けるが，以前の観察と比
べられている点なども良い点としてあげられる。伸ばしたい点として
は，花の形状についてや，がくの様子についてなどがあげられる。

【15】 ・跳び箱の両横に柔らかいマットを置く。 ・跳び箱のかわりに
マットを横向きに何枚か重ねて高くし，その上で前転させる。 など
〈解説〉子どもの経験の程度や技能の発達を考えると授業の最初から台上
前転を取り扱うのは適切ではない。その場合にできる児童とできない
児童で大きく差が開いてしまう。技能の低い児童への配慮を考えると
段階を追って指導内容を考えていく必要がある。前転が学習されてい
るのであれば，マットを段々と積み上げていけば台上前転の動きに近
づいていく。マットが5枚ほど重なれば跳び箱1段に相当する。それで
も恐怖心がある場合は，跳び箱の両側に柔らかいマットを置くといっ
た工夫をする。本問では，他者の補助に関する記述では答えられない
が，言語活動や関わり合いを促すためには，跳び箱横での補助等は重
要な役割を果たす。

2013年度　　実施問題

【1】次の文章を読んで，あとの問いに答えなさい。

　世の中には，「ベテラン」と呼ばれる人がたくさんいますが，[　Ⅰ　]，体験をベースにしながらも，さまざまな知識も①<u>貪欲</u>に吸収している「本当のベテラン」と，経験だけはたくさんしてもなにひとつ知識化できないでいる「偽ベテラン」の二種類に分類されます。後者は失敗の種を大きく成長させる張本人になることも多く，自分が対応でき<u>ない</u>問題が生じたときには，これを無視し，対策をとらず，見て見ぬふりをするなどして結果的に_A<u>大きな失敗の発生に加担している</u>こともしばしばあります。それでいて組織の長をつとめていたり，ふだんは②<u>横柄</u>にふるまっていることも多いので，こういう偽ベテランは組織にとってもかなりやっかいな存在です。

　本当のベテランは，自分の関わるものごとを真に理解(理科系の仕事だと真の科学的理解)している人といいかえられます。こういう本当のプロと呼ばれる人の仕事には，どんな世界でも深い理解に基づいた緻密さを感じることができます。

　私は，数年前，たたら製鉄の見学を行う機会を得ましたが，その際もそこで非常に学ぶことがありました。

　たたら製鉄は，古来の製造法どおりに日本刀をつくるための良質の鋼を③<u>キョウキュウ</u>するために，いまでも細々と行われています。島根県出雲地方で冬季のみ操業する形で続けられているこの技術の伝承者たちは，じつはすべて日立金属の関連会社の社員で，ふだんは別の仕事に従事しています。事業そのものは，日本古来の伝統技術の継承を目的にしているので，文化庁から経済的支援を受けています。

　ここでの仕事は，砂鉄と木炭から玉鋼（たまはがね）というものをつくることです。炉は操業ごとに粘土で築炉し，玉鋼を取り出すときに④<u>コワす</u>という面倒なもので，三日三晩続く作業の指揮は，村下（むらげ）と呼ばれる作業員の

頭領がとっています。炉の中を高温に保つために送られる風は，連続送風機のようなものではうまくいかないため，昔ながらのふいごをモーターで稼働させていました。

　この作業に立ち会ったとき，私は村下を務める責任者の横に立って，炉の中が見えず，かすかな音しか聞こえないその状態で，何を見，何を聞き，何を考えているのかをつぶさに聞いてみました。するとその人は，竹筒を通じて聞こえる炉内の音から，液滴状の鋼が白熱した木炭の上を流れ落ちる様子，脈動するふいごからの風が鋼を吹き上げ，次に落下する様子などをまるで目前で見ているかのように語ってくれました。

　その現象理解は，私が知る現代の大規模な製鉄とまったく同レベルの科学的なものでした。その人は，独学ながら[　Ⅱ　]冶金学の勉強を行い，炉の中で金属がどういう反応を起こし，何がどうなっているかを完全に知り尽くしていたのです。

　[　Ⅲ　]，たたら製鉄には昔ながらの伝統的な製鉄の方法というくらいの印象しか持っていませんが，古くからの技術の伝承の中でこれに関わる人たちは，製鉄を間近に体感しながら，実際は最新の冶金学の知識さえ身につけているのです。そのことが私にはたいへん衝撃的だったのと同時に，B これこそが本当のプロが備えている真の科学的理解だと思いました。

　この後，日本刀づくりの現場も訪問しましたが，その道のプロに同じように話を聞いてみると，やはり現在の冶金学に関する知識を身につけていました。体感で得た知識をベースにしながら独学でいろいろと学び，頭で仕入れた知識と体に染み込んだものを使って伝統的な仕事に携わっていたわけです。

　さらには，これと同じ話は，有機農家のケースでも聞いたことがあります。有機農法にこだわり，これに真剣に取り組んできた人は，微生物，生態系など生物学を深く理解しているそうです。有機農法体験をベースにした体感知識と，あとから学んだ知識がきちんとその人の中で⑤ユウゴウした結果で，プロフェッショナルといわれる人には必

ずこうした本当のベテランが持つ真の科学的理解があります。

(畑村洋太郎「失敗学のすすめ」より)

問1　下線部①～⑤の片仮名は漢字に直し，漢字はその読みを平仮名で書きなさい。

問2　下線部「対応できない」と同じ意味・用法の「ない」を次のア～エの中から1つ選び，記号で答えなさい。

ア　時間が<u>ない</u>ので，タクシーで出かけた。

イ　水はそれほど冷たく<u>ない</u>。

ウ　寒くて，じっと動か<u>ない</u>ままだ。

エ　まだおさ<u>ない</u>妹がいる。

問3　[　Ⅰ　], [　Ⅱ　], [　Ⅲ　]に入る言葉の組み合わせとして最も適切なものを，次のア～エから1つ選び，記号で答えなさい。

ア　[Ⅰ　詳細にいえば　　Ⅱ　継続的に　　Ⅲ　専門的には　]

イ　[Ⅰ　厳密にいえば　　Ⅱ　徹底的に　　Ⅲ　一般的には　]

ウ　[Ⅰ　率直にいえば　　Ⅱ　探究的に　　Ⅲ　具体的には　]

エ　[Ⅰ　端的にいえば　　Ⅱ　結果的に　　Ⅲ　歴史的には　]

問4　「偽ベテラン」が下線部Aのようになるのはなぜか，「知識化」という語を用いて書きなさい。

問5　下線部Bについて，筆者がそのように思った理由を80字以上100字以内で書きなさい。

問6　この文章の構成について述べたものとして，最も適切なものを次のア～エから1つ選び，記号で答えなさい。

ア　初めに課題を提示し，具体例を示しながら，最後に結論付けている。

イ　筆者の主張を初めに述べ，複数の具体例を挙げることで裏付けている。

ウ　体験を時系列で述べ，より説得力を持たせて結論へ導いている。

エ　筆者の体験を対比して述べることで，その違いを明らかにしている。

(☆☆☆○○○○○)

【2】 小学校学習指導要領の「伝統的な言語文化と国語の特質に関する事項」について，次の問いに答えなさい。

問1　次の文は，第5学年及び第6学年の伝統的な言語に関する事項である。[　Ⅰ　]，[　Ⅱ　]にあてはまる適切な語句を下のア〜カから一つずつ選び，記号で答えなさい。

(ア)　親しみやすい古文や漢文，近代以降の文語調の文章について，内容の大体を知り，[　Ⅰ　]すること。

(イ)　古典について解説した文章を読み，昔の人の[　Ⅱ　]を知ること。

　ア　表現　　イ　理解　　ウ　音読　　エ　ものの見方や感じ
　オ　生活や文化　　カ　生き方や考え方

問2　伝統的な言語文化に関する指導の重視について，次の文の(　ア　)(　イ　)にあてはまる語句を書きなさい。

　伝統的な言語文化は，創造と継承を繰り返しながら形成されてきた。それらを小学校から取り上げて親しむようにし，我が国の言語文化を継承し，新たな創造へとつないでいくことができるよう内容を構成している。例えば，低学年では(　ア　)や神話・伝承など，中学年では易しい文語調の(　イ　)や俳句，慣用句や故事成語，高学年では古文・漢文などを取り上げている。

(☆☆☆◎◎◎◎)

【3】 次のA〜Dの文を読み，あとの問いに答えなさい。

A　戦後初の衆議院議員総選挙後の国会で，憲法改正案が審議をへて可決され，①日本国憲法が公布された。その前文には，再び戦争の惨禍を引き起こさないという国民の決意が示された。

B　日本政府は米国・英国など48か国とのあいだに，サンフランシスコ平和条約を結び，日本は独立国としての主権を回復した。

C　教育基本法が制定され，これにより，9年間の義務教育と[　②　]とからなる教育制度が始まった。

D　サンフランシスコに集まった連合国の代表は，国際連合憲章に調

印し，51か国が加盟した③国際連合を成立させた。

問1　下線部①の3つの基本原則を漢字を適切に使用して書きなさい。

問2　[　②　]に入る適切な語句をア～エから1つ選び，記号で答えなさい。

　　ア　民主主義　　イ　男女共学　　ウ　教員免許制度

　　エ　教科書の無償給与

問3　下線部③に，5か国を常任理事国として，国際社会の争いを解決するために設けられた機関を漢字で書きなさい。

問4　A～Dの文を，古い順に並べなさい。

(☆☆☆○○○)

【4】地図や資料を見て，下の問いに答えなさい。

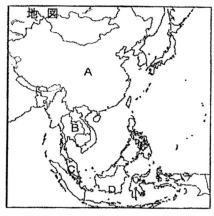

問1　地図中のA国と日本は古くから交流が行われ，57年には倭の奴国が朝貢し，光武帝から印綬をあたえられた。当時のA国を支配していた王朝名と，倭の奴国が朝貢したことを記す歴史書は何か，漢字で書きなさい。

問2　地図中のA国が1979年以降に海外の資本や技術を導入するために開放した地域のことを何というか，漢字で書きなさい。

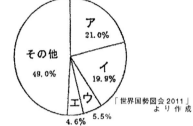

資料1 世界における二酸化炭素
排出量の割合 (2007年)

「世界国勢図会 2011」
より 作成

問3　資料1は国別の世界における二酸化炭素の排出量の割合を示している。A国の割合を表しているのは，資料1中ア～エのどれか，記号で答えなさい。

資料2 A～Dの国の輸出品の割合 (2008年)　　「世界国勢図会 2011」より作成

①	機械類 9.9%	天然ガス 9.5%	原油 9.1%	パーム油 9.0%	その他 62.5%

石油製品 5.4％　天然ゴム 3.8％

②	機械類 31.8%		自動車 9.3%		その他 49.7%

パーム油 6.4％　天然ガス 6.1％

③	機械類 31.8%		原油 6.6%		その他 49.1%

鉄鋼 5.0％　繊維品 4.6％

④	機械類 42.3%		衣類 8.4%		その他 39.7%

問4　資料2のグラフ①～④は，地図中A～Dのいずれかの国の輸出品の割合を示している。①～④それぞれの国名を書きなさい。

問5　地図中B～Dの国などが，経済・政治などの相互協力のために組織した東南アジア諸国連合の略称を，アルファベットで書きなさい。また，現在何か国が加盟しているか，ア～エの中から選び，記号で答えなさい。

　　ア　8か国　　イ　10か国　　ウ　12か国　　エ　14か国

(☆☆☆◎◎◎)

331

【5】小学校学習指導要領に示されている第6学年の目標について，次の（　ア　）（　イ　）にあてはまる語句を書きなさい。

　　社会的事象を具体的に調査するとともに，地図や（　ア　），年表などの各種の基礎的資料を効果的に活用し，社会的事象の意味をより広い視野から考える力，調べたことや考えたことを（　イ　）力を育てるようにする。

(☆☆☆◎◎◎)

【6】次の問いに答えなさい。

問1　$\dfrac{3a-b}{4}-\dfrac{2a-b}{3}$の計算をしなさい。

問2　次の数の大小関係を不等号を使って表しなさい。

　　$-6,\ -2\sqrt{10},\ -\sqrt{35}$

問3　x^2+ax+8を因数分解すると$(x+m)(x+n)$となった。aの値をすべて求めなさい。ただし，$a,\ m,\ n$はすべて整数とする。

(☆☆☆◎◎◎◎)

【7】牧草地に，1辺の長さが6mの正三角形の土地があり，周囲は柵で囲まれている。頂点の1つに位置する杭に，長さ12mのロープで柵の外につながれた牛がいる。牛が草を食べることができる範囲の面積は何m²か求めなさい。ただし，円周率はπとする。

(☆☆☆☆◎◎◎◎)

【8】長さ1550mのトンネルに電車の全体が入ってから先頭が出るまでに54秒かかり，この電車がある地点を通過し始めてから通過し終わるまでに8秒かかる。この電車の速さと長さを求めなさい。

(☆☆☆◎◎◎)

【9】次の図のように，直角三角形ABQの斜辺AQの中点をMとする。BMの延長線上に点Aから垂線ACをひいたとき，△AMC∽△AQBとなった。△AQBの面積は△BACの面積の何倍になるか求めなさい。

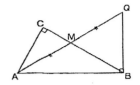

(☆☆☆◎◎◎)

【10】 次の図には，2直線*l*，*m*がかかれているがグラフ用紙が破れていて，
*l*と*m*の交点を読み取ることができない。

　　2直線*l*，*m*の交点の座標を求めなさい。

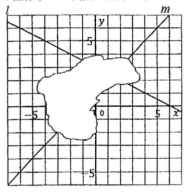

(☆☆◎◎◎)

【11】 小学校3年生の学習において，わり算には包含除と等分除があるこ
とを指導する。式が「12÷3」となる，それぞれの問題を書きなさい。
ただし，「鉛筆が12本あります」に続けて書きなさい。

(☆☆☆☆◎◎)

【12】磁石を用いて，いろいろな実験を行った。下の問いに答えなさい。

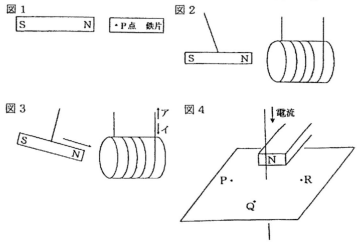

問1　図1のように，机の上においた棒磁石で，鉄片を引きつけた。鉄片のP点は何極になるか，書きなさい。

問2　固定したコイルに電流を流すと，つり下げた棒磁石が，図2のような状態でコイルに引きつけられて静止した。この棒磁石がさらに引きつけられるためには，「電流を大きくする」「コイルに鉄しんを入れる」以外にどのような方法があるか，書きなさい。

問3　図3のように，コイルに向かって棒磁石を矢印の方向に近づけたときコイルに電流が流れた。この電流を何というか，書きなさい。また，流れる電流の向きは図中のア，イのどちらか，記号で答えなさい。

問4　図4のように，棒磁石と導線が置かれており，導線には矢印の向きに電流が流れている。このとき，次の(1)(2)の問いに答えなさい。

(1)　導線に流れる電流がつくる磁界のようすを，磁力線で表すとどうなるか。次のア～エから1つ選び，記号で答えなさい。

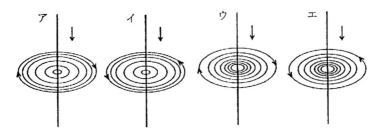

(2)　図4のように，導線から等距離に点P，Q，Rがある。これらの点では電流がつくる磁界と磁石の磁界が重なっている。重なった磁界が最も強いのはどの点か，記号で答えなさい。

(☆☆☆○○○)

【13】図1は，太陽のまわりを公転する地球を模式的に表したものである。下の問いに答えなさい。

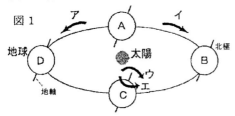

図1

問1　地球の公転の方向と自転の方向を図1のア〜エからそれぞれ選び，記号で答えなさい。

問2　春分の日の地球の位置を図1のA〜Dから1つ選び，記号で答えなさい。

問3　図2は図1のBを拡大したものであり，図中の●印は石川県の位置を示している。石川県における南中高度を角度a〜dから1つ選び，記号で答えなさい。

図2

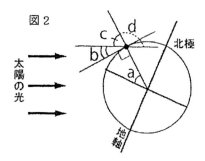

問4　季節によって太陽の南中高度が変化する理由を，「地軸が」から
　　はじまる文章で書きなさい。

問5　2012年5月21日に日本で日食が見られた。このとき地球からは，
　　太陽と月の大きさが等しく見えたとすると，月の半径は何kmか，書
　　きなさい。ただし，地球から太陽までの距離を地球から月までの距
　　離の400倍，太陽の半径を70万kmとする。

(☆☆☆☆◎◎)

【14】野外での学習で自然に直接かかわる際には，安全などに十分配慮す
　　ることが重要である。観察時の留意点として正しいものを次のア～エ
　　から1つ選び，記号で答えなさい。

　ア　雷雨にあったときは，高い木の下に避難させる。

　イ　太陽を観察するときは，黒く感光した写真フィルムを使って観察
　　させる。

　ウ　山や野原へ自然観察に出かけるときは，長袖・長ズボンの服装で
　　帽子をかぶることを指示する。

　エ　スズメバチやミツバチからの攻撃を避けるために，黒っぽい服装
　　を指示する。

(☆☆◎◎◎)

【15】 次の楽譜は，第4学年の共通教材である。下の問いに答えなさい。

　　　た だ－い ち め んに　　　た ち－こ め た

問1　①の記号の名前と意味を書きなさい。

問2　この楽譜の曲名を書きなさい。

問3　次の文は，小学校学習指導要領(第3学年及び第4学年)に示されて
　　いる指導内容である。(ア)(イ)にあてはまる適切な語句を
　　下の語群より選び，記号で答えなさい。

　　　歌詞の内容，曲想にふさわしい(ア)を工夫し，思いや(イ)を
　　もって歌うこと。

　　語群

　　a　考え　b　願い　c　意図　d　自信　e　表現　f　演奏
　　g　歌い方

　　　　　　　　　　　　　　　　　　　　　　(☆☆○○○○○)

【16】 次の図のA，Bは，図画工作の制作で，針金を加工する際に使う道
　　具である。下の問いに答えなさい。

　　　　　　　A　　　　　　　　　　　　B

問1　Bの道具の名称を書きなさい。また，針金を加工する際，Bの道
　　具がAの道具よりも適しているのはどのような作業か，書きなさい。

問2　切った針金の切り口は鋭利で，児童がケガをする危険性がある。
　　安全面の配慮から，どのような処理の方法を指導すればよいか，2
　　通り書きなさい。

　　　　　　　　　　　　　　　　　　　　　　(☆○○○)

【17】快適な住まいについて，次の問いに答えなさい。

問1　文中の（　ア　）（　イ　）にあてはまる適切な語句を書きなさい。

(1)　換気が不十分であると，室内の水蒸気が畳の裏や壁などで（　ア　）し，カビやダニが増え，健康被害が生じる。

(2)　新築の家などで住宅の建材や家具などに含まれる化学物質が室内にこもると，頭痛，鼻水，じんましんなど，（　イ　）症候群と呼ばれるさまざまな症状がでることがある。

問2　次の文は，日本の伝統的な住まいにみられる，①障子②襖（ふすま）③畳④庇（ひさし）の特徴を1つずつ表したものである。それぞれの特徴をア～エから選び，記号で答えなさい。

ア　開け閉め自由で，取り外せば部屋の広さを変えることができる。

イ　外部からの視線をさえぎり，日光をやわらかく拡散して心地よい明るさをつくり出す。

ウ　やわらかく，吸湿性・保温性に優れ，高温多湿の気候に適している。

エ　強い日ざしや雨がかりを調整している。

(☆☆☆◎◎◎)

【18】次の文は，マット運動で後転を指導する際の動きのポイントである。文中の（　ア　）（　イ　）にあてはまる最も適切な語句を書きなさい。

後転の動きのポイント

・（　ア　）を引いて背中を丸める。

・肘をしめて（　イ　）で支え，最後にマットを突き放してしゃがみ立ちになる。

(☆☆☆◎◎◎)

【19】高学年のハードル走における指導について，次の問いに答えなさい。

問1　ハードル走における技能を身に付けさせるための主な指導内容として，3つあげられる。1つは「インターバルを3～5歩のリズムで走ること。」であるが，その他の指導内容として適切なものを次の

ア〜オの中から2つ選び，記号で答えなさい。

ア　ハードルは，踏み切りゾーンで踏み切って走り越えること。

イ　ハードル上で上体を前傾させること。

ウ　第1ハードルは，決めた足で踏み切って走り越えること。

エ　ハードルは，はさみ跳びで走り越え着地すること。

オ　ハードルを走り越えるとき，テークオーバーゾーン内で減速しないこと。

問2　ハードル走の導入の授業で，インターバルを6mにし，ハードルの高さを一定にしたコースを設定したところ，まだ，インターバルを3〜5歩のリズムで走ることができない児童も見受けられた。そこで，児童がハードル走の楽しさや喜びに触れながら技能を身に付けていくために，次時ではどのような運動の場の工夫が考えられるか，2つ書きなさい。

(☆☆☆○○○)

【20】次の(1)〜(4)の日本語を英文にしたとき，（　ア　）〜（　エ　）にあてはまる，適切な英単語1語を書きなさい。

(1)　円になって座りなさい。

Sit (　ア　) a circle.

(2)　誰にもそれを見せてはいけません。

Don't (　イ　) it to anyone.

(3)　どう思いますか。

(　ウ　) do you think?

(4)　絵を指で指しなさい。

Touch the picture (　エ　) your finger.

(☆☆○○○)

339

解答・解説

【1】問1　①　どんよく　　②　おうへい　　③　供給　　④　壊す
⑤　融合　　問2　ウ　　問3　イ　　問4　「偽ベテラン」は，経験だ
けはたくさんしてもなにひとつ知識化できないので，自分が対応でき
ない問題が生じたときには，これを無視し，対策をとらず，見て見ぬ
ふりをするから。　　問5　昔ながらの伝統的な製鉄に関わる人たちが，
技術の伝承の中で製鉄を間近に体感しながら得た知識だけでなく，最
新の冶金学の知識さえ身につけていることに，本当のプロがもつ深い
理解を感じることができたから。　　問6　イ

〈解説〉問2　「対応できない」は動詞＋打ち消しの「ない」である。アは
存在がないことを示す「ない」，イは形容詞＋打ち消しの「ない」，ウ
は動詞＋打ち消しの「ない」，エは「幼い」という単語の一部である。
問3　空欄Ⅰはベテランを「本当のベテラン」「偽ベテラン」と分けて
いるので，アかイが該当する。空欄Ⅱでは，直後にある「何がどうな
っているかを完全に知り尽くしていた」とあるので，イが該当するこ
とがわかる。空欄Ⅲについて，段落全体ではたたら製鉄のことを「こ
れこそが…真の科学的理解だと思いました」と賞賛しているが，Ⅲを
含む文の前半と後半を「…持っていませんが」と逆接なので，たたら
製鉄は取るに足らないといった意味合いが出るように文章を構成す
る。　　問4　初めの段落に書かれている「偽ベテラン」に関する説明
と，大きな失敗が発生する過程をまとめればよい。　　問6　最初に
「本当のベテラン」と「偽ベテラン」についてまとめ，その後に，た
たら製鉄や有機農家などの具体例が述べられている。

【2】問1　Ⅰ　ウ　　Ⅱ　エ　　問2　(ア)　昔話　　(イ)　短歌
〈解説〉問1　Ⅰ　音読の背景について，学習指導要領解説では，古文や
漢文は読んで楽しいものであること，中学校第1学年の「文語のきま
りや訓読の仕方を知り，古文や漢文を音読して，古典特有のリズムを

味わいながら，古典の世界に触れること」につなげることがあげられる。　Ⅱ　学習指導要領解説では「昔の人のものの見方や感じ方に関心をもたせたり，現代人のものの見方や感じ方と比べたりして，古典への興味・関心を深めるようにする」としている。

【3】問1　国民主権，基本的人権の尊重，平和主義　　問2　イ
問3　安全保障理事会　　問4　D→A→C→B
〈解説〉問1　主権とは，政治のあり方を決める力のことで，その力が国民にあることを国民主権という。国民主権については，日本国憲法の前文に記されている。基本的人権とは，侵すことのできない永久の権利であり，現在および将来の国民に与えられている。基本的人権の種類は自由権，平等権，社会権，基本的人権を守るための権利や環境権などの新しい権利などが含まれる。平和主義については，前文や第9条に記されている。　　問2　教育基本法は1947年に第一次吉田内閣の高橋誠一郎文相の下で制定された。教育の機会均等についても定めた。問3　国際連合は1945年10月に発足した。国際連盟と異なり，安全保障理事会に強い権限が与えられている。　　問4　Aは1946年11月，Bは1951年9月，Cは1947年，Dは1945年10月である。

【4】問1　王朝名…漢(後漢)　　歴史書…後漢書　　問2　経済特区(経済特別区)　　問3　ア　　問4　①　インドネシア　　②　タイ
③　マレーシア　　④　中国　　問5　略称…ASEAN　　記号…イ
〈解説〉問1　1784年，金印である漢委奴国王印が福岡県志賀島で発見された。これが『後漢書』に記されている印綬と推定される。
問2　経済特区では納税額が低い等，外国企業が進出しやすくなっている。その結果，経済特区は目覚ましい発展を遂げているが，内陸部との貧富の差が広がる等の問題も起きている。　　問3　イはアメリカ，ウはインド，エはロシアである。また，この4か国に続いて，ワースト5位が日本である。　　問4　①　インドネシアは，原油とパーム油の他に，天然ガスが多く含まれることが特徴である。　　②　タイは，自

動車が含まれることが特徴である。　③　マレーシアは，インドネシアと酷似しているが，品目割合を見て判断する。　④　中国は，衣類が多く含まれることが特徴である。　問5　東南アジア諸国連合は，1967年に5か国で結成された。94年には6か国，97年には10か国に拡大された。

【5】(ア)　地球儀　　(イ)　表現する

〈解説〉社会科については，理解に関する目標，態度に関する目標，能力に関する目標が各1，つまり各学年に3ずつの目標があるので，混同に注意しながらおさえておきたい。本問は能力に関する目標で，第3～4学年では「地域における社会的事象を観察，調査するとともに，地図や各種の具体的資料を効果的に活用し，地域社会の社会的事象の特色や相互の関連などについて考える力，調べたことや考えたことを表現する力を育てるようにする」，第5学年では「社会的事象を具体的に調査するとともに，地図や地球儀，統計などの各種の基礎的資料を効果的に活用し，社会的事象の意味について考える力，調べたことや考えたことを表現する力を育てるようにする」とある。

【6】問1　$\dfrac{a+b}{12}$　　問2　$-2\sqrt{10}<-6<-\sqrt{35}$　　問3　9，-9，6，-6

〈解説〉問1　$\dfrac{3a-b}{4}-\dfrac{2a-b}{3}=\dfrac{3(3a-b)-4(2a-b)}{12}=\dfrac{9a-3b-8a+4b}{12}$ $=\dfrac{a+b}{12}$　　問2　$-6=-\sqrt{36}$　$-2\sqrt{10}=-\sqrt{40}$ よって，$-2\sqrt{10}<-6<-\sqrt{35}$

問3　$x^2+ax+8=(x+m)(x+n)$　$mn=8$よって，mとnの組み合わせは，-2と-4，-1と-8，1と8，2と4の4通りとなる。また，$a=m+n$なので，それぞれの組み合わせを足すと，$(-2)+(-4)=-6$　$(-1)+(-8)=-9$　$1+8=9$　$2+4=6$　となる。

【7】 $132\pi + 9\sqrt{3}$ [m²]

〈解説〉 まず，正三角形に引っかからない部分の半径12mで中心角が $360-60=300[°]$ の扇形の面積を求めると，$12^2 \times \dfrac{300}{360} \times \pi = 120\pi$ [m²] である。次に，正三角形に引っかかってしまう部分は，それぞれ正三角形の下部の頂点を中心とした半径12−6=6[m]の $180-60=120[°]$ の扇形の範囲となり，$6^2 \times \dfrac{120}{360} \times \pi = 12\pi$ [m²]である。これが左右で2つあるので，$12\pi \times 2 = 24$[m²]である。これらを足すと，$120\pi + 24\pi = 144\pi$ [m²]だが，重なりが生じてしまうので，重なり部分を引かなくてはならない。重なり部分は一辺が6mの正三角形の面積に半径6mで中心角が30°の扇形の面積を足したものから半径6mで中心角が60°の扇形の面積を引いたものを，更に半径6mで中心角が90°の扇形の面積から引かなくてはならない。よって，正三角形の高さを h とすると，6÷2−3 $3^2 + h^2 = 6^2$（三平方の定理より） $h^2 = 27$ $h = 3\sqrt{3}$ [m]

一辺が6mの正三角形の面積は，$6 \times 3\sqrt{3} \times \dfrac{1}{2} = 9\sqrt{3}$ [m²]となる。また，半径6mで中心角が30°の扇形の面積は，$6^2 \times \dfrac{30}{360} \times \pi = 3\pi$ [m²]　一方，半径6mで中心角が60°の扇形の面積は，$6^2 \times \dfrac{60}{360} \times \pi = 6\pi$ [m²]となる。$9\sqrt{3} + 3\pi - 6\pi = 9\sqrt{3} - 3\pi$ [m²] 半径6mで中心角が90°の扇形の面積は，$6^2 \times \dfrac{90}{360} \times \pi = 9\pi$ [m²]なので，重なりの部分は，$9\pi - (9\sqrt{3} - 3\pi) = 12\pi - 9\sqrt{3}$ [m²]となる。

よって，求めるべき面積は $144\pi - (12\pi - 9\sqrt{3}) = 132\pi + 9\sqrt{3}$ [m²]である。

【8】 電車の速さ…毎秒25m　　電車の長さ…200m

〈解説〉トンネルに電車の全体が入ってから先頭が出るまでの時間は，トンネルの長さから電車の長さを引いた長さにかかる時間と同じになる。よって，54+8=62 1550÷62=25(m/s) 25×8=200(m)である。

【9】$\frac{4}{3}$倍

〈解説〉△AMBの面積と△QMBの面積は△AQBを斜辺AQの中点で2つに分けているので1：1になる。また，△AMCと△AQBは辺の長さが1：2であるので，面積の比は1：4となる。よって，△AQBの面積と△BACの面積の比は3：4になる。よって，△AQBの面積は△BACの面積の$\frac{4}{3}$倍になる。

【10】$\left(\dfrac{4}{3},\ \dfrac{7}{3}\right)$

〈解説〉直線lを$y＝ax＋b$，直線mを$y＝cx＋d$とする。読み取りやすい座標を見つけ，それぞれを代入する。直線lでは，$(6, 0)$，$(4, 1)$などが読み取ることができるので，これを代入すると，$0＝6a＋b$　$1＝4a＋b$となる。これらを解くと，$a＝-\dfrac{1}{2}$，$b＝3$とわかる。よって，直線lは$y＝-\dfrac{1}{2}x＋3$となる。一方，直線mは，グラフを見ると傾きが1であることは分かるので，$c＝1$となる。$(4, 5)$などの読み取りやすい座標を代入すると，$5＝4＋d$　$d＝1$と分かるので，直線mは$y＝x＋1$となる。ここで，直線lと直線mを連立させて解くと$x＋1＝-\dfrac{1}{2}x＋3$　$x＝\dfrac{4}{3}$となるので，$y＝\dfrac{7}{3}$となる。

【11】包含除の問題…鉛筆が12本あります。1人に3本ずつくばると，何人にわけることができますか。　等分除の問題…鉛筆が12本あります。3人で等しくわけると，1人何本ずつになりますか。

〈解説〉包含除とは，決められた同じ数ずつ分けるときに，そのかたまりがいくつできるかを求めることをいう。一方，等分除は全体を等しい数ずつで分ける時の1当たりの数を求めることをいう。本問では，書き出しの「鉛筆が12本あります」が指定されているので，模範解答以外では，包含除では，3本ずつ箱に入れる。等分除では，3つの箱に分ける。などの解答もあげられるだろう。

【12】問1　S極　　問2　コイルの巻き数を増やす　　問3　誘導電流

記号…ア　　問4　(1)　ウ　　(2)　R

〈解説〉問1　鉄片はN極に引き付けられているので，その逆のS極となる。

問2　電流の強さが一定の時，コイルに生じる磁界の強さは，コイル

の巻き数に比例する。　　問3　磁界の変化によって電流が生じる現象

を電磁誘導と言い，それによって生じる電流を誘導電流と言う。棒磁

石のN極が引き付けられていることから，コイルの左側はS極になるこ

とがわかる。また，右手の親指以外の4本の指を，コイルに流れる電

流の向きに合わせて握ると，親指の示す方向が磁界の向きになるはず

なので，電流の向きはアとわかる。　　問4　(1)　磁界は，電流の流れ

る向きに対して，右回りになっている。これを右ねじの法則という。

また，磁力は導線から遠ざかるほど弱くなる。　　(2)　磁力線はN極か

ら出てS極へ向かい，導線に対しては右回りになっているので，最も

磁界が強いのはRとなる。

【13】問1　公転の方向…ア　　自転の方向…エ　　問2　A　　問3　b

問4　地軸が地球の公転面に垂直な方向から23.4度傾きながら公転する

から　　問5　1750km

〈解説〉問1　公転も自転もどちらも反時計回りになっている。

問2　Bが冬至の日，Cが秋分の日，Dが夏至の日である。　　問3　Bの

冬至の日には春分・秋分の日に比べて，日周経路は南寄りになり，南

中高度は低くなる。　　問4　もし，地軸が公転面に対して垂直であれ

ば，太陽の南中高度が季節によって異なるという現象は起こらない。

このことは，太陽の南中高度以外に，各地点の日の出入りの位置と自

国が季節によって変化する，昼夜の長さが変化する，太陽の日周経路

が季節によって変わることとも関係している。　　問5　700000÷400＝

1750[km]

【14】ウ

〈解説〉ア　高い木の下は落雷が起こりやすいので，避けるようにしなくてはならない。　　イ　写真フィルムでは目を傷めてしまうので，きちんと太陽の観察用に遮光されたグラスを使用しなくてはならない。　エ　スズメバチやミツバチは黒に集まりやすいので，避けなくてはならない。

【15】問1　名前…スラー　　意味…高さの違う2つ以上の音符をなめらかに演奏する　　問2　まきばの朝　　問3　(ア)　e　　(イ)　c

〈解説〉問1　「指導計画の作成と内容の取扱い」では，出題されている項目以外にも「音符，休符，記号や音楽にかかわる用語」などが頻出である。特に音符名はしっかり覚えておくこと。　問2　「まきばの朝」(文部省唱歌)は，第4学年の共通教材である。共通教材は各学年4曲ずつあり，出題頻度が高いので楽譜も含めて，確認しておくこと。

【16】問1　Bの名称…ラジオペンチ　　Bの適している作業…細かな作業　　問2　・針金の先にビニルテープを巻いておく　　・針金の先を曲げておく

〈解説〉道具の扱いの基本問題。Aはペンチで，Bはラジオペンチである。基本的な構造は同じだが，ラジオペンチは先が細くとがっているので，細かい作業に向いている。太い針金を曲げたり切ったりする作業には，通常のペンチのほうが適している。『小学校学習指導要領　図画工作』の「指導計画の作成と内容の取扱い」では，高学年で取り上げる材料として針金が示されている。針金は，機構を生かした工作や立体的な造形など多様な展開が可能なので，積極的に扱いたい材料の1つだが，道具の扱いなども含めて安全指導をしっかりと行う必要がある。特に長い針金を扱う場合は，本人はもとより，近くで作業している他の児童にけがをさせないためにも，切り口の処理が重要である。

【17】問1　ア　結露　　イ　シックハウス　　問2　障子…イ，襖…ア，畳…ウ，庇…エ

〈解説〉問1　ア　結露は暖かい空気が，冷たい窓や壁で冷やされることにより，発生する。換気が不十分な場合や，暖房を用いる冬場に起こりやすい。　イ　近年の住宅の高気密化に伴い，建材等から発生する化学物質などによる室内空気汚染等と，それによる健康影響が指摘されるようになった。これらは「シックハウス症候群」と呼ばれ，主な症状は，目がチカチカする，鼻水，のどの乾燥，吐き気，頭痛，湿疹などだが，人によってさまざまである。　問2「庇(ひさし)」は，出入口や窓の上部に設け，日差しや雨を防ぐ片流れの小さな屋根状のものをいう。

【18】ア　あご　　イ　両手

〈解説〉『小学校学習指導要領解説　体育編』によると，マット運動における後転の指導は第3〜4学年で行われるが，指導内容は「しゃがんだ姿勢から体を丸めて後方へ回転し，両手で押してしゃがみ立ちになること」とある。体を丸めないと回転力がつきにくく，失敗することが多いので，あごを引いて背中を丸めさせるようにする。

【19】問1　イ，ウ　　問2　・児童の体格差や能力差を考慮し，インターバルの距離を変えた運動の場を工夫する　　・児童の体格差や能力差を考慮し，ハードルの高さを変えた運動の場を工夫する

〈解説〉問2　ハードル走で，リズムに乗って走ることができない要因として，スピードが十分に出ていない，つまりインターバルやハードルの高さが児童にあっていない等が考えられる。「ハードル走の楽しさや喜びに触れながら」という視点から考えると，その児童にあったインターバル，またはハードルの高さを設定し，ハードルをリズミカルに走り越える感覚を身に付けさせることを優先するのがよいだろう。

【20】ア　in　　イ　show　　ウ　what　　エ　with

〈解説〉ア「円陣になって・輪になって座る」は，sit in a circle。「円の中に座る」なら，その円がすでに示されていると考えられるのでaではなくtheとなり，また円の「内側」なので，sit inside the circleとなる。イ「見せる」はshow。自由英作文であれば他にDon't let anybody see it.など，他の語を使った表現も考えられる。　ウ「どう考える」は，日本語では「どのように」でHowとなるように思えるが，英語ではWhatをあてる点に注意。「意見は何か？」の意味だ，と考えればWhatが適切だと理解できるであろう。一方，feel「感じる」が動詞の場合は，答えがhappy/sadなど形容詞になるので，How do you feel?でよいわけである。　エ　問題文の場合，「指」は絵を指し示す「道具」と考えられるので，「道具・手段」を示す前置詞withをとる。

●書籍内容の訂正等について

　弊社では教員採用試験対策シリーズ（参考書，過去問，全国まるごと過去問題集），公務員試験対策シリーズ，公立幼稚園・保育士試験対策シリーズ，会社別就職試験対策シリーズについて，正誤表をホームページ（https://www.kyodo-s.jp）に掲載いたします。内容に訂正等，疑問点がございましたら，まずホームページをご確認ください。もし，正誤表に掲載されていない訂正等，疑問点がございましたら，下記項目をご記入の上，以下の送付先までお送りいただくようお願いいたします。

---

① **書籍名，都道府県（学校）名，年度**
　（例：教員採用試験過去問シリーズ　小学校教諭 過去問　2025 年度版）
② **ページ数**（書籍に記載されているページ数をご記入ください。）
③ **訂正等，疑問点**（内容は具体的にご記入ください。）
　（例：問題文では"ア〜オの中から選べ"とあるが，選択肢はエまでしかない）

〔ご注意〕

○ 電話での質問や相談等につきましては，受付けておりません。ご注意ください。

○ 正誤表の更新は適宜行います。

○ いただいた疑問点につきましては，当社編集制作部で検討の上，正誤表への反映を決定させていただきます（個別回答は，原則行いませんのであしからずご了承ください）。

●情報提供のお願い

　協同教育研究会では，これから教員採用試験を受験される方々に，より正確な問題を，より多くご提供できるよう情報の収集を行っております。つきましては，教員採用試験に関する次の項目の情報を，以下の送付先までお送りいただけますと幸いでございます。お送りいただきました方には謝礼を差し上げます。

（情報量があまりに少ない場合は，謝礼をご用意できかねる場合があります）。

◆あなたの受験された面接試験，論作文試験の実施方法や質問内容

◆教員採用試験の受験体験記

- -

送付先	○電子メール：edit@kyodo-s.jp
	○FAX：03-3233-1233（協同出版株式会社　編集制作部 行）
	○郵送：〒101-0054　東京都千代田区神田錦町2-5
	協同出版株式会社　編集制作部 行
	○HP：https://kyodo-s.jp/provision（右記のQRコードからもアクセスできます）

　※謝礼をお送りする関係から，いずれの方法でお送りいただく際にも，「お名前」「ご住所」は，必ず明記いただきますよう，よろしくお願い申し上げます。

教員採用試験「過去問」シリーズ

石川県の
小学校教諭 過去問

編　集	Ⓒ 協同教育研究会
発　行	令和6年1月25日
発行者	小貫　輝雄
発行所	協同出版株式会社
	〒101-0054　東京都千代田区神田錦町2 - 5
	電話　03－3295－1341
	振替　東京00190－4－94061
印刷所	協同出版・POD工場

落丁・乱丁はお取り替えいたします。